JN108217

読みなおす日本史

秀吉の接待

毛利輝元上洛日記を読み解く

二木謙一

吉川弘文館

はじめに

豊臣政権が隆盛に向かっていた天正十六年（一五八八）、中国地方の有力大名である毛利輝元が上洛した。

毛利氏はそれまで反織田勢力と結んで信長に敵対し、秀吉とも長年にわたる抗戦を続けてきた。しかし秀吉の勢力伸張とともに和平策に転じ、輝元みずからが上洛し、関白秀吉に対して臣従の礼をとることになった。

この時、輝元に随行した家臣が書いた旅日記が残されている。それは輝元が七月七日に安芸の吉田郡山城を出発して上洛し、京都・大坂に約一ヶ月半の滞在をして九月十九日に帰城するまでの動静を、つぶさに記したものである。作者は家臣の平佐就言で、おそらく就言は近侍にあって自己の見聞のほか、輝元本人に尋ねて確かめながら、主君の日々の模様を書き留めたものと思われる。

この日記の原本は不明で、「天正記」あるいは「天正朝聘日記」などと題する写本が伝えられた。活字本としては「長周叢書」に『輝元公上洛日記』（発行所稲垣常三郎明治二十五年刊）、また毛利家文庫本の「天正記」が『戦国期毛利史料撰』（三坂圭治校注　人物往来社刊　昭和四十一年）に収められている。

この日記で注目されるのは、何といっても関白秀吉の天正期における京都・大坂の状況が詳しく書かれていることである。豊臣政権に関する文禄・慶長期の記録は多いが、天正期のものはきわめて少ない。そうした中で、輝元の聚楽第（じゅらくてい）出仕・参内（さんだい）・大坂城出仕、および京都・大坂での諸大名・公家衆や茶人その他の人々との交流を通して、当時の上洛した大名がどのような行動や生活をしていたのかがよくうかがわれるのである。

この日記は、『毛利輝元卿伝』（渡辺世祐監修　マツノ書店刊　昭和五十七年）で概略が紹介され、また近年における豊臣政権に関する論文においてもしばしば用いられている。しかしそれらはいずれも、ある事柄に関する部分の引用や論述にとどまり、折角の希少な史料がいまだに活用されてはいないのである。

私はかねてより、この日記に見える天正期における豊臣政権のありかたや、上洛大名の生活および風俗などに関心を持っていたが、記述の背景にある政治・社会情勢や文化的諸相の意義を深く理解するまでには至らなかった。

しかし豊臣政権の制度や儀礼格式・聚楽第行幸（ぎょうこう）・武家官位などの研究を進めるうちに、近頃ではこの日記に書かれている関白秀吉がいた都と、上洛した毛利輝元の日々が、あたかも映像のごとく思い浮かぶようになってきた。

そこで学研新書の執筆依頼を受けて、この日記を素材として従来にはあまり取り上げられることのなかった、天正期における上洛大名の生活や生きざま、および関白秀吉と豊臣政権の実像について書いてみたいと思ったのである。

日記の記述は『輝元公上洛日記』（長周叢書）を底本とし、これに毛利家文庫本「天正記」（『戦国期毛利史料撰』）を参照し、正誤を修正する方法をとっている。また文中における日記の引用は「　」（カギカッコ）とし、また短い用語や固有名詞は例外として、日記以外の史料を用いる場合は、原則として―（ハイフン）を使用して区別をしている。

目次

第四章　大坂城の関白秀吉……一九二

イラストレーション／安久津和巳

第一章　上洛への旅

重苦しい旅立ち

天正十六年（一五八八）といえば、四月十四日から十八日までの五日間にわたる後陽成天皇の聚楽第行幸が行なわれている。その頃の京都は人々の表情も明るく、おそらく史上にも稀な賑わいを見せていたことであろう。

ここ数年の間に、関白豊臣秀吉は四国の長宗我部氏・九州の島津氏を制覇し、あとは関東の後北条氏と奥羽の平定を残すばかりの情勢となっていた。豊臣政権下の大名・武士階層の多くが、あいつぐ戦勝による論功行賞によって、まさに右肩上がりの急成長に沸いていた。またそれだけでなく京都の公家や一般庶民までもが、長い戦乱の世の終わりを予感し、明るさと活気をとり戻していたにちがいない。

こうして京都とその周辺の人々が、笑顔と歓喜にあふれていたその同じ頃、中国地方の毛利氏の領国は、重苦しい空気に包まれていた。

毛利氏は鎌倉時代以来、安芸国高田郡吉田の郡山城を本拠としてきた国人領主である。中世の国人とは、その祖先が地頭とか荘官・有力名主などの系譜をひく小豪族である。わかりやすく禄高でいえば、大体が三万石から五万石程度の小領主で、毛利氏も三千貫というから、石高ではせいぜい三万石くらいの小大名であった。

しかし毛利元就は、同じような安芸の小領主である高橋・吉川・熊谷・天野・宍戸・小早川らの諸氏が寄り集まった、いわば国人領主連合のリーダーとして台頭した。しかも吉川や小早川に養子を送り込んだりして、いまでいう吸収・合併策をも駆使して成長し、ついには周防の大内や出雲の尼子のような大勢力の大名をも滅ぼして、中国地方の雄として飛躍を遂げたのであった。

そしていまの毛利氏も、安芸・周防・長門・石見・出雲・備後・隠岐の七カ国および伯耆三郡と備中国内の地を合わせて、約百十二万石を領する大大名である。

その毛利氏にとって、これまでに経験したことのないことが、いまこれから始まろうとしている。それはあの華麗をきわめた聚楽第行幸から約三ヶ月後のことである。

七月七日辰の刻（午前八時頃）、旅支度の毛利輝元が郡山城を出立した。目指すは京都、その主な目的は豊臣政権・関白秀吉に出仕して正式に臣従の礼をとるためであった。

この輝元は、元就の嫡男隆元の長男である。隆元は天文六年（一五三七）十五歳の時、人質として周防大内氏のもとに送られ、山口に三年余を過ごした。隆元の名は大内義隆の偏諱（一字）を受けたもので、その妻も山口滞在中に大内氏の宿老であった内藤興盛の娘を、義隆の養女として娶わせられたのであった。輝元もこの女性を母として、天文二十二年に生まれている。

その後、父親の隆元が永禄六年（一五六三）八月に急死したため、輝元は十一歳で家督を継ぎ、祖父元就が後見となった。しかし元就からみれば、輝元はいささか頼りない跡継ぎに思われたらしい。元亀二年（一五七二）六月、元就は七十五歳の生涯を終えるが、その死に際して、

——天下を望むな、中央の政治には目を向けず、毛利の領国の支配に徹せよ。

との遺言をし、輝元の叔父にあたる吉川元春と小早川隆景に後事を託したといわれる。

だが、元就は輝元に対して中央に目を向けるな、天下のことを考えるなと言い遺したけれど、織田信長の中国征伐によって好むと好まざるによらず、毛利は時流に呑み込まれていった。信長に追放された将軍足利義昭が毛利の領国に逃げ込んできていたからである。

それでも最初は織田方の指揮官羽柴秀吉の軍勢とも互角に戦ったが、信長の死後秀吉が賤ケ岳合戦に勝って政権の中枢を握ると、毛利の危機感が強まった。

そして秀吉が関白となった天正十三年（一五八五）以降は秀吉との友好策を求め、同十四年の四国征伐、翌十五年の島津征伐にも協力した。ことに島津征伐には輝元みずから出陣している。この島津征伐の際、秀吉は毛利領を通って九州へ向かい、小早川隆景の備後三原城に宿泊した。

しかしこの時、輝元自身は九州渡海の直前にあったため、秀吉を奉迎することが叶わず、秀吉の筑前博多着陣後も、輝元は豊前に出動していたため、秀吉との対面の機会が得られなかった。さらに島津征伐終了後も、続いて肥後に一揆が起こったため、再び九州に出征して越年し、十六年五月の肥後平定まで博多あたりに在陣し、吉田郡山に帰城したのは閏五月十三日であった。聚楽第行幸はこの毛利の九州出征中に行われていたのである。

吉田郡山に帰城した輝元は直ちに上洛の準備に取り掛かった。一日でも早く、豊臣政権へ出仕しなければならないという思いに駆られていたのであろう。輝元にとって聚楽第行幸に参加をできなかったことは、残念きわまりないことであった。晴れの行幸に参加できなかったことよりも、そのために今回のような、多くの諸大名と一緒でなく、毛利氏のみの上洛という事態を生じたのであった。なんとも心細いことである。

毛利はこれまで秀吉とは織田政権の頃より、播磨三木城・因幡鳥取城・備中高松城などの攻防戦でも、散々に敵対してきた相手である。そんな秀吉との過去のいきさつを思えば、上洛時に不測の事態が起こり、輝元に危険が及ぶようなことがあるかもしれない。この度の毛利氏のみの単独となる主君の上洛に対しては、家中に懸念の声も少なくはなかったであろう。

それにしても毛利当主の上洛は、輝元の祖父元就の兄興元以来のことである。興元は永正四年（一五〇七）十五歳の時、周防に亡命していた前将軍足利義稙を奉じた大内義興に従って三年余も在京した。興元は二十四歳の若さで死没するが、それはあの京都出征における地獄のような苦しさがもとで、心を病んだためといわれている。

吉田郡山城を出発してからおよそ二刻（四時間）が過ぎた。晴天の太陽は大地に照り返り、酷いほどの暑さとなっている。

午の刻（正午頃）「可部の渡りに御着候」とある。可部（広島市安佐北区）は三篠川、根谷川・太田川が合流する要衝である。現在の吉田—可部間は国道五十四号線が結んでいるが、この道は難所が多く、街道が整備をされるのは、毛利の広島移城後であった。それ以前では、現在の芸備線が走る三篠川沿いの道を南下するのが普通である。その距離は三十五キロほどであるから、所要時間からすれば、騎馬で進んできたのであろう。

可部では輝元を熊谷信直・元直父子が出迎え、あらかじめ用意されていた茶屋にて三献の酒肴を饗し、御腰物（短刀）一・御太刀一腰・御馬一匹を進上した。

熊谷氏の祖先は関東の出身で熊谷直実の子孫といわれる。鎌倉時代から安芸三入荘の地頭として土着した国人領主である。室町時代には可部高松城を根拠として安芸守護武田氏の重臣にあったが、天文年間（一五三二～五五）に武田から離れて毛利の支配下に入った。しかも信直の娘が元就の次男吉川元春に嫁したことから、毛利縁戚の部将として献身的な活動をしたという。

申の刻（午後四時頃）草津湊に着いた。可部—草津間は、太田川沿いの陸路でおよそ二十キロである。熊谷信直の饗応を受けた後のことだから、輝元は川舟で下ったのかもしれない。

草津は広島湾における水運の要地である。毛利水軍の基地とされ、また重要物資の荷揚げ港でもあった。元就の時代から毛利譜代の近臣である児玉氏が草津城主に任命され、川の内警固衆と呼ばれた毛利直属水軍の統率者にあった。そのため輝元の草津到着には児玉就英が出迎え、宿所の海蔵寺において一献の饗応を行なっている。

輝元が草津に着いた頃、広島湾には家臣らの船舶が多数集結していたであろう。輝元の上洛には、「二百余艘」の船に「三千」の将士が供奉したという。もちろんこれは最終的な御供の総数である。輝元一行の通過に合わせて途中の備後や備中から御供に加わる家臣もあった。備後三原の小早川隆景が配下の水軍を率いて御供に加わるのも十日からである。

これより先の六月七日付で、輝元が周防玖珂郡の高井元任に、

——上洛は十一日と定まったから、それまでに船を安芸草津湊に回航するように。

と申し付けた手紙がある。

毛利氏は輝元の上洛にあたり、領国内の家臣らに御供と船の提供を命じ、その集結地を草津湊としていたのである。

それゆえこの夜、「御供並びに船中の御法度」が平佐就之・佐世元嘉・二宮就辰ら三人の奉行を使者として、草津湊に碇泊している諸船に伝えられている。その内容についてはわからないが、主君上

洛の御供に際して心得るべき種々の注意事項であろう。家臣の些細な過ちや軽率な行動が、主君に災いをもたらし、お家の大事にもつながることを、家臣たちによくよく知らしめておかなければならなかったのである。

なおこの日、輝元宿所の海蔵寺に安芸高屋頭崎城主の平賀元相が参り、五郎正宗の脇差を進上している。平賀氏は小早川庶流の国衆である。先には可部でも熊谷信直が短刀・太刀・馬等を進上していた。

こうした外様の国衆らが上洛途上にある毛利当主の輝元に出仕し、太刀・刀・馬などを進上したことは興味深い。

厳島に祈る

翌八日、この日も晴天であった。午の刻（正午頃）に草津を出航し、厳島へ渡海した。旅の出立にしては少し遅いようだが、御供船二百余艘の勢揃いには時間を要したのかもしれない。陰暦の七月八日は太陽暦では現在の八月下旬頃にあたる。ギラギラと厳しく照りつける陽射しと、うだるような暑さの中での船出となった。

厳島は瀬戸内海にある周囲三十キロほどの小島である。朱塗りの社殿が海面に映え出ていることから〝安芸の宮島〟として知られている。古くから海路守護の神霊の宿る島として信仰され、平清盛により回廊形式の壮麗な社殿が創建された。戦国期には大内氏の安芸侵攻の拠点として、桜尾城・勝山城・門山城などの城塞が築かれていた。毛利元就の奇襲として名高い厳島合戦も、毛利攻略のために厳島に布陣した大内氏の主将陶晴賢二万に対し、深夜に風雨の中を厳島逆上陸に成功した元就の率いる兵四千が、捨て身の攻撃を敢行して得た勝利であった。

元就は大内氏の勢力を斥けると厳島の城塞を破却し、桜尾城のみを残して四男の穂田元清を城主とした。そして神社の社殿・神域の整備をも行なっている。

草津湊を出航した輝元の船団は、半時（約一時間）たらずで厳島の入江に着いた。このとき輝元が目を向けていた本殿から海に向かって縦一列に並ぶ檜皮葺の社殿は、祖父元就によって元亀二年（一五七一）に再建されたものである。元就の影響により、輝元も幼少期から厳島を厚く信仰した。彼がいまだ幸鶴丸と呼ばれていた十一歳の元服前、厳島の社務職に宛てた書状が残っている。

海中に大鳥居が立つ御笠浜には、社務を司る棚守職にあった野坂元行が出迎えた。そして輝元を棚守屋敷へ案内し、祝いの一献を進めた。この時「島中の者」が残らず参上して輝元を拝し、餞の進物を捧げた。毛利当主の上洛は、すべての島民にとっても気がかりであった。

そして未の刻（午後二時頃）、輝元は本社に詣でた。この厳島参詣は、上洛の無事平安を祈るとともに、毛利船団の船揃え、つまりは出陣式をも兼ねていたと思われる。ちなみに毛利は二年後の小田原

征伐に、豊臣政権の命により軍船を出動させるが、その際輝元が家臣に対して五ヵ条からなる定書を出しており、その第一条に

——来る二月十日、厳島において船揃えのこと。

と見える。草津湊とその対岸の厳島周辺は、毛利遠征軍の船揃え・出陣式を行うにふさわしい場所であったのだろう。

輝元が本殿の神前に座した頃、幣殿・拝殿・祓殿のあたりには重臣が列座し、いまだ干潮にある社殿の周囲にも多数の家臣が立ち並んでいた。

神前の模様について、日記は、

「御供え・御湯立・御神楽を御調進候神所へ、八乙女ら神前へ詣でて万歳を唱ふ。御首途の御吉例、殊勝なり」

と記している。

まずは清められた神前に供物を捧げ、巫女が笹の葉を熱い湯に浸し、それを身に振りかけて祈る御湯立神事を行なった。ついで八乙女と称する数名の少女が門出の吉例として神楽を舞い、万歳を唱えて祝ったのであった。

この厳島における厳かな門出の神事に臨みながらも、輝元の胸中は複雑な思いであったにちがいない。この年輝元は三十六歳、威風堂々とした大柄な体軀には、中国地方の雄毛利の当主として恥じな

い品格さえ感じられる。けれども今回の輝元上洛の決定に至るまでの経過は、決して容易なものではなかったであろう。

思えば、祖父元就が死去した時、輝元はいまだ十九歳の若年であった。そのため毛利領国の支配は、叔父にあたる当時四十二歳の吉川元春と、三十九歳の小早川隆景が補佐役となって支えてきた。しかしこの二人の叔父の意見は必ずしも一致していなかった。とりわけ対秀吉との関係は元春と隆景とでは大きく違っていた。

小早川隆景は安国寺恵瓊（あんこくじえけい）を使者として早くから秀吉に接近していたが、吉川元春は根っからの秀吉嫌いである。だから本能寺の変後の高松城での講和の際も、隆景は講和派であったが、元春はこれを好機としての秀吉攻撃を強く主張したといわれる。その後は天下の形勢が秀吉に靡（なび）いていったため、秀吉嫌いの元春は、家督を嫡男元長（ちゃくなんもとなが）に譲って引退したという出来事もあった。

ところが不運なことに、この秀吉嫌いの元春は豊臣政権からの強い要請を受けて天正十四年（一五八六）の冬九州に出征したが、豊前小倉の陣中において五十七歳で病没した。さらに元春の嫡男元長も島津征伐最中の翌十五年六月、日向都於郡（ひゅうがとのこおり）において四十歳で急死したのである。

ただ、幸か不幸かはわからないが、吉川元春・元長父子の死は、毛利家にとっては輝元時代到来のための世代交代を促進させたともいえるであろう。兄元長の死により吉川家を継いだ広家は永禄四年（一五六一）の生まれで、輝元より八歳年少であった。この広家は、輝元の父隆元の弟にあたる元春

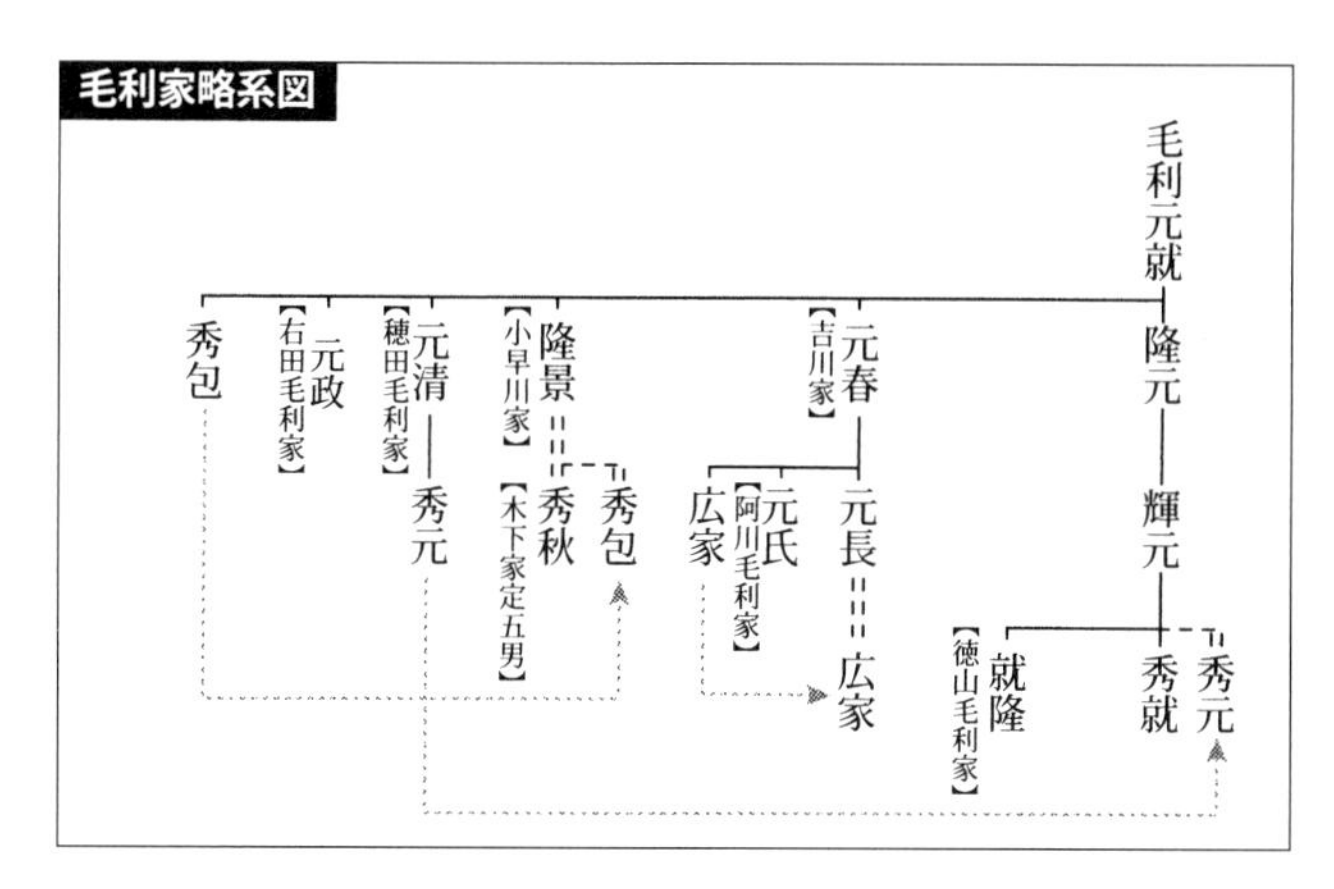
毛利家略系図
毛利元就
隆元
輝元
秀元
秀就
就隆
【徳山毛利家】
元春
【吉川家】
元長
広家
元氏
【阿川毛利家】
隆景
【小早川家】
秀秋
【木下家定五男】
秀包
元清
【穂田毛利家】
秀元
元政
【右田毛利家】

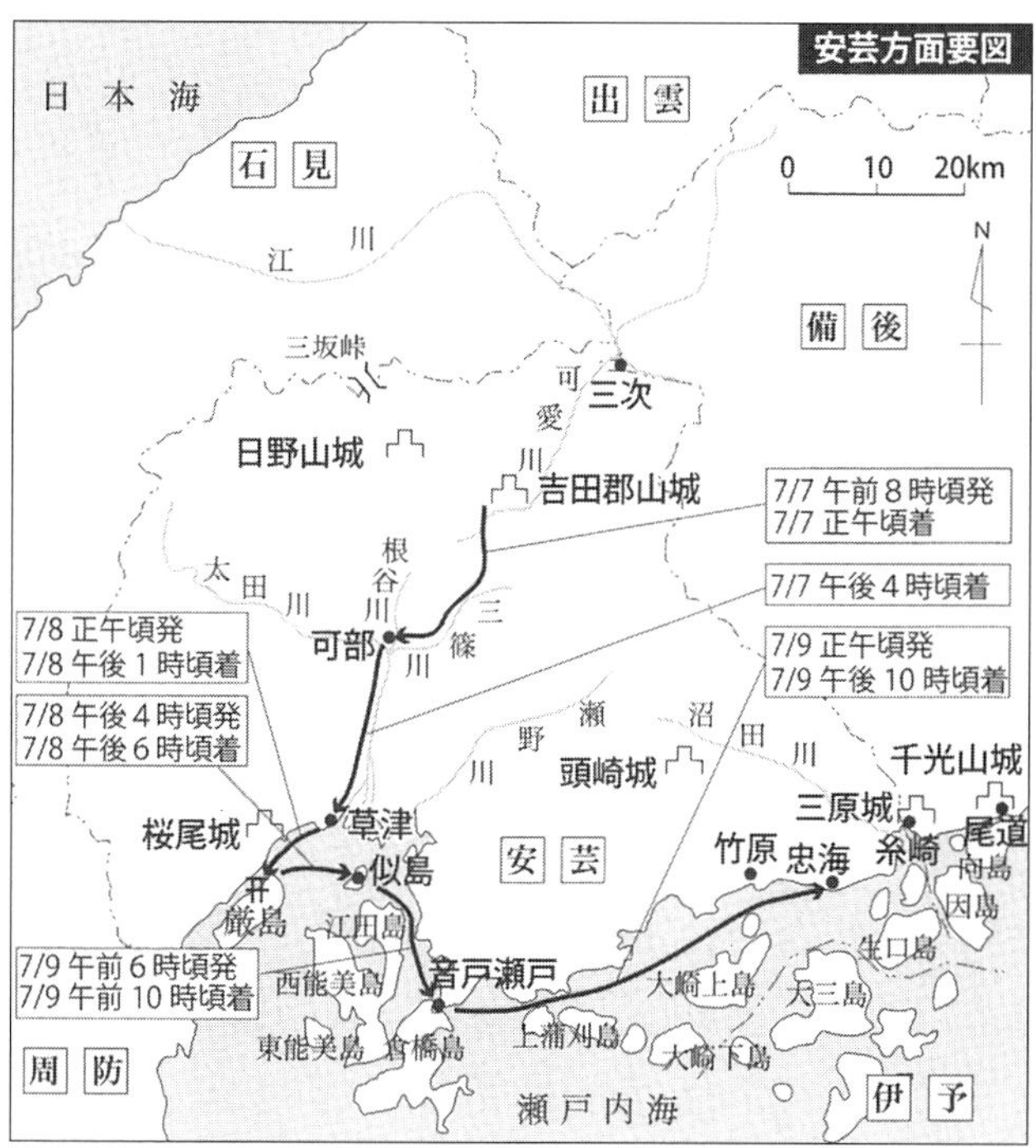
安芸方面要図
日本海
出雲
石見
備後
安芸
周防
伊予
瀬戸内海
江川
三坂峠
三次
可愛川
日野山城
吉田郡山城
7/7 午前8時頃発
7/7 正午頃着
7/7 午後4時頃着
7/8 正午頃発
7/8 午後1時頃着
7/8 午後4時頃発
7/8 午後6時頃着
7/9 正午頃発
7/9 午後10時頃着
7/9 午前6時頃発
7/9 午前10時頃着
太田川
根谷川
三篠川
可部
瀬野川
沼田川
頭崎城
千光山城
三原城
尾道
竹原
忠海
糸崎
向島
因島
生口島
桜尾城
草津
似島
廿
厳島
江田島
音戸瀬戸
西能美島
東能美島
倉橋島
上蒲刈島
大崎上島
大崎下島
大三島
0 10 20km
N

の子であるから、輝元とは従兄弟の関係にあった。二人は年齢も近いことから、おそらく若い頃から仲がよく、気心も知れていた。しかも広家はかつて毛利氏の人質として大坂に上って秀吉に謁見した経験もあるから、この度の上洛にはまさに心強い御供であった。

この吉川家は元就の妻である妙玖夫人の生家である。妙玖は吉川国経の娘で、元就の妻となり、隆元・五龍（宍戸隆家の妻）・元春・隆景を生んだ。しかし彼女は天文十四年（一五四五）に四十七歳で死去していた。それゆえ輝元も広家もこの祖母のことを直接には知らない。輝元の上洛には広家も本拠の安芸日野山城（山県郡）から直行し、この厳島で合流する予定であった。

この度の上洛には、毛利家も巨額の出費を覚悟していた。御供に引き連れる家臣三千名の兵糧と二百余艘の軍船の調達、そのうえ関白秀吉への献上品や豊臣政権の諸大名への進物。さらには公家・門跡や豪商たちとの交流にも多額の金銀や進上品を用意しなければならない。

旧毛利家臣の家に伝わった文書・記録類を集めた『萩藩閥閲録』に、輝元が周防の国人領主の系譜を引く内藤隆春の弟である山内元興に宛てた六月二十四日付の書状があり、

――今度の上洛は数代の珍儀である。この際、特別の尽力を頼みたい。せめて銀子百枚を貸してもらいたい。返済については必ず申し付ける。何とか工面して欲しい。なお虎・豹の皮も寄贈してもらいたい。

と懇請している。

また当時安芸高田郡長田の円明寺に幽閉されていた尼子義久から、尼子氏伝来の宝刀小国行(こくにゆき)を進献されたことに対する輝元の礼状があるが、これも上洛への協力を旧勢力の出雲尼子氏にも要請した結果であろう。毛利氏は輝元上洛の費用を得るために、このような協力・支援の呼びかけを広く行なっていたのであろう。

輝元の上洛に要した費用の総額についてはわからないが、おそらく豊臣政権を敵にまわしての合戦と同程度の予算規模になったであろう。つまりは豊臣政権の遠征軍を毛利の領国に待ち受けて戦うのも、三千の家臣を引き連れ、莫大な金銀と進上品を整えて上洛出仕するのも、同じくらいの金がかかるということである。それゆえに家中の和平派と強硬派との意見調整も大変であったと思うのである。元就以来の歴戦の武功を誇る重臣たちにしてみれば、戦いもせずして成り上がりの秀吉に膝を屈することはできない。

けれども戦国大名家における最終的な決定は、大名当主の判断によってなされるのが普通である。この時の輝元も、家中にあった強硬な抗戦論を抑えて和平策をとり、結局は上洛出仕を決断したのであった。いまや強大となった豊臣政権との対応は、毛利家の存亡に関わる一大事である。この危機に臨んで父祖が築いてきた毛利の領国と、家臣およびその家族の生活を守ることは、当主の責務でもある。輝元は厳島の神前に祈りながら、そうしたこれまでの経過と苦悩を思い返しつつ、上洛への覚悟を新たにしていたことであろう。

申の刻（午後四時頃）輝元の船団は帆を上げて厳島を発った。そして酉の刻（午後六時頃）似島に到着した。広島湾に浮かぶ周囲十キロほどの島で、安芸の小富士と称された小山がある。今夜の泊まりはここである。おそらく隣同士の船が、船首と船尾を綱でつなぎとめ、その船上で仮眠をとったのであろう。

その宵、穂田元清が参着し、酒肴を進めた。元清は厳島の桜尾城主であるが、彼もここから輝元上洛の御供に加わることになる。元清は毛利元就の四男で、備中国の旧族穂田氏の養子となっているが、輝元には叔父にあたる。だが叔父とはいえ天文二十年の生まれというから輝元よりもわずか二歳の年長である。元就は正室妙玖夫人を愛し、側室を持たなかったが、彼女の死後に乃美御方・三吉氏・中の丸という三人の継室を迎え、九男三女をもうけた。穂田元清は、この中の乃美御方を母としている。

毛利船団が行く

七月九日卯の刻（午前六時頃）、似島に碇泊していた毛利船団が動き始めた。この度の輝元上洛に動員された二百余艘というのは、広島湾や周防灘の海辺地域に所領を与えられていた水軍系家臣の軍船のほか、領内の港や津を根拠に活動していた商人の運送船も含まれ、船の種類や規模も大小まちまちであったと思われる。

毛利の船に関する全体像はつかめないが、ここでは当時の一般的な船舶の概要について述べておこう。

日本の船は、中世まではいわゆる軍船と運送船との間に大きな区別はなかったが、室町時代頃から海戦における攻撃・防御に工夫をこらした軍船が登場した。それは大きさにより、安宅船・関船・小早などと呼ばれていた。

小早はその名のごとく小型で小回りのきく全長十一メートルほどの快速艇である。櫓だけで帆はなく、乗員はせいぜい十名前後である。また関船と安宅船はいわば中型・大型の戦艦といったところである。関船と安宅船はともに総矢倉を設け、その構造は同じようだが、安宅船のほうが大型である。

毛利氏の安宅船に関する適当な資料がないので、ここでは東京・八王子の信松院に伝来した甲斐武田氏の遺臣が奉納したという模型を参考にしよう。武田氏にこの船が実際にあったわけではないが、信玄が今川氏の駿河を手に入れると、水軍編成の必要に迫られた。この模型は、当時の安宅船の典型と考えられている。

通常の安宅船は総長約二十五メートル、幅五メートル前後の木造船で、中央部がふくらんだ安定性のある形をしている。船体の上部は船首から船尾まで、梁に板を一面に敷きわたして甲板とした総矢倉造りとなっている。そして屋上部分の周りは堅木の楯板で装甲し、甲板の中央には帆を掛ける柱が立っている。

安宅船の外観は、いわば甲板の天井に覆われた船室を有し、さらに甲板の上部に切妻屋根の小さな天守のような楼閣を備えている。船底には錘石とともに兵糧や荷物を並べ置き、下層は水主の作業場で、上層には戦闘員となる武士が乗船する。総矢倉の内部下層の水主は両側面に並んで櫓を漕ぐ。櫓の数は左右にそれぞれ十八挺ほどである。また上層はいわゆる船室で、水主を合わせて百名くらいは充分に乗れる。周囲を覆う楯板には弓・鉄砲を使用するための狭間が設置され、非常事態ともなれば、総矢倉の上層に乗船する家臣はすべて戦闘員となる。

以上が海上の城・動く要塞ともいえる安宅船の概要であるが、いっぽうの関船はその三分の一、三十人乗りくらいの規模であるが、快速を得るために細長く尖鋭な船形をしている。

さて、こうして毛利の大船団が畿内を目指して進むというのは、久しぶりのことである。かつて毛利の水軍は精強で知られ、天正四年（一五七六）七月には大阪湾の木津川口で織田の水軍を打ち破ったこともあった。それは石山本願寺に兵糧を入れるための輸送船団を、毛利水軍八百艘が護衛していた際のことであった。この毛利水軍の行く手に、織田水軍三百艘が木津川口を封鎖して待ち受けていたのである。この時毛利水軍は、焙烙火矢と呼ぶ銅製の容器に火薬を詰めた手投げ弾を用いての火攻めで苦しめ、織田水軍を圧倒した。

ところが二年後の天正六年十一月、同じ木津川口で再び織田・毛利の海戦が行われ、今度は毛利が大敗した。この時は九鬼嘉隆の率いる織田水軍が六隻の巨船をもって毛利水軍六百余艘に壊滅的な打

軍船

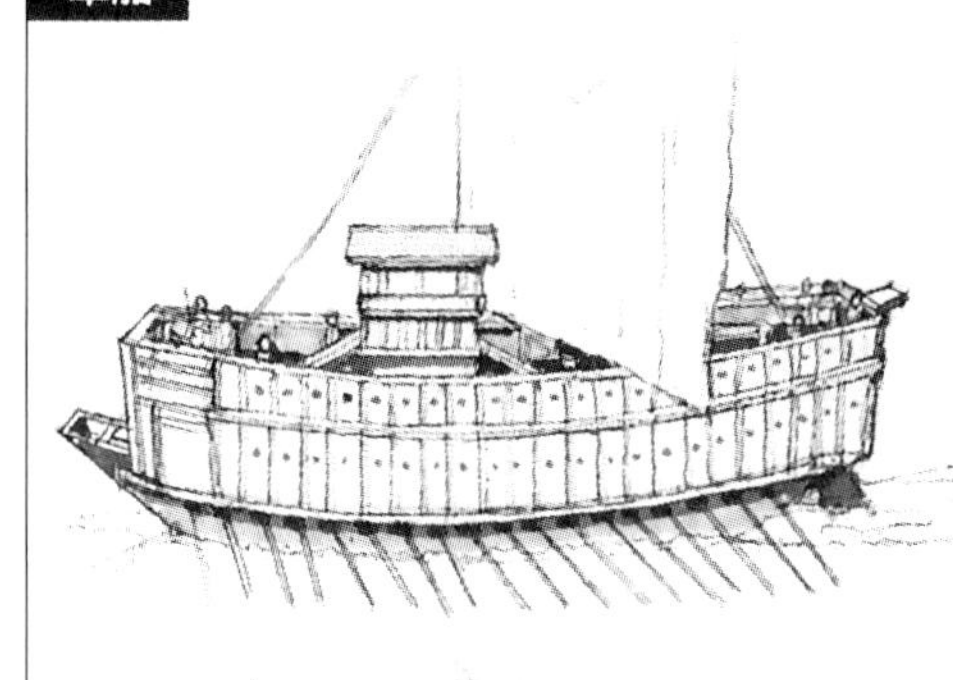

安宅船

総長約25メートル、幅5メートル程。船首が箱造りの大型船である。船首から船尾まで総矢倉造りで、周りを楯板で装甲する。甲板には楼閣を構える。

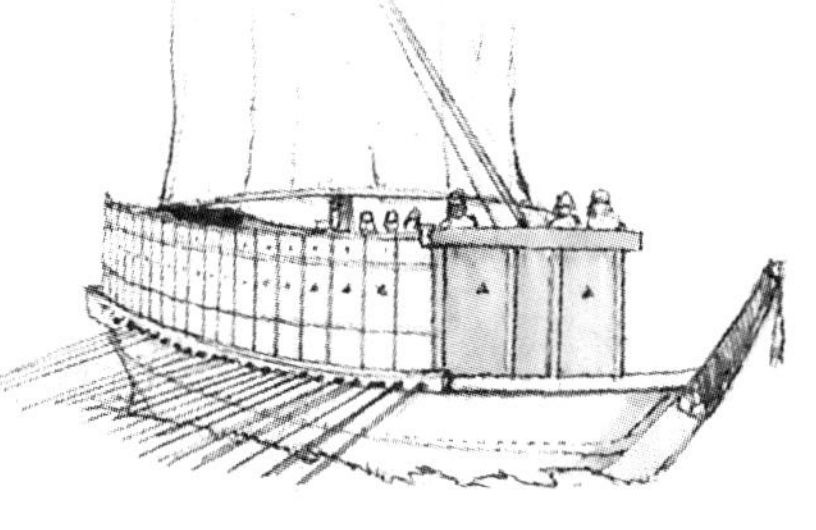

関船

船首が一本水押という長く突き出ているのが特徴の中型船である。軍船としてもっとも一般的なタイプ。

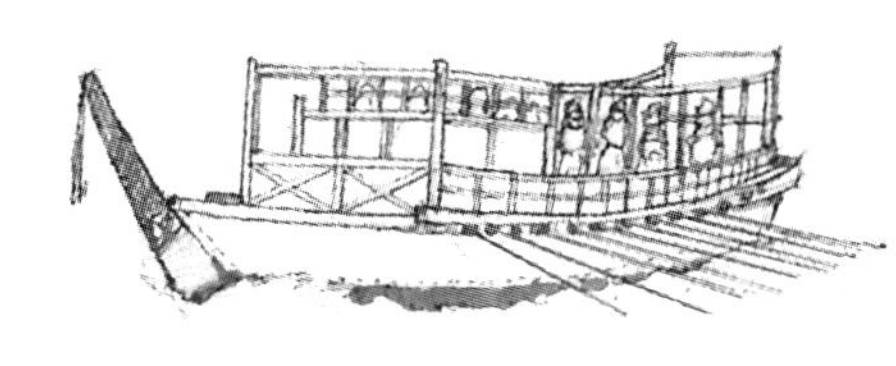

小早

総長約11メートル、矢倉はなく、半垣という低い楯板で装甲する。軽快で運動性が高い。

撃を与えたのであった。この九鬼が率いた巨船は、通常の安宅船に比べて排水量で五倍を超えるほどの巨大な安宅船であったと思われる。それも前回の毛利の焙烙火矢による敗戦の教訓を生かして、巨船全体を鉄板で覆った、いわば鉄張りの戦艦ともいえるものであった。しかも三門の大砲と無数の大鉄砲を装備していたのである。

この第二次木津川口海戦の大敗以降、毛利は大阪湾の制海権を失い、瀬戸内海における水軍の活動範囲も狭められていった。その後豊臣政権からの要請により、紀州雑賀(さいか)攻め・四国征伐・島津征伐などに毛利水軍の警固船を出動させているが、その規模はもとより意気込みも、今回の上洛に向かう大船団のそれに比べれば劣るものであった。

輝元上洛の際における毛利船団の構成についてはわからないが、総数の二百余艘に三千の乗員ということから推測すれば、大型の安宅船は輝元の御座船のほか、小早川隆景・吉川広家の乗船など数艘に過ぎなかったと思われる。おそらくそれらの安宅船を中心に、船手(ふなて)の部将が指揮する中型の関船が、それぞれの配下とした多くの小早を従えて船隊を組むというものであったろう。

船の動力は、日記にも「順風に帆を上げ」とあるように、順風を得れば帆を掛けるが、基本的には櫓の漕ぎ手である。

——ドン、ドン、ドン

——えんやさー、えんやさー、えんやさー

船太鼓の拍子に合わせ、勇ましいかけ声が瀬戸内海の島々に響き渡る。毛利船団は、輝元が乗る安宅船を中心に、魚鱗あるいは鶴翼の陣形をとりながら進んで行く。

瀬戸内海は波穏やかではあるが、大小千ほどの島々があり、潮流が複雑に入り乱れ、流れの速い難所も多い。

似島を発ってから四時間を経た巳の刻（午前十時頃）、音戸の瀬戸にさしかかった。瀬戸とは両側からはさまれて狭くなった海峡をいう。音戸は昔平清盛が開削したと伝えられる水道がある幅七十メートルほどの狭い海峡である。現在では深紅の音戸大橋が美しいアーチを架けている景勝地であるが、昔の船舶の運行には難所であった。このあたりは三瀬の瀬戸ともいわれたように、三方向から流れる潮が落ち合い、風波が高いときには海面が擂り鉢を伏せたように、うず高く盛り上がることもある。折しも船の進行とは反対の逆潮にあったので、「潮懸り」（潮待ち）のため倉橋島の湊に船を碇泊させて順潮を待つことにした。

「巳の刻に瀬戸に潮懸りをさせられ、御立宿において御行水これあり」

とあるから、輝元は潮待ちをしている間に、倉橋島に宿をとり「御行水」をして身を整えたのである。うだるような蒸し暑さに汗まみれとなった身体を行水で清め、衣服を改めたのであろう。その休息の宿に、備後の国人領主系の家臣有地民部少輔充の使者が参り、御腰物（刀）一を進上している。

かくして潮待ちすること二時間、午の刻（正午）には瀬戸を出発、平清盛の石塔の下を通って群青の大海原に出た。音戸瀬戸での潮待ちに費やした時間を惜しんだのであろうか、この日は夜の更けるまで船を進め、亥の刻（午後十時頃）、只海（忠海）に着き、全員が船中で身体を休めた。

毛利船団はこれより備後灘・播磨灘、そして明石海峡を通って摂津兵庫から大坂までの長い船旅となる。そこで日記に見える安芸草津湊を出航してから、船団の到着地である摂津大坂に至るまでの旅程を整理したものが三一頁の図である。

すなわち安芸の草津湊に船揃えをして出航した七月八日から、摂津大坂に到着した七月十九日まで、船旅の全日程は十一日間であった。しかし途中塩飽で一日と兵庫での二日間、計三日の逗留を差し引けば、航海のために要した日数は九日間であった。十三日塩飽での逗留は「東風吹き候に付き、この地塩飽に御逗留」とあるから、早朝の出発時に向かい風の東風が強く吹き荒れたため、出船をあきらめたのである。

また十七・十八の二日間の兵庫逗留は、その前日にあたる十六日が大荒れの天候で、やっとのことで兵庫に着いたというありさまで、船の整備と乗員の休養が必要であった。と同時に、これより大坂入りをするための情報収集や準備にも時間を要したものと思われる。

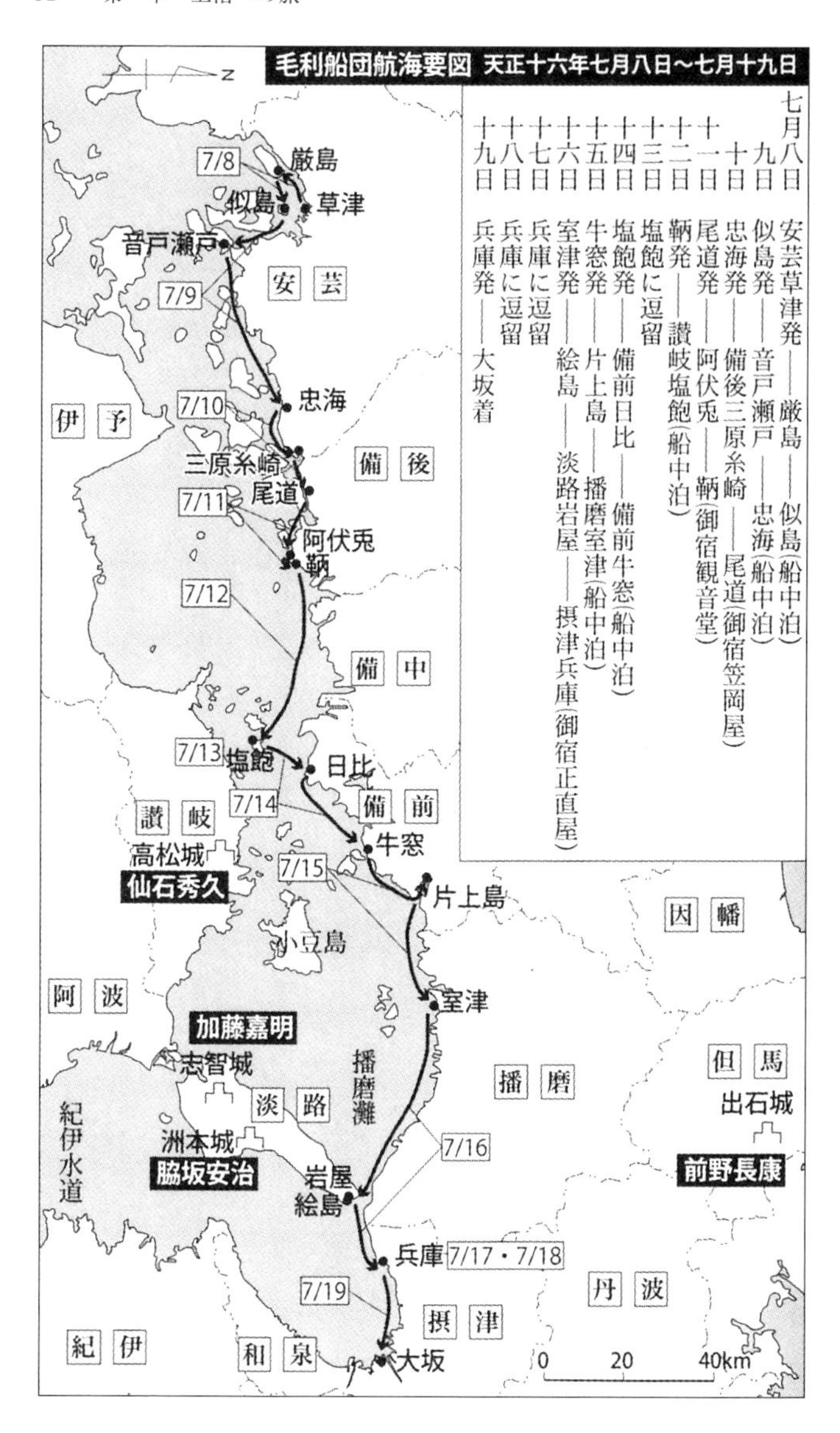
毛利船団航海要図　天正十六年七月八日〜七月十九日
七月八日　安芸草津発―厳島―似島（船中泊）
九日　似島発―音戸瀬戸―忠海（船中泊）
十日　忠海発―備後三原糸崎―尾道（御宿笠岡屋）
十一日　尾道発―阿伏兎―鞆（御宿観音堂）
十二日　鞆発―讃岐塩飽（船中泊）
十三日　塩飽に逗留
十四日　塩飽発―備前日比―備前牛窓（船中泊）
十五日　牛窓発―片上島―播磨室津（船中泊）
十六日　室津発―絵島―淡路岩屋―摂津兵庫（御宿正直屋）
十七日　兵庫に逗留
十八日　兵庫に逗留
十九日　兵庫発―大坂着
N
7/8
厳島
似島
草津
音戸瀬戸
安芸
7/9
伊予
7/10
忠海
三原糸崎
備後
尾道
7/11
阿伏兎
鞆
7/12
備中
7/13
塩飽
日比
7/14
備前
讃岐
牛窓
高松城
仙石秀久
7/15
片上島
因幡
小豆島
阿波
室津
加藤嘉明
志智城
播磨灘
播磨
但馬
出石城
淡路
紀伊水道
洲本城
7/16
脇坂安治
前野長康
岩屋
絵島
兵庫
7/17・7/18
7/19
丹波
摂津
紀伊
和泉
大坂
0
20
40km

小早川隆景の合流

七月十日、忠海に碇泊した御座船の中で早朝に目覚めた輝元は、卯の刻（午前六時頃）に上陸して付近の宮床大明神に参詣し、神宮寺にて朝食をとった。そして辰の刻（午前八時頃）に忠海を出航した。この日の到着目的地は、叔父の小早川隆景が待つ備後三原の糸崎湊である。

隆景は毛利元就の三男で、次兄吉川元春が主として山陰を支配下に置いていたのに対し、隆景は三原城を根拠として山陽の瀬戸内海上勢力を統御してきた。ただ、この天正十六年七月の時点でいえば、隆景自身も慌ただしい思いをしていたことであろう。

それというのも前年の島津征伐直後、隆景は秀吉から先に四国征伐の行賞として与えられていた伊予に代えて、筑前・筑後の二ヵ国への国替えを命じられた。隆景としては次兄吉川元春が病死したこともあり、輝元補佐の責任の重さから、九州への移封を固辞したが、これを受け入れてはもらえなかった。そこで筑前名島（糟屋郡）に築城の工を起こすなど、新領地の支配のための準備に忙殺され、三原へはつい先頃の六月末に帰還したばかりであった。

午の刻（正午頃）、船が備後三原に近づくと、三原城の天守台・本丸・櫓が、まるで浮城のように見えてきた。現在の三原城跡周辺は、ほとんど埋め立てられて市街地となっているが、かつてこの城は隆景が三原湾に浮かぶ大島・小島をつないで築城したので、満潮時にはまさに海城のような勇姿を現したのであった。

糸島湊には隆景が出迎え、近くの八幡社の森に茶屋を建てて一献を進め、饗応を行なった。隆景は五十六歳であるが、二年前の四国征伐にも、昨年の島津征伐にも、毛利の陣頭指揮をとって参戦し、文武兼備の勇将はいまだ健在である。感情的に秀吉を嫌った兄の吉川元春と異なり、隆景は理性的に秀吉の実力を認めて親交を求め、秀吉も隆景に対しては厚い信頼の念を抱いていた。

隆景は大坂に赴いて秀吉と対面した経験もあった。それは四国征伐後の天正十三年十月のことで、隆景は元春の子元長とともに大坂城に出仕した。このとき関白秀吉は二人を鄭重に迎えて饗応しただけでなく、みずから案内をして城を見せ、黄金の茶室をも観覧させたのであった。茶屋での一献を進めながら、隆景はそんな気さくな関白秀吉の一面を輝元に語って聞かせたことであろう。

かつて毛利一族・家中の間では、「毛利の両川」と称された吉川元春と小早川隆景を比して、感情的で厳格な元春を「寒中に咲く梅花」、また理性的で温厚な隆景を「春風にたなびく楊柳」と評したという。輝元も若い頃から、冷静で分別を失わず、穏やかでありながら重厚な雰囲気を感じさせる叔父隆景の人柄が好きで、深く信頼していたことであろう。

こうして輝元と隆景が歓談している間、御供の船はすべて鷺島に繋留して待機していた。

輝元らの船団が糸崎を離れたのは、申の刻（午後四時頃）である。けれどもここには隆景の姿が見えない。出立の準備が間に合わず、整い次第追っ付け合流するという手はずになったらしい。

その日は宇賀島に船をつないで泊まることにした。そして向島の歌島荘（御調郡向島）にある和泉式部の石塔を見物に行った。

ところがその夜亥の刻（午後十時頃）から「俄かに大風洪水し、電光して荒波」となった。暴風と激しい雷雨による大荒れの天気にみまわれたのである。そこで急いで船を尾道に寄せ、旅宿を笹岡屋にとることとした。

七月十一日、昨夜の暴風雨は去り、瀬戸内は晴れ渡っていた。辰の刻（午前八時頃）木梨元恒が尾道の旅宿泉屋において朝食の一献を進めて御太刀一・御腰物（刀）を進上した。木梨氏は小早川隆景の配下として、尾道水道を見下ろす千光寺山城を拠点に尾道湊取り締まりの任にあるが、もともとは備後国南部の有力国人領主である。

これまでの旅程において輝元を饗応し、その際に御太刀・御腰刀等を進上したのは、可部の熊谷信直・草津の平賀元相・音戸瀬戸の有地民部少輔、そして尾道の木梨元恒ら、いずれも国人領主系の家臣である。これに対して草津の児玉就英・厳島の棚守野坂元行・三原の小早川隆景らの一門・譜代の場合は饗応のみで、御太刀や御腰物の進上はなされていない。

中世武家社会における主君への御礼出仕には、太刀・腰刀等の進上がなされるのが作法であった。

それゆえこの度の輝元上洛の途上にある国人領主系の家臣、つまり元就以来の毛利氏の台頭・雄飛とともに従属して家臣となった城主らは、輝元を出迎えて手厚く饗応し、太刀・腰刀を進上して御礼出仕の意を表したものと思われる。当主輝元の上洛という毛利の一大事にあたり、国人系家臣らの太刀・腰刀進上という儀礼慣習を通して、毛利との主従関係の再確認がなされたともいえるであろう。

この泉屋で木梨元恒の饗応を受けているときのこと、関白秀吉からの使者が来着した。

「このお座敷へ関白様より御朱印これあり。様子は大仏の材木並びに御分国中刀狩の事なり」

とあるから、その秀吉からの使者がもたらした朱印状による伝達の内容は、大仏殿造営の木材と刀狩に関するものであった。

この中の刀狩の事とは、まさに天正十六年七月八日付で発令された、史上にも有名な秀吉の刀狩令であることがわかる。これは豊臣政権下の諸大名に対して発布され、現在に伝えられている文書も多いが、文面はほとんど同一である。ここでは『小早川家文書』所収の隆景宛の秀吉朱印状で紹介しよう。

その法令は三ヵ条から成り、主旨は、

——諸国における百姓の刀・脇差・弓・槍・鉄砲・武具等の所持を固く禁止する。不要な武器をたくわえ、年貢を滞り、一揆を企てれば、やがてはその身を滅ぼす結果となる。諸国の大名・領主は部下に命じて武具類をことごとく取り集めて進上させよ。その際に没収した武器・武具類は無駄にせず、これを鋳潰して大仏建立のための釘や鎹に使用する。これにより今生はもとより来世までも救われるであろう。百姓は農具さえ持ち、耕作を専らにすれば、子々孫々に至るまで安穏長久に暮らすことができる。右の武器・武具類は必ず取り集めて進上せよ。
というものである。

『毛利家文書』には輝元宛のものは見えないが、日記の記述から、輝元も上洛途中の尾道において、上方から下向した使者により関白秀吉の朱印状を受けていたことがわかる。

刀狩は武具狩ともいわれる。つまりは戦力の根元となる武器類を狩り集めて収公するのである。秀吉の刀狩は天正十三年四月、紀州高野山に令したものを初めとし、十六年七月には秀吉配下の諸大名にも領内の刀狩を命じたのである。この刀狩の名目に、大仏殿建立のための釘や鎹に使用し、百姓の福祉をうたっているが、その真の意図は豊臣政権とこれを支える領主階級の安定化にあった。

そしてこの大仏殿とは、十四年の末から着手された京都方広寺大仏殿の建立である。先に戦火により焼失した奈良東大寺大仏殿にならって大仏を安置しようというもので、その造営には小早川隆景も協力していたが、輝元にも刀狩に合わせて方広寺大仏殿の木材調達に関する命令が下されたのであった。周防国はもともと東大寺の造営料国、つまり東大寺の改築・修理等の費用を負担するのが例であった。それゆえに方広寺の造営にあたっても、周防を領する毛利に協力が求められたのであろう。

この関白秀吉からの使者と相前後して小早川隆景が参着し、これより輝元上洛の御供に加わることとなった。隆景の泉屋での合流は、昨日からの予定通りのことであったのだろう。そして巳の刻（午前十時頃）に尾道を出航した。

未の刻（午後二時頃）、瀬戸内海に突出した沼隈半島の東南端にさしかかると、白波が立ち騒いでいた。そこで阿伏兎観音の西にしばらく潮待ちをすることにした。

その潮待ちの間に「御供の御法度」が仰せ出され、渡辺石見守長・国司藤兵衛就信・粟屋右京亮・児玉三郎右衛門・粟屋内蔵丞ら輝元側近の奉行人を御使として、船団の各船々に伝えられた。すでに草津湊出発の際に「御供並びに船中の御法度」が出されているが、この度の主君上洛にあたり、御供の乱れは許されることではなく、何度も重ねて注意がなされたのである。

申の刻（午後四時頃）鞆の浦に着いた。輝元の宿所は観音堂である。鞆の浦は沼隈半島の先端にある。その昔、神功皇后が手に着けていた鞆（弓を射る際に弦の衝撃から左手首を保護する革製の防具）を沼名前神社に奉納したことがその地名の由来となったという古い歴史を持つ港町である。

この地にある鞆城は天正四年、織田信長に追放された足利義昭を毛利氏が迎えたときに築城し、義昭はここで、福山津之郷館に移るまでの六年間を過ごした。また当地の備後安国寺は、毛利の外交僧であった安国寺恵瓊が、安芸安国寺の住持とこの備後安国寺の住持を兼ねていた。

その日の夕餉は宿所の観音堂に村上左衛門大夫が一献を進め、御太刀・御馬を進上した。この饗応には小早川隆景・吉川広家・穂田元清も同席している。輝元は彼ら叔父・甥との会食に心を和ませたことであろう。村上左衛門大夫は因島の村上吉祐であろう。因島村上氏は、備後因島を中心に鷺島・向島・多島を根拠として尾道から鞆に至る海路を支配していた海賊衆である。

土地に基盤を置く領主に対して、海辺に勢力を張る沿岸豪族を沖の諸家といい、彼らの行為・性格から海賊衆または水軍と称した。その経済的基盤は特定の海域（縄張り）に設置した海上関の関銭（通行税）徴収のほか、水先案内や船舶の護送による警固料などの諸権益にあり、時と場合によっては海上盗賊となる者もあった。

後に述べるように、村上水軍には能島の野島村上氏・来島村上氏・因島村上氏があり、毛利氏との関係も一様ではなかったが、因島村上氏は厳島合戦以来、毛利氏と密接な関係を保ち、当時は小早川隆景の支配下にあった。

この観音堂で輝元が叔父・甥らとともに村上左衛門大夫の饗応を受けているとき「此所へ備後衆御暇乞として罷り出でられ候」として、備後衆が暇乞の挨拶に来たとある。この備後衆というのも、毛利船団の通航に際して沿岸警固にあたっていた備後の海賊衆であろう。

揺らいだ水軍王国の基盤

七月十二日、巳の刻（午前十時頃）に鞆を出航した。天気は晴れ、順風に帆を上げて進んだ。目に映る四方の景色が美しく、御座船では連歌が始められた。お相手は筝軒春盛・井原元良・佐世元嘉らであった。筝軒春盛は輝元が京都で交流した人物にもその名が見える「以筝軒」と同一人物で、京都あたりの連歌師のようである。長旅の無聊を慰めるために招かれて同行していたのであろうか。右に讃岐の宇多津（鵜足郡）の平山、弘法大師の生誕地とされる屏風ヶ浦（多度郡弘田郷）を見渡し、左に備前児島を眺め、変わりゆく風情を楽しみながら連歌に興じた。

未の刻（午後二時頃）に讃岐の塩飽に着いた。ここに福原元俊・口羽春良が参着して御供に加わった。彼らは毛利家の宿老で、ことに口羽春良の祖父は、毛利元就を補佐した老臣の志道元良である。毛利隆元の死後、祖父元就の命により、若き輝元を補佐するために、吉川元春・小早川隆景と並んで、二人のそれぞれの父である福原貞俊・口羽通良が、譜代家中を代表して宿老となり、四人衆とよばれて毛利氏の最高議決機関に列していた。ただ彼ら福原・口羽の知行地は備後ではないから、あるいは執務の都合により出発が遅れ、当地から御供に加わったのかもしれない。

この日は塩飽で船を休める予定である。安芸郡山城を出発してから今日で六日目になる。草津湊を船出してからでも五日が過ぎた。連日の船旅にもそろそろ飽きてきた頃である。申の刻（午後四時頃）、

「隆景様御船を懸けられ候中の浦へ、御船遊びとして手安にて御出なされ候」

とあるように、輝元は舟遊びに手安すなわち手軽な装いで、隆景が船をつないでいる中の浦へと出掛けた。

小早（小船）を仕立てて遊びに出掛けたものとみえる。御供は穂田元清・内藤正右衛門・宍戸五郎左衛門・松山源次兵衛尉元忠・堅田弥十郎元慶らであった。叔父の穂田元清は別にして、他の者は

いずれも毛利譜代家臣の子弟である。彼らは近侍として常に主君輝元と行を共にしていたのであろう。
夕餉は「隆景様の御振舞」であった。夕暮れ時の瀬戸内も美しい。新鮮な魚貝の味覚を楽しみながら、和やかな語らいが夜更けまで行われたのであろう。亥の刻（午後十時頃）に、「雨降り、船中においてぬれさせられ候」とあるから、隆景の振舞も輝元が乗ってきた小船の上で催されたようである。小早川の安宅船や関船なら、屋根のある楼閣や総矢倉の船室があるから、雨に濡れることはない。まさしく夕涼みを兼ねた舟遊びであった。

七月十三日、天気は晴れだが、東風が強く吹くのでこの地塩飽に逗留することにした。塩飽は瀬戸内海のほぼ中央部に位置し、備後（岡山県）と讃岐（香川県）との間に横たわる本島・櫃石島・与島・牛島・広島・手島・高見島の七島を含めて二十八の島々からなっている。

塩飽に逗留と決めたところ、「関白様に八真言の中ノ坊と申すを、黒田官兵衛殿御承りにてお宿に仰せ付け候へども、御出でなく御船に御休み候」、すなわち関白秀吉から黒田官兵衛孝高を介して、真言宗の中ノ坊という寺を輝元の宿所とするように伝えてきたが、どうしたわけか輝元は折角の宿の手配を受けずに船中で休息している。

午の刻（正午頃）、村上弾正忠が訪れ、浜辺に御茶屋を構えて一献を進め、御太刀・御馬を進上した。これには隆景が同席して御相伴をした。この村上は塩飽の地で輝元に出仕していることからすれば、中世以来東部讃岐の塩飽代官職を保持し、能島を根拠に瀬戸内海中央の海域を支配してきた村上氏であろう。ただしこの能島の村上氏も、天正十五年に小早川隆景が伊予から筑前に移封され、福島正則が伊予に入るとともに村上氏は能島城を立ち退かされ、名字も野島を用いていた。

野島村上家はもともと一族の来島・因島の村上家に対して惣領家にあたり、イエズス会宣教師の報告書にも、瀬戸内海最大の海賊で、宣教師の通航の安全を保障するため、求めに応じて野島家の紋章と署名入りの旗を与えていたことが見えている。

村上による一献の饗応がなされている頃、朝から強く吹いていた東風はすでにおさまっていたようである。潮騒（しおさい）は穏やか、気分も良好であった。野島村上の饗応を終えると、

「其の儘（まま）御船遊びとして奥島へ御出で成され候。磯へ御上がり候、御供の小姓衆（こしょうしゅう）は海へ下り浸かり、或いは海松（みる）、或いは栄螺（さざえ）・立貝などを取り上げて御目に掛けられ候。是を御肴（さかな）にて御酒参り、御謡（うたい）これあり」

とある。

浅瀬に下りて採ったサザエ・ミル貝などをお目に掛けた「小姓衆」というのは、昨日の船遊びにも輝元の御供をしていた内藤・宍戸・松山・堅田らの近臣たちであろう。採れた貝は火を起こして壺焼きにし、あるいは刺身に調理して酒の肴とし、やがて興に乗ると謡が始められたのである。

昨日の船中での連歌といい、夕涼みを兼ねた舟遊びといい、また今日の舟遊びと磯遊びの催しなど、なんとも楽しげな風情である。

しかしこの輝元一行ののどかな旅も今日の塩飽あたりまで、いわば毛利の勢力範囲内でのことであったと思われる。

かつて毛利は明石海峡から大阪湾にいたるまでの瀬戸内の制海権を掌握し、水軍王国とさえ称されていた。しかしあの第二次木津川口の海戦で織田水軍に大敗して以来、毛利の水軍力は急速に衰えていった。

ことに秀吉の中国経略が進んで播磨を制圧した天正八年以降には、瀬戸内沿岸の海上勢力の多くが秀吉に靡いていった。そして本能寺の変後には、秀吉は織田水軍の九鬼嘉隆をも配下に加え、強力な海軍力を備えたのであった。

またそれまで毛利の支配下にあり、瀬戸内最大の水軍といわれた村上一族すなわち野島村上・因島村上・来島（久留島）村上の三氏も、秀吉の勢力拡大とともに去就の選択を余儀なくされ、ついには分裂した。すなわち厳島合戦以来毛利に忠誠を誓ってきた来島村上氏は秀吉に誘われ、伊予風早（かざはや）郡一万四千石の大名に取り立てられて毛利陣営を離れていったのである。

それゆえこの輝元上洛当時では、備後鞆の宿所において輝元を饗応した因島村上と、塩飽の浜辺に御茶屋を構えて一献を進めた野島村上だけが、毛利の勢力圏内の水軍として残っていたのである。瀬戸内の制海権を握り、水軍王国といわれていた毛利の栄光は、ここ十年ほどの間にすっかり衰え、この塩飽あたりが毛利陣営の勢力圏の境にあったといえる。

このように見ると、輝元の塩飽滞留に際して豊臣政権から中ノ坊という寺を宿所とするようにという斡旋を受けながら、これを無視して船中にとどまったのは、かつて瀬戸内の制海権を握っていた毛利のプライドからして、失われた支配地に敵から宿の提供を受けるというのは屈辱でもあり、これを素直には喜べないという複雑な思いがあったのかもしれない。

七月十四日、辰の刻（午前八時頃）塩飽を出船した。晴れの天気で海上も穏やかであった。「御精進なり」と書かれている。十四日は元就の忌日（元亀二年六月十四日没）、つまり命日である。生臭気を控えて精進料理を食し、身を慎んだのであろう。

児島半島を経て備讃瀬戸に近づくと潮流が激しくなったので、備前の日比湊（児島郡）で暫く潮待ちをした。視界は良く、沖には小豆島があり、その先には遥か讃岐国（香川県）屋島浦の山々までが見渡せた。

申の刻（午後四時頃）、備前牛窓（邑久郡）に着いた。ここは神功皇后も訪れたと伝わる古い港町で、近くの高台には伝教大師が開いたという古刹の堂塔も見える。ちょうど盂蘭盆の時期にあたり、家々には祖先の霊を自宅に迎え入れるために供えた、沢山の灯火や灯籠が見えた。しかし毛利の船団は上陸しなかった。

「此の浦の者ども万灯色々上げ、灯籠ども仕り、船中よりながめさせられ候」

とあるように、船中から眺めたのである。

昨日までの開放感とはまるで異なる、ある種の緊張感につつまれている。すでに毛利の勢力圏外に入っていたのである。これより先の海域は、あたかも豊臣政権の毛利船団包囲陣といった状況にあった。

すなわち、これから明石海峡に向かって進めば、備前・播磨の海上警固を任務とする讃岐の仙石秀久（高松城主・五万石）、淡路の脇坂安治（洲本城主・三万石）・加藤嘉明（志智城主・四万五千石）らの水軍に監視をされる。明石・淡路・鳴門を結ぶ海域は、大坂防衛の生命線に位置づけられていた。

さらに大阪湾に近づけば、志摩鳥羽城主で紀伊水道・熊野灘・伊勢湾の制海権を掌握していた九鬼嘉隆（三万五千石）の水軍が控えている。この九鬼水軍には第二次木津川口の海戦で、毛利は惨敗を喫しており、あの鉄張りの大安宅船の威力は充分に思い知らされている。

そして大阪湾内に入れば、秀吉の船奉行が指揮する船手衆（海軍）が待ち受けているだろう。この海軍は宣教師の報告書によれば、つい数ヶ月前まで船奉行にあった小西行長（天正十六年閏五月肥後宇土城主に移る）について、

――羽柴の海軍司令官はポルトガルのガリヤン船に似た船に乗り、大友宗麟が信長に贈った大砲一門と多数のモスケット銃を装備し、七十艘ばかりの艦隊を率いていた。

という。

もと伊予や淡路周辺の海賊であった石井・梶原・菅や、毛利陣営から離れた来島村上なども、いま

は秀吉の船奉行の配下にある。この状況からすれば、もしかりに戦闘事態ともなれば、毛利船団は手も足も出せないまま、撃滅されることは間違いないであろう。

この牛窓に碇泊中の輝元の所へ、黒田官兵衛孝高より遣わされた御迎えと安国寺恵瓊からの使者が到着し、京都・大坂の様子を伝えた。

黒田孝高は秀吉の参謀ともいわれた敏腕の切れ者である。しかしもともと彼は播磨の生まれで、しかも秀吉に滅ぼされた姫路御着城主小寺政職の一族であった。そのうえ高松開城の際における秀吉と毛利との講和交渉に活動したことから、毛利とも深い関係がある。この頃は豊前のうちに十二万石を領し、中津川城主であったが、輝元上洛時には秀吉の近くにあり、輝元のために何かと世話をしてくれることになる。

また安国寺恵瓊はかつて安芸安国寺の住持にあったことから毛利とは縁が深く、秀吉の高松城水攻めにも毛利との間に入って調停した。その後は秀吉に接近して信任を得、僧籍にありながら伊予和気郡の内に二万三千石を与えられていた。孝高とともにこの恵瓊も、輝元上洛にあたっての心強い相談相手である。

この孝高と恵瓊の使者から、豊臣政権がつい先日に公布した法令についても聞いたことだろう。それは海上の賊船取り締まりに関するものである。輝元が安芸の草津湊を出航した七月八日、諸国に発令された刀狩令と同日に出されたことから、海の刀狩令とも称されるものである。それは三ヵ条から

成り、その内容は、

——諸国海上における海賊行為を禁じ、国々浦々の船頭・漁師らを、その地の領主が監督し、そして海賊行為が発生した場合は、その所の領主に責任を負わせ、所領を没収する。

というものである。

この法令は、豊臣政権の天下統一政策が、広く海域の支配にまで及んでいたことを示している。しかし偶然とはいえ、それはまるで毛利輝元の上洛に合わせて発令されたようにも思われる。これにより瀬戸内海の海賊行為が禁止され、毛利船団の安全が保障される。だが同時に見方を変えて考えると、もしかりに毛利船団が上洛の航海中に騒動や事件を起こしたらどうであろう。それはまさに海賊行為とみなされ、厳罰に処せられることもあり得ることになる。

高まる緊張

七月十五日、巳の刻（午前十時頃）牛窓を出航した。右手に小豆島を見ながら播磨灘方向へ進む。左手の陸地はもう備前と播磨の国境に近い。このあたりも小さな島が多く、潮の流れも一定していない。片上（かたかみ）島にて暫く潮待ちをし、再び船を進めた。

未の刻（午後二時頃）、播磨の室津（むろのつ）浦に着いた。室津は西播磨の重要な港で、その入り江はいつも室

（家屋）のように穏やかなことからその名がついたという。この海域は豊臣政権の船手衆の管轄下にある。当然のこと、毛利船団の動きはつぶさに把握されているはずである。

室津は『万葉集』にも「室の浦」と詠まれた古くからの湊で、南北朝期には足利尊氏が京都回復をねらって西宮浜で楠木正成（まさしげ）と戦って敗れ、兵庫から海路九州へ走る途中、室津で軍議を行なったという言い伝えもある。しかし毛利船団は上陸しなかった。

「御座船ハ、江の中に掛けられ、御供船は左右の磯際に掛け置かれ候。盂蘭盆の事にて、町中色々の踊りを仕り候へども、堅く御下知（げじ）により、御供の衆一人も船より上がらず候」

とあるように、輝元の御座船は室津浦の入江の中に、そしてこれを囲むようにして御供の船は左右の磯に繋留された。

古くから港町として栄えた室津には、室君（むろぎみ）と呼ばれて酒の相手をする遊女もいる。そのうえこの日は盂蘭盆会のこと、町中では色々な踊りが催されていた。祖先の精霊を慰め魂送り（たまおくり）とするために、男女が歌や音頭に合わせて踊る、いわゆる盆踊りである。しかし輝元の厳命により、御供の衆は一人も船より上陸しなかった。

上洛出仕を目前にして油断は禁物である。酒と遊女に引かれ、あるいは盆踊りの賑やかなお祭り気分の中に入って羽目を外し、些細なことから住民と騒ぎを起こすようなことにでもなれば、それこそ豊臣政権に付け入られる隙を与えることになる。

七月十六日、寅の刻（午前四時頃）室津を出航した。いつもより早い出発である。天気はよく海も穏やかである。しかし明石海峡に入ると潮の流れが激しくなった。そこで淡路の絵島で少し潮待をした。ここは『平家物語』にも「絵島が磯の月をみる」と書かれた、月を見る名所である。日中も晴れ渡り、視界もいたって良い。

そこで付近の山に登れば遮るものはなく、「右ハ阿波山鳴門まで見へ渡り、左は播磨灘・高砂の浦まで相見へ候」、すなわち、右は遠く四国の方角に目をやれば阿波の鳴門まで見え、左は播磨灘の彼方、高砂の浦までが見渡せた。

しかしこうして眺めを楽しんでいる間に、東風が激しく吹き始めていた。急いで船を出したが、大変な事態になってきた。

「東風頻りに吹き、大波に向き御船漕ぎかねて、淡路の岩屋に少し御掛り候。風荒きに吹き出で候に付きて、御船を出だされ、ひらきに帆を上げて沖中に押し出だされ候節、俄かに大風吹き来たりて、御座船ならびに御供船、潮を汲み、或いは帆柱を吹きはつし、既にあやうしく御座候。海上を御覧ずれば、大船二艘損じ候。御供かとあやぶまれ候処に、さはなく廻船なり。この風も次第に吹き落ち、左右なく御船に至るまで別状なく御座候」

というありさまであった。

すなわち、東風が頻りに吹き、大波に向かって御船を漕ぎかねたので、淡路島北端の岩屋で暫く波のおさまりを待つことにした。しかし風はますます荒く吹いてきたので、思い切って船を出すことにし、帆を開き上げて沖に乗り出したところ、にわかに大風が吹いて船が波をかぶった。御座船も御供船も必死で潮を汲み上げ、あるいは帆柱を外し、すでに危険な状態に陥っていた。海上に目をやると、大船二艘が大破していた。もしやそれは御供船ではないかと心配をしたが、そうではなく他の廻船であった。だがやがてこの風も次第におさまり、あれこれというほどのこともなく、さいわいなことに御船にも異状はなかったというのである。

ちなみに淡路岩屋は約十年前、あの天正六年の第二次木津川口の海戦頃までは、毛利水軍の勢力圏内にあった。岩屋城には本願寺を支援した紀州雑賀の鈴木孫市とその鉄砲隊五百が守備し、海浜には毛利の警固船がつねに碇泊していた。しかしあの海戦で織田の九鬼水軍に大敗した以降は、毛利は岩屋の水軍基地を失っていたのである。

申の刻（午前四時頃）、当面の目的地である摂津の兵庫に着いた。

「御供船一艘も損ぜず事、ひとえに佛神のわざと申さぬ人はなし」

恐ろしいまでの暴風雨の中に、二百余艘の毛利船団のすべて、御供船の一艘をも損なうことなく無事であったのは、これひとえに仏神の御加護によるものと、ありがたがらぬ人はいなかったと記している。まさに九死に一生を得た思いであったのだろう。

御船の着く場所は、「和田の岬を押し廻り、松王小茅堂の前」、「御宿ハ正直屋宗養と申す者の所」

であった。和田岬は兵庫港の南端である。

ここは古くから大和田泊(おおわだのとまり)と呼ばれ、奈良時代から瀬戸内海航行の要津(ようしん)であった。平清盛もこの港の重要性を認め、風浪から守るために港の前面に島を築いて安全な碇泊地を設けたのが経ガ島といわれる。松王小茅堂はよくわからないが、和田岬の近く、平清盛が福原千僧供養を催したと伝えられるあたりであろうか。かつては浜松が群生し、須磨と並ぶ景勝の地であったという。

正直屋は摂津兵庫の商人である。天正十一年秀吉に兵庫船役銭(ふなやくせん)を納めているから、船舶の運航に関わる仕事をしていたらしい。しかもその屋敷は「関白様御宿」にもされていた。そこに輝元も宿泊を許されるのである。

御宿に着くと、正直屋が一献を進めて歓迎した。もちろん小早川隆景・吉川広家も同席している。そこに安国寺恵瓊と家臣の林土佐守就長(なりなが)がやってきた。彼らは「京都・大坂の御宿こしらえ」の役目を果たして帰ってきたのである。おそらく林就長が安国寺恵瓊の協力と紹介を得て、輝元とその御供一行らの京都・大坂における宿所の手配のために奔走したのであろう。それにしても毛利主従三千の宿所の確保というのは容易ではなかったであろう。

大坂入り

七月十七日、今日も天気は晴れ、海も穏やかである。しかし「当所兵庫に御逗留」することにした。七日に草津湊を出帆してから十一日目になる。それに昨日はあのすさまじい暴風雨であった。御供の家臣らには疲労の色がみえ、破損した船の補修をもしなければならなかったであろう。

おそらく毛利の大坂入りの際には、豊臣政権下の諸大名らの軍勢だけでなく、物見高い群衆の目が注がれるはずである。西国の雄毛利の威勢を示すためにも、あくまでも勇壮に、しかも整然として晴れやかに臨まなければならない。

兵庫は豊臣政権の直轄地で、大坂からすれば西の玄関口にあたる。秀吉にしても、輝元の兵庫到着を待ちかねていたにちがいない。

増田(ました)六右衛門という人物の素性は明らかでないが、「下代官」とあるから、直轄地兵庫の行政を担当していた役人のようである。その名前からしても豊臣家の奉行増田右衛門尉長盛の一族かと思われる。大樽十荷(か)・鱧(はも)百尾・鱸(すずき)十尾・昆布一折といった沢山の手土産を持参してやってきた。長旅の慰労と歓迎の意を込めて、酒と肴の差し入れをしたのであろう。

また大和大納言秀長より「御迎え」として藤堂与右衛門高虎が、近江(おうみ)中納言秀次からも「御案内者」として白井権太夫定成が来り、熊皮の泥障(あおり)三掛と晒帷子(さらしかたびら)二十を進上した。泥障は鞍の左右に垂らして馬の汗や泥を除ける馬具、また晒帷子は麻の肌着である。秀長は秀吉の実弟で大和郡山城主、秀次は甥で近江八幡山(はちまんやま)城主にあった。藤堂高虎は後に伊予の大名となるが、この頃は秀長付きの筆頭家老をつとめていた。

また申の刻（午後四時頃）には、関白秀吉からの「御迎え」の使者として蜂須賀阿波守家政が参着し、手土産の槍五十本を贈った。そのほか、

「大坂・聚楽の大名衆より御迎えの使者として数多差し出だされ候。之を記し難し」

とある。大坂や京都聚楽の屋敷にいた諸大名からも、輝元の兵庫到着を祝って、歓迎の意を込めた使者が遣わされていたのである。

当時の大名の上洛に際して、このように諸大名からの出迎えが行われていたというのは興味深いことである。こうした豊臣政権や諸大名からの気配りと好意は、昨日まで輝元の胸にくすぶっていた、上洛出仕に対する緊張や不安感が、いちどに消え去っていくような思いがしたことであろう。

七月十八日もこの兵庫に逗留することにした。いまだ大坂入りの万全の準備が整っていなかったのかもしれない。

辰の刻（午前八時頃）に、「蜂須賀殿へ御朝食参らせられ候」、すなわち昨日来着した蜂須賀家政に朝食を振舞った。場所は宿所の正直屋であろう。小早川隆景と吉川広家も御相伴をした。

秀吉からの出迎えとして遣わされた蜂須賀家政は、じつは「大仏の材木の御奉行として」、このまま四国へ渡海するとのことであった。秀吉はつい先日の七月五日、諸大名に対して大仏殿造営のための材木・巨石や人夫の徴収を命じていたのである。そこで家政には、餞別として太刀一腰・銀子二十

枚を贈ることにした。

酉の刻（午後六時頃）、松王小茅の御影堂へ見物に行った。夕暮れ時の散策である。六甲山の南側に位置する東灘区の御影は、その昔神功皇后が姿を映して化粧をしたという沢の井にちなんで地名になったといわれる。御影石の産地としても知られている。また松の名所でもあり、『源平盛衰記』にも「みかげの松」が見える。

明日はいよいよ大坂入りである。その夜、御宿として世話になった正直屋に太刀一腰・銀子十枚、同女房へ五百疋、隠居の親父宗養へは銀子五枚、その他内の者へも千疋を遣わして謝礼とした。

七月十九日、丑の刻（午前二時頃）、輝元一行は兵庫を船出した。夜明け前のまだ暗いうちの出立であったが、やがて夜が明け太陽が昇ると、勇壮な船団が姿を現した。

「二百余艘、御船を初めとして、印と家々の幕、思々の芭蕉・金銀を飾り、浦風に吹かせ、海上も光渡り、見物これに過ぎず」

とある。

毛利船団の二百余艘は、輝元の御座船をはじめとして、それぞれに船印や家々の幕（幟カ）を掲げていた。それらは芭蕉などの家紋を染めたもの、あるいは金銀などで飾りたてたものなどで、浦風に吹き靡くさまは、さながら海上が光り輝いているかのようであった。幕というのは幟旗のことであろう。小田原征伐の東国出馬に際して、毛利輝元が出した兵船に関する定書の中に、

——武具指物など書付のごとく馳走のこと

とあるように、指物の幟旗は兵船に必須のものであった。

空は晴れ、視界も良い。「堺津・住吉の松・天王寺の石鳥居まで見え渡り候」、前方に堺津・住吉神社の松林・四天王寺の石鳥居が見えてきた。目指す大坂はもうすぐである。しかし住吉の松林の近くには木津川口がある。天正六年十一月六日、毛利方六百余艘の軍船が、織田方六隻の巨艦に完膚なきまでに叩きのめされたのも、目の前の木津川口であった。

あれからもう十年を経たが、いま輝元上洛の御供に従っている中にも、織田方六隻の巨艦から撃ち出される大砲とおびただしい鉄砲の轟音、そのすさまじい破壊力。その一方であいついで大破・撃沈されていった毛利方軍船の悲惨なありさま、あの悪夢のような光景が脳裏に焼きついている者もいただろう。

大坂は豊臣政権の根拠地である。大坂城は賤ヶ岳合戦に大勝して天下取りへの自信を強くした秀吉が、本願寺のあった石山の地に、その武威を示すとともに、全国統一のための根拠として築いたものである。天正十一年(一五八三)九月に築城の工を起こし、翌年には移り住んでいるが、工事はその後も続けられ、三ノ丸の完成は秀吉晩年の文禄三年(一五九四)であり、外郭の惣構堀の普請などは、秀吉の死の直前まで行われていたようである。

秀吉の御伽衆として近侍していた大村由己は、その著『天正記』の中で、大坂城の規模について、

――かの地は五畿内の中央にして、東は大和、西は摂津、南は和泉、北は山城、四方広大にして、中に巍然たる（高くそびえ立つ）山岳なり。麓を廻る大河は淀川の末、大和川流れ合ひて、其の水即ち海に入る。大船小船、日々岸に着く事、数千・万艘と云う事を知らず。平安城（京都）へは十余里、南方は平陸にして天王寺・住吉・堺津へ三里余り、皆、町・店屋・辻小路を立て続け、大坂の山下となるなり。五畿内を以て外構へとなし、かの地の城主を以て警固となすものなり。

と記している。

毛利輝元が、大阪湾内を進む安宅船から眺め渡していた光景は、まさにこの『天正記』の記述そのものであったろう。

巳の刻（午前十時頃）、大坂に到着した。八日に草津湊を船出してから十二日、長い船旅であった。船着場には黒田官兵衛孝高のほか、毛利壱岐守吉成（豊前小倉城主・六万石）・毛利兵吉重政（秀吉馬廻）・森勘八高政が迎えに出ていた。

黒田孝高は先に使者を寄越して京都・大坂の様子を知らせてくれている。そしていまは彼みずからの出迎えである。

毛利吉成は毛利姓であるが一族とは関係がない。しかし封地の豊前小倉は近隣である。また森高政は本能寺の変後、秀吉が備中高松城から上洛するとき、毛利に備えるために高松に在番したということでは縁が深いといえる。

大坂における輝元の御宿は「浜の町、布屋所」に用意されていた。船着場に近い商人の家のようである。輝元が宿に着くと、主人の布屋が一献を進めて迎えた。このとき「宿主へ二千疋」が遣わされた。

輝元の大坂到着を待ちかねていたかのように、出迎えの人々が宿所にやってきた。

「公方様より真木島玄蕃殿を御使にて金屏風一双・御樽二十荷、並びに御帷子二十枚を進めらる」

とある。

この「公方様」とは室町将軍の足利義昭である。織田信長に京都を追放された後、毛利の領国に十年余も庇護されていたが、秀吉との和解が成立し、つい半年ほど前に帰京していたのである。義昭からの見舞いの品々を持参した真木島玄蕃は名を昭光といい、義昭の近臣である。義昭の毛利領国へ下向の際にも同道していたから、輝元とも顔馴染みであった。

そのほか、戸田民部少輔勝隆（伊予大洲城主・七万石）・細川陸奥守輝経・六角殿（義治カ、もと近江半国の大名・秀吉御伽衆）・大谷刑部少輔吉継（豊臣家奉行）のほか「諸大名衆を初めとして、或は御太刀・御馬・御小袖・帷子、或は御樽肴以下にて御出で候衆数を知れず、これを記し難し」とある。この中の細川陸奥守輝経はもと室町幕府の御供衆である。輝元の名は足利義輝の一字を受けたものであるから、元就以来の対幕府外交で縁があったのかもしれない。ちなみに陸奥守家（奥州家）は細川一族の中でも名門で、長岡藤孝（幽斎）の嫡男忠興は、細川輝経の養子となって細川の名跡を継いだといわれる。

未の刻（午後二時頃）黒田官兵衛孝高の大坂屋敷へ赴いた。「御請待」とあるから、歓迎の宴に招待されたのであろう。御供は小早川隆景・吉川広家・穂田元清と老臣の福原元俊・口羽春良、それに渡辺石見守長であった。この六名は今回の旅におけるいわば最高幹部で、輝元の外出にはいつも同行することになる。

この中の渡辺長は武勇に優れた家臣である。彼の祖父である渡辺勝は、元就の異母弟相合元綱を家督に立てようとの謀反を企て、失敗して殺された。しかし嫡男の通は、後に元就に許されて渡辺家が再興されたため、元就に忠誠を尽くし、尼子氏の月山富田城攻めで負戦になった際、通が元就の甲冑を身に付けて身代わりの戦死を遂げたという。その子が長である。

輝元は孝高に金覆輪（金拵え）の太刀一腰・馬一疋・銀子五十枚を進じ、また「御局」すなわち奥方へも銀子三十枚を進じた。黒田邸では御供の家来衆にまで「御食」が振舞われたのであった。

かくして輝元は豊臣政権の本拠大坂に入ったが、関白秀吉は京都聚楽第にいたので、大坂城へは立ち寄らずにそのまま上洛するつもりである。ただし諸般の準備もあり、大坂に二日間滞在することになった。

七月二十日、早朝寅の刻（午前四時頃）、道修町に火事があり、それは家屋が二十ばかりも焼失する大火であった。さいわい「吉田衆の宿にあらず候」とあり、毛利家中の宿所は無事であった。道修町は大坂城の西、東横堀川の外側つまり城外にあたる。御供の毛利家臣たちは、この周辺の商家や寺などに分散して宿所としていたのであろう。

辰の刻（午前八時頃）、「本願寺若門跡御出で候」として、本願寺の若門跡教如がやってきて太刀一腰・馬一疋・梨子地鞍二口を進上した。本願寺は織田信長と敵対抗争すること十年に及んだが、天正八年に正親町天皇の勅によって講和し、石山の地を退去した。しかし秀吉の大坂築城とともに本願寺は、城北の淀川を隔てた天満に誘致された。その後さらに京都六条堀川へ移転させられるが、この輝元が大坂入りをした頃は、天満に寺内町が形成されていた。

巳の刻（午前十時頃）、毛利壱岐守吉成の招待に赴き、太刀一腰金覆輪（金拵え）・馬一疋・銀子三十枚を、同息吉政へも太刀・千疋を進じた。宴には小早川隆景・吉川広家・穂田元清・福原元俊・口羽春良・渡辺長も陪席、能楽が催された。その際には亭主の毛利吉成・吉政もみずから大鼓を打ってのもてなしであった。鴨松太夫には太刀一腰・千疋、その他同座の役者へも三百疋が遣わされ、総額は「此の代四拾八貫文」であった。太夫らへの遣し役は赤川十郎左衛門元房であった。

この毛利吉成邸の招待に出掛けている間に、宿所へ「関白様より御上使」として前野但馬守長康（但馬出石城主・五万石）の来訪があった。前野長康は秀吉の近臣にあったから、輝元上洛の日程などに関する指示を伝えたのであろう。

申の刻（午後四時頃）、輝元は津田宗凡の所へ「御茶湯」に出掛けた。宗凡は堺の茶人津田宗及の子である。おそらく毛利吉成邸の招待から直接に立寄ったのであろう。

戌の刻（午後八時頃）に「御宿黒官所へ御帰り候」とあるから、この夜から宿所を黒田孝高邸に移したようである。御宿布屋のある浜の町は、諸大名の屋敷がある上町・玉造からは遠いので、黒田邸を借りたのであろう。その黒田邸の宿所に、

「此の所へ聚楽の諸大名より御使いこれあり候。これを記し難し」


とあるように、京都の聚楽屋敷にいた諸大名から、無事の到着を祝う使者が来訪したのであった。

七月二十一日、辰の刻（午前八時頃）、黒田邸の宿所に「天満大門跡御出で候」すなわち本願寺の顕如上人がみずから来訪し、太刀一腰・馬一疋・縮羅織五十端を進じた。顕如は昨日来訪のあった教如の父である。石山退去後、紀州鷺森・和泉貝塚などの御坊にいたが、秀吉の招致により天満に移り住んでいたのである。

これに続いて「堺南北の年寄衆が出仕、そのほか大坂諸職人も出仕候」として、堺や大坂の町年寄や職人らが挨拶に出仕してきたという。堺は秀吉の大坂築城に合わせて行われた北庄・南庄の環濠埋め立て、商工業者の大坂への強制移住などによって打撃を受け、かつてのような繁栄振りは見られなくなっていたが、あの石山本願寺を支援していた毛利とは縁故も深かったのであろう。

巳の刻（午前十時頃）、毛利兵吉重政の招待に赴いた。重政は秀吉馬廻で、一昨日の大坂到着にも船まで出迎えてくれた人物である。輝元は太刀一腰・腰刀一・銀子三十枚を進じた。御供は例のごとく

小早川隆景・吉川広家・穂田元清・福原元俊・口羽春良・渡辺長らである。そして演能の際には春日太夫らの役者に渡辺長により太刀・金子が遣わされ、金子の総額は「此の代五拾一貫文」であった。申の刻（午後二時頃）に、黒田邸の宿所へ帰ったが、そこには「大坂諸寺社の衆が出仕」して待っていた。

酉の刻（午後六時頃）、「幸五郎次郎参り候て、御囃子（おはやし）これあり」とある。幸若舞（こうわかまい）であろうか。明日はいよいよ上洛である。門出を祝っての宴でも催したのであろう。

京都へ向けて大行進

七月二十二日、曇り空の怪しげな朝である。寅の刻（午前四時頃）、

「金銀銭、御川船五十余艘にて淀に至りて御上せ候」

とあるように、金銀銭を五十余艘の川船にて淀川から先行させた。川船は細長く喫水の浅い船である。その船に金銀銭の資財を積み込み、淀川を遡って京都へ運ぶのである。むろん金銀銭のほか朝廷・関白秀吉への献上品や諸大名への贈答用の品々、そのほか京都滞在中における生活用品なども含まれていたであろう。つまりは上洛する輝元一行の荷物の輸送船というわけである。奉行は粟屋市之丞であった。船は大坂の船着場から淀川を遡り、淀・伏見のあたりで

荷物を車馬に積み替えて京都へ運ばれるはずである。

卯の刻（午前六時頃）、輝元一行は黒田官兵衛孝高を「御案内者」として大坂を出発した。行列の先頭は御馬十疋である。いずれも梨子地の鞍鐙に見事な下鞍と熊皮の泥障をつけ、長い大総の鞦を掛け、これを「御乗り替えとして御先へ御引かせ」ていた。御供の衆の馬も、梨子地の鞍鐙に見事な下鞍と熊皮の泥障をつけていた。ただし御供の衆の鞦は平織であろう。大総の鞦は高貴の料である。また三十歳以下の太刀・脇差はみな金属の覆輪をかけた熨斗付きの拵えであった。武具はもとより御供の衆の槍・薙刀は梨子地の柄で、金具には彫り物が施されていた。まさに「三千余の御供の衆、金銀をちりばめ候」というありさまであった。

午の刻（正午頃）、八幡に着いた。そこは石清水八幡宮の鎮座する男山の麓である。休憩所とした正法寺には、大谷刑部少輔吉継が一献の用意を整えて待っていた。

未の刻（午後二時頃）、八幡を出立した。しかし「此の節より大雨なり」という次第となったが、一行は行列の乱れも見せずにそのまま進んだ。

京都の南郊、鴨・桂・宇治三川の合流点に位置する淀に至ると、「関白様の御迎え」として、前野但馬守長康と浅野弾正少弼長政（若狭小浜城主・八万石）が待ち受けていた。また大和大納言秀長より藤堂与右衛門高虎、近江中納言秀次より白井権兵衛定成が出迎えの使者として遣わされていた。

淀から伏見に入ると、もう京の都も近い。輝元一行が進むにつれ、行列の人数が増えていく。それ

は、

「諸大名衆、或いは自身、或いは使者により、鳥羽まで罷り出で候。立花殿・龍造寺殿以下まで

も罷り出で、御供・御迎えの衆を引き合わせ、都合五千ばかりに候」

といったように、出迎えの諸大名がそのまま輝元上洛の行列に加わったからである。その中には立花統虎（後に宗茂　筑後柳川城主・十三万二千石）や龍造寺政家（肥前佐賀城主）らの顔もあった。輝元の御供は毛利衆三千のほか、出迎えの大名とその御供の士らをも合わせ、総勢五千の大行進となっていたのであった。

馬上の輝元の胸中には、あの吉田郡山城を出立した時に抱いていたような、上洛への不安な気持は、まったく消えていたであろう。これまでの上洛途中に諸大名から寄せられていた様々な気配り、そしていまもこの大雨の中を、ずぶ濡れになりながら、輝元とともに駒を進めている多数の諸大名がいる。さすがは西国の雄毛利である。輝元の心は勇み、誇りと自信をしっかりと取り直し、その顔も晴れ晴れとしていたであろう。

申の刻（午後四時頃）、京都へ到着した。大路には洛中洛外から多くの人々が見物に出ていた。そして彼らは、毛利輝元の見事な都入りの行列に対して、

「諸大名衆の都入りに、かほど結構なる事、古今いまだ見ざるの由、あまねく申し合い候」

と、賛辞をおくっていたのである。

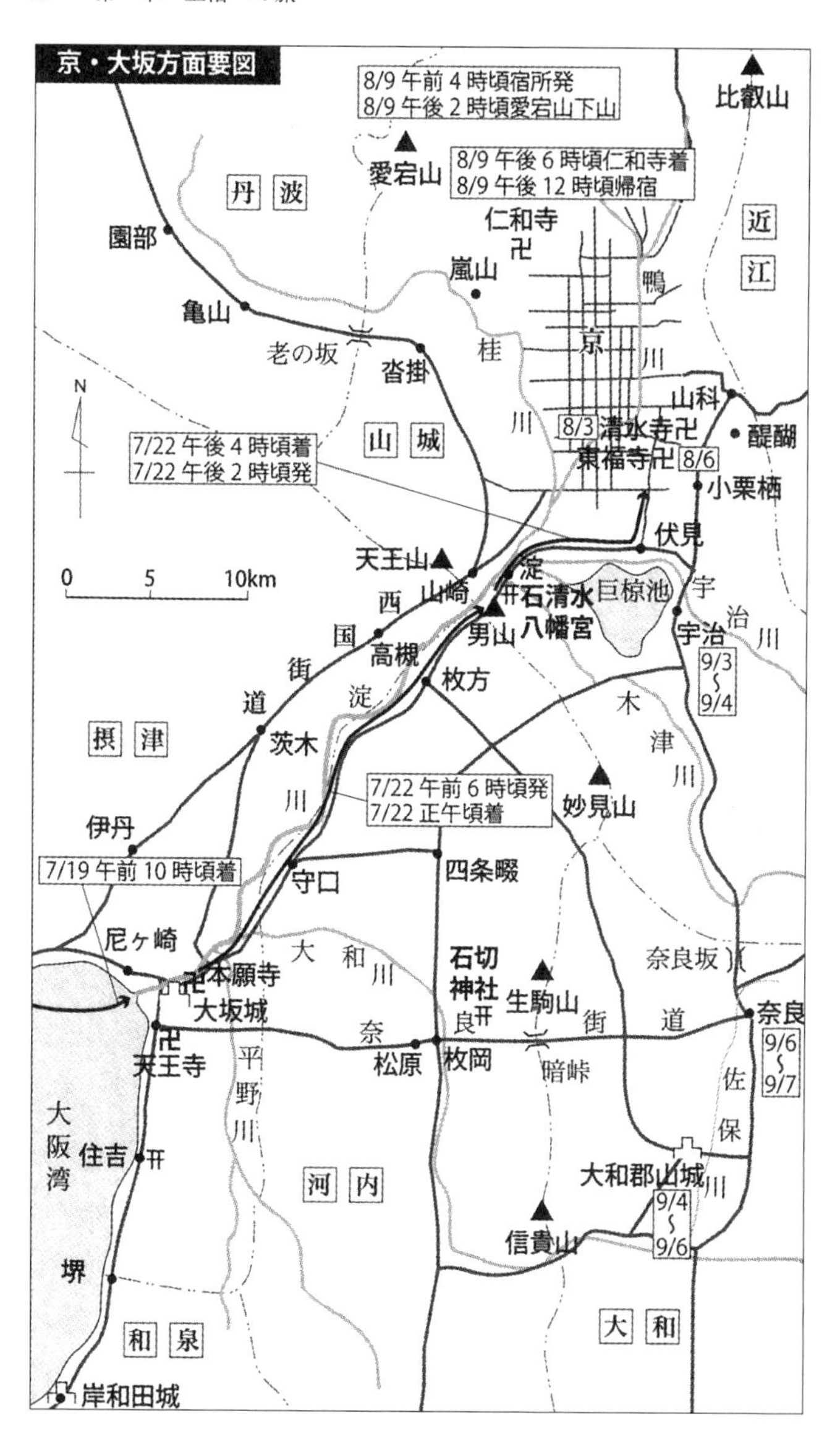
京・大坂方面要図
8/9 午前 4 時頃宿所発
8/9 午後 2 時頃愛宕山下山
比叡山
愛宕山
8/9 午後 6 時頃仁和寺着
8/9 午後 12 時頃帰宿
丹波
仁和寺
近江
園部
嵐山
鴨
亀山
老の坂
沓掛
桂
京
川
山科
川
8/3 清水寺
醍醐
7/22 午後 4 時頃着
7/22 午後 2 時頃発
山城
東福寺 8/6
小栗栖
伏見
天王山
淀
0 5 10km
山崎
石清水八幡宮
巨椋池
宇
西
男山
宇治
治
国
高槻
川
街
枚方
9/3〜9/4
道
淀
木
摂津
茨木
津
7/22 午前 6 時頃発
7/22 正午頃着
川
川
妙見山
伊丹
7/19 午前 10 時頃着
守口
四条畷
尼ヶ崎
大
和
川
石切神社
奈良坂
本願寺
大坂城
生駒山
奈良
奈
良
街
道
天王寺
松原
枚岡
暗峠
9/6〜9/7
平
野
川
佐
大阪湾
住吉
保
河内
大和郡山城
川
9/4〜9/6
信貴山
堺
大和
和泉
岸和田城

輝元の京都滞在中の宿所は妙顕寺に用意されているが、ひとまずは曲直瀬道三（正慶）邸に入った。道三はもと将軍足利義輝の侍医で、禁裏にも参侍した名医である。

この道三とは輝元も面識があった。それはまだ祖父元就の存命中で、道三は幕府の芸・雲和平、すなわち安芸の毛利と出雲の尼子の和平調停のために、義輝の使者として安芸へ下向してきたのである。当代随一の名医といわれた道三は茶湯や諸学に優れ、元就の求めに応じて医術・薬法を伝授し、また治国に関する意見書九ヶ条を書き与えるなど、毛利家に大きな影響を与えていた。

おそらく輝元は、かねてより道三に尊敬の念を抱き、京都での再会を強く願っていたのであろう。道三も輝元の来訪を喜んで一献を進め、「御供の衆にまで食これあり」という歓待ぶりを示したのであった。輝元も道三に銀子百枚、同内儀に銀子三十枚を進じて謝意を表している。

酉の刻（午後六時頃）、御供の衆は妙顕寺の宿所へ移っていった。だが輝元は「道三に御休み候」とあるように、曲直瀬邸に泊まることにした。道三に会えたことがよほど嬉しかったのであろう。

なお川船五十余艘で運んだ金銀銭は「禁裏その外御在京中の御用意金」で、それは「車五十輌にて淀より御引かせ候」とあるように、淀で陸揚げして五十輌の車に引かせて、妙顕寺の宿所に運び込まれたのであった。

第二章　初めての京都

妙顕寺の宿所に入る

七月二十三日、寅の刻（午前四時頃）、輝元は一夜の宿とした曲直瀬道三邸を出立して上京の妙顕寺（小川北）の宿所へ向かった。妙顕寺は法華宗（日蓮宗）の寺である。小早川隆景の宿所は本法寺（堀川通北）、吉川広家の宿所は妙蓮寺（大宮通北）、ともに法華宗の寺で「何れも程近し」という距離にあった。隆景と広家は、すでに昨日のうちにそれぞれの宿所に入っていたのであろう。

法華宗は日蓮の死後、南北朝から室町にかけて全国に信徒を増やし、応仁の乱の頃には、京都市中だけでも二十一ヵ寺の法華宗寺院があった。中でも妙顕寺は日蓮の死後まもなく開かれ、京都における最初の法華宗寺院である。また妙蓮寺は応永期、本法寺も永享期の創建で、ともに京都法華宗の有力寺院であった。

ただ法華宗の布教は、他の宗教への激しい批判と攻撃をともなったため、天台宗延暦寺や浄土真宗本願寺などをはじめとする宗派との摩擦が絶えなかった。そのため天文五年（一五三六）には天文法華の乱という騒乱を引き起こし、敵対する延暦寺・園城寺・祇園社・本願寺らのために、法華宗二十一ヵ寺はことごとく焼打ちされて数千の死者を出している。

この天文法華の乱後、京都の法華宗はいちじ全滅に近い打撃を受けた。しかしそれから約四十年を経た天正期には勢力を取り戻し、織田信長が京都での宿所とした本能寺や妙覚寺も法華宗寺院であった。それは京都の法華宗寺院は、堀をめぐらした城塞のようなものが多く、これらが城のように堅固であったからである。

この日輝元が早朝に曲直瀬邸を発ち、急ぐようにして妙顕寺の宿所に入ったのは、輝元上洛を祝って来訪する客人たちを迎えるためであったのだろう。

辰の刻（午前八時頃）、関白秀吉の御使として豊臣家奉行の浅野弾正少弼長吉（長政）と石田治部少輔三成が米千石を届けて来た。

これに続いて大和大納言秀長より藤堂与右衛門高虎を御使として銀二十枚・帷子二十五・米五十石が、大谷刑部少輔吉継の「御袋」（母親）より長尾与兵衛という者を使者として帷子二十が届けられた。この大谷吉継の御袋とは、豊臣家の奥向きで東殿と呼ばれていた上﨟の女房である。

また宮部中務法印継潤（因幡鳥取城主）はみずから来着し、縮羅織三十端を進じた。これを初めとして「大名小名の御参候衆は数を知れず、記し難きなり」というありさまであった。

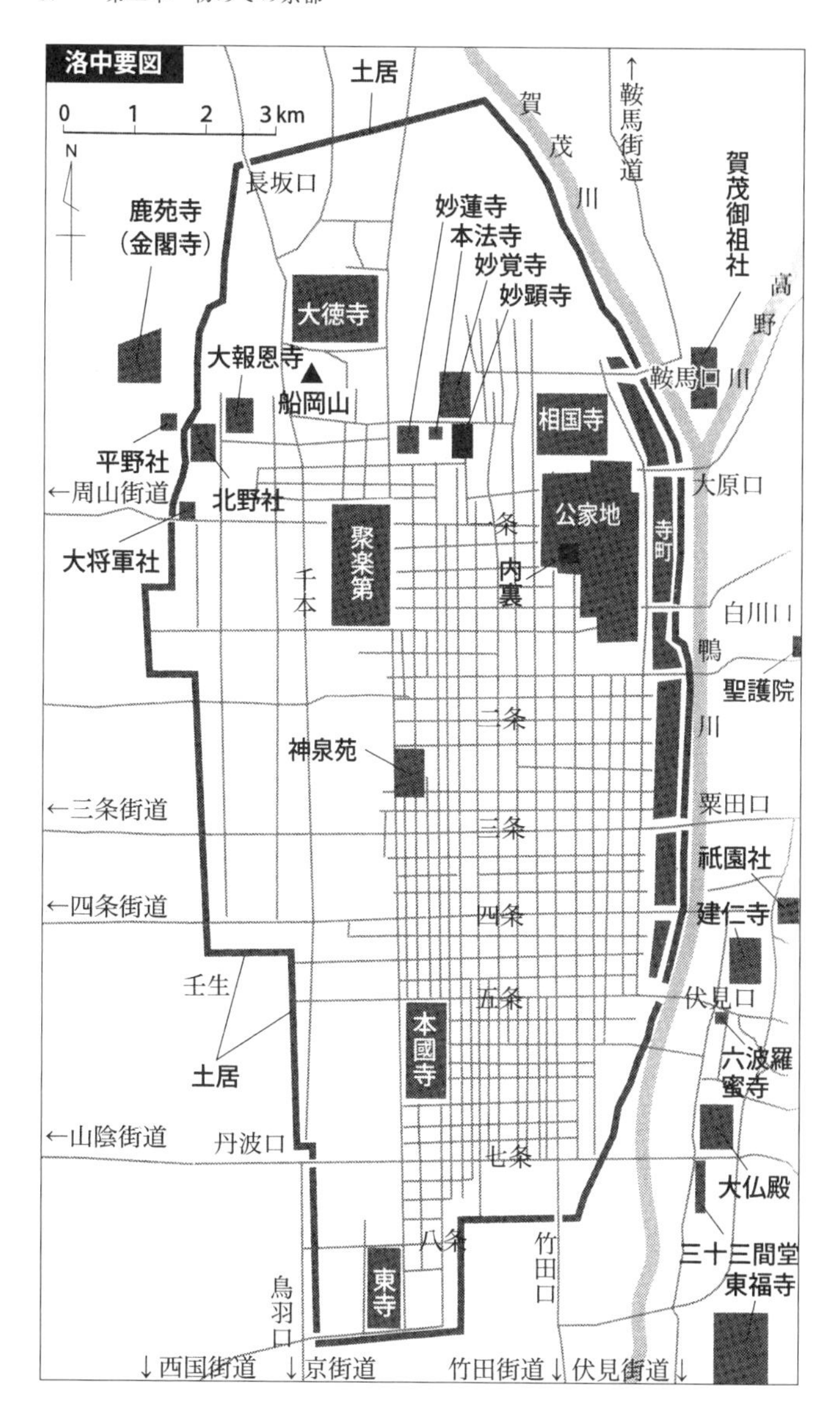
洛中要図
0
1
2
3 km
N
土居
賀
茂
川
↑鞍馬街道
賀茂御祖社
高野川
長坂口
鹿苑寺（金閣寺）
妙蓮寺
本法寺
妙覚寺
妙顕寺
大徳寺
大報恩寺
船岡山
鞍馬口
相国寺
平野社
北野社
←周山街道
大将軍社
大原口
公家地
寺町
一条
内裏
聚楽第
千本
白川口
鴨
川
聖護院
二条
神泉苑
←三条街道
粟田口
三条
祇園社
←四条街道
四条
建仁寺
壬生
五条
伏見口
土居
本國寺
六波羅蜜寺
←山陰街道
丹波口
七条
大仏殿
八条
竹田口
三十三間堂
東福寺
鳥羽口
東寺
↓西国街道
↓京街道
竹田街道↓
伏見街道↓

申の刻（午後四時頃）、小早川隆景と吉川広家がそれぞれの宿所から妙顕寺に相集い、輝元と「御食」をともにした。無事の上洛を喜び祝うとともに、これからの予定と種々の事柄に関する心得などについて語り合ったのであろう。

いうまでもなく京都は桓武天皇の平安遷都以来の伝統を有する古都である。しかしその京都も、じつは秀吉によって大改造され、近世的な都市に一変したのであった。

秀吉は天正十一年（一五八三）の賤ヶ岳合戦に大勝すると、石山本願寺のあった大坂に築城の工を起こした。その武威を示すとともに、全国統一の根拠地とするためであった。

その後十三年に関白に任官すると、聚楽第の建設に着手した。秀吉はそれまで上洛時には、寺院や家臣の屋敷を宿舎として利用していたが、関白としての政庁を必要とするようになったからである。

聚楽第は十四年二月に工事が開始され、秀吉は翌年九月に移徙し、十六年四月には後陽成天皇の行幸を仰いで、五日間にわたる盛儀が行われたのであった。

元来、京都は軍事的には無防備都市で、また災害にも弱く、賀茂川（鴨川）や桂川の氾濫による洪水にも悩まされ続けてきた。その京都が、秀吉の聚楽第建設とともに、大きく景観を変えることとなった。

聚楽第は、関白秀吉の京都における居所であるが、外観は城郭そのものであった。城域は一条以南、丸太町以北、大宮以西、千本以東といわれ、聚楽第の周囲は諸大名の屋敷で固められ、禁裏御所の近くには公家の屋敷が配された。当然この区域にあった民家や寺院は強制的に移され、寺院は市街地の東縁と南方に集められて寺町を形成した。そしてさらに市街地を含めて下京と上京の周囲五里二十六町（約二十二キロ）を土居（土塁）で囲んだ。つまり町全体を土居で囲み、都市の様相を一変させたのである。

秀吉は築城と土木の天才であった。有名な墨俣築城や備中高松城水攻めなども、土木技術を駆使したものといえる。すなわち墨俣築城では、資材を筏に組んで木曾川へ流し、それを現場で組み立てた。また高松城では堤防を築き、城の近くを流れる足守川の水を引き入れて、水攻めにしたのであった。そうした秀吉の高度な土木技術は、聚楽第建設の際にも発揮され、無防備都市であった京都が、近世の城下町にも匹敵する堅固な都市に変貌を遂げたのである。

秀吉にとって、大坂城は軍事的拠点であり、武家政権の中心地であった。これに対して聚楽第は天皇を補佐する関白の政庁である。つまり武家政権としての日本の支配の中心は大坂城で、聚楽第は天皇を後ろ盾として全国の大名を儀礼のシステムの中で統治するための舞台でもあったといえよう。

妙顕寺の宿所に入った輝元は、これより九月三日の出京まで約一ヵ月半の間、京都にいた様々な人々と交流の輪を広げ、いろいろなことを経験していく。その中でも何より気がかりで大変なのは、明日に予定されている聚楽第への出仕である。

ところで、豊臣政権期において大名が上洛して聚楽第に出仕し、関白秀吉に謁見をするというのは、おそらく毛利輝元が初めてであろう。近くでは天正十四年（一五八六）六月に上杉景勝が、また同年十月に徳川家康が秀吉に出仕して臣従の礼をとっているが、その場所はいずれも大坂城である。しかも徳川家康の場合は、小牧の戦いの後、秀吉からの和議の申し入れも、上坂（じょうはん）勧告をも無視し続けた末の上坂であった。家康としては軽々に参上すれば、命までを奪われることはないにしても、身柄を拘束されるようなことにでもなれば、かつての今川支配下の松平のそれと同様に、徳川の家臣と領民を再び苦難の淵に追いやることにもなりかねない。慎重な家康ゆえに安易な妥協はしなかったのであろう。

ところがそうした家康に対して、秀吉は得意の懐柔策を駆使した。天正十四年五月、まずは妹の朝日姫を家康の後妻におしつけて姻戚関係を結び、十月には家康を権中納言（ごんのちゅうなごん）に推挙するとともに、家康に嫁いだわが娘の朝日姫を見舞うという口実をつけ、当年七十四歳の老母大政所（おおまんどころ）を岡崎へ送った。そのため家康はもはやこれ以上拒むことはできなくなり、上坂出仕を決断したのであった。

かくして家康は京都を経て十月二十六日大坂に入り、羽柴秀長邸を宿所とした。『徳川実紀』によると、その夜、秀吉はわざわざ宿所を訪れ、家康の耳元に口を寄せ、背中を叩きながら秀吉への協力を要請した。そこで翌日大坂城に登城した家康は、諸大名の居並ぶ前で秀吉への忠節を誓ったので、諸大名らは、

――徳川殿でさえかくの如し、我々がどうして秀吉を軽蔑することなどができようものか

といい、これにより関白秀吉の権威が十倍にも高まったという。

この家康が上坂して秀吉に謁見したときと比べ、聚楽第行幸をも終えたいまの豊臣政権と関白秀吉の威勢・権力は格段に高まっている。また徳川家康と毛利輝元とでは、両者の実力と器量の差はいうまでもあるまい。しかし西国の雄といわれた毛利の上洛出仕は、やはり諸大名や世間の関心事であったと思うのである。

聚楽第で関白に謁見

七月二十四日、生憎の雨であったが、予定通り巳（み）の刻（午前十時頃）、浅野弾正少弼長吉（長政）邸に赴いた。

「此の所より殿様御烏帽子直垂（えぼしひたたれ）を召し寄せられ候。隆景様・広家様・穂田（ほいだ）元清（もときよ）・福原元俊（もととし）・口羽（くちば）春良（はるよし）、各（おのおの）烏帽子直垂にて御供候」

とある。

輝元は妙顕寺の宿所から平常衣のままで出掛け、浅野邸にて正装の烏帽子直垂に改めたのである。これは衣服が雨に濡れることへの配慮とすれば、他の小早川隆景・吉川広家・穂田元清・福原元俊・口羽春良らも、同様にして浅野邸にて烏帽子直垂に改め、聚楽第出仕の御供をしたのであろう。

戦国期は服装の簡略化が進んだ時代である。室町の応仁乱前頃までは、大名や上級武士の服装は、正式には直垂、略儀には大紋直垂を着け、一般武士は素襖を着け、いずれも烏帽子をかぶるのがきまりであった。

直垂は絹製裏打つまり裏地付きで、胸・両袖・腰回りに菊綴結びを配し、丸打の胸紐と白絹の両腰を特色とする。

また大紋と素襖の形状は類似しているが、そのうち直垂と同様に丸打の胸紐・白絹の両腰を用い、菊綴結びに代えて大型の紋章を胸・両袖・腰回りに配したものを大紋といい、上級武士の略礼装であった。そして裏無し（一重）の麻布製染色で、共裂の両腰を用い、菊綴結びと胸緒の部分に染革を用いるものを素襖と称し、広く一般武士の料とされた。

ところが、室町末期になると、武士階級が常服としていた直垂や大紋・素襖は礼装となり、これに代わって肩衣袴姿が一般化し、さらにそれが略式礼装としても用いられるようになっていった。肩衣は素襖の両袖を外したもので、後世の裃の原型である。

またこうしたことと平行して、新しいファッションも現れた。それは肩衣を着けない小袖袴だけの姿や、その上に直綴や胴服の類をはおる風習で、これは後の羽織の原型となった。同時に袴を着けない着流し姿のままで人前に出ることも珍しいことではなくなっている。烏帽子をかぶらずに露頭が普通となったのもこの期のことであった。

武家の礼装
狩衣
風折烏帽子
(または
立烏帽子)
狩衣
蝙蝠
指貫袴
(または
狩袴)
直衣
冠
(または
立烏帽子)
単
衣
直衣
檜扇
(または
蝙蝠)
指貫袴
大紋
風折烏帽子
※素襖を着用しているときは侍烏帽子を冠る。
直垂
大紋
小袖
直垂
蝙蝠
長袴
(または
小袴)
※本来平服だった直垂が大紋や素襖へと変遷し、礼服となっていく。

上洛時に輝元とその一行の服装は、おそらく輝元は平常には小袖袴姿に胴服をはおり、他の者は素襖または肩衣袴姿であったと思われる。それゆえ浅野邸において、いずれも出仕用の礼装としての直垂に改めたのである。そして烏帽子は輝元が五位以上の料である立烏帽子、その他の者は一般武士の料である侍烏帽子を着用したのであろう。

午の刻（正午頃）、聚楽第へ出仕した。聚楽第の規模や内部のありさまについてはよくわからない。それは聚楽第が文禄四年（一五九五）の豊臣秀次の切腹とともに破却された短期間の存在であったこともあり、当時の記録にその模様をうかがう記述が見あたらない。『聚楽第行幸記』でさえ、建物に関しては御所が「檜皮葺」であったこと、「四足の門」を備えていたことなどが見えるのみで、詳細な記述のある着座の規式・和歌御会・舞御覧等でも、それらが行われた場所や座敷に関する記述はなされていないのである。また聚楽第図屏風・聚楽第行幸図屏風などといった抽象的な概観を描いた絵図があるが、これとても殿舎の内部を描いたものはひとつも見あたらない。

日記には、当日の「御対面の御座配の次第」として七五頁のような図が載せられている。座配とは座席の順序を示すもので、これにより輝元の聚楽第出仕と関白謁見の儀を推測することができる。

これを見ると、輝元の関白謁見が行われた場所は、上壇の間（高間）を備えた十八間の広間である。上壇の正面に関白、上壇の左張り出しに聖護院門跡が座している。また下壇には左側に前田筑前守以下九名が列座し、右側には蜂屋出羽守を間にして輝元・隆景・広家が座し、下手の縁に近いところに

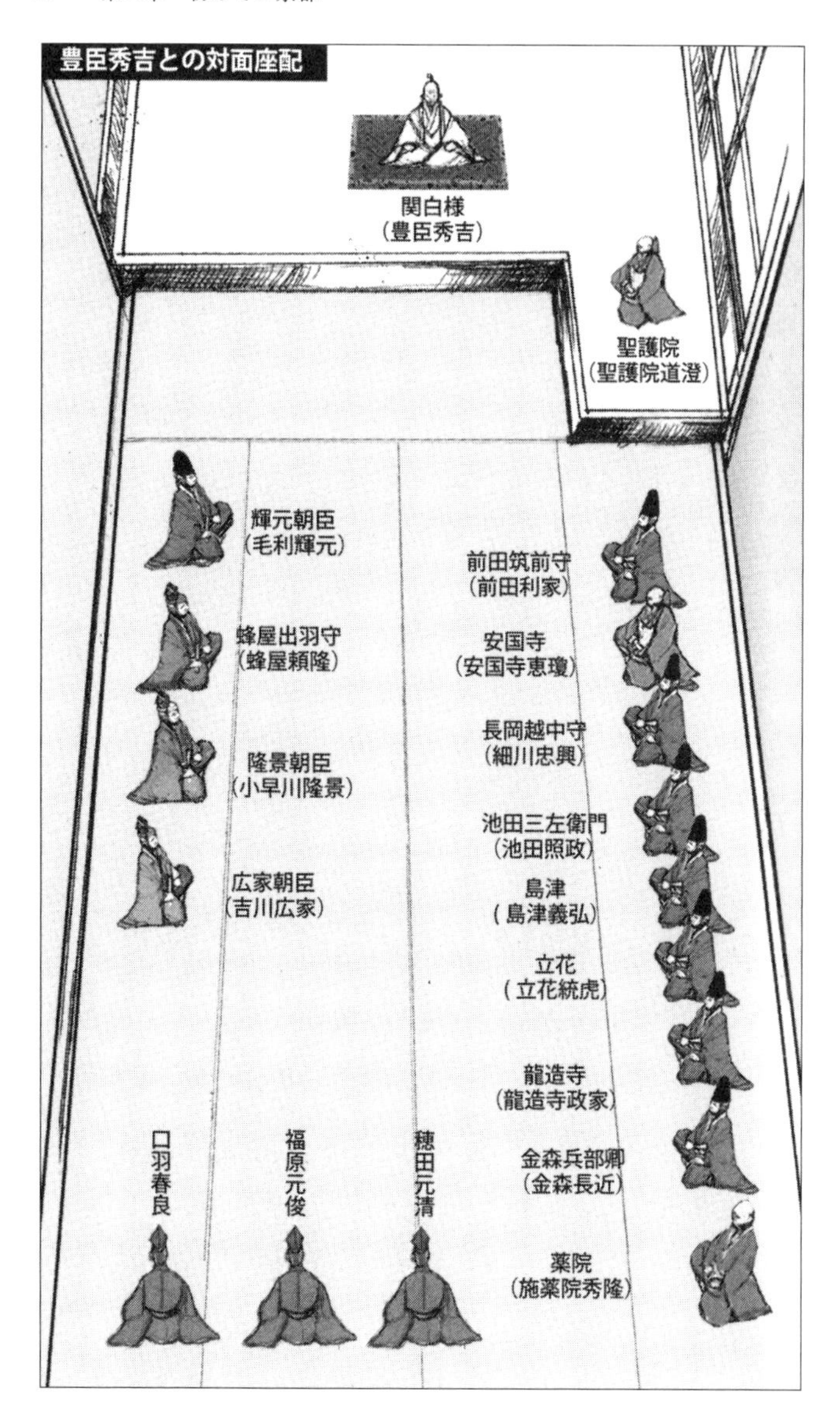
関白様
（豊臣秀吉）
聖護院
（聖護院道澄）
輝元朝臣
（毛利輝元）
蜂屋出羽守
（蜂屋頼隆）
隆景朝臣
（小早川隆景）
広家朝臣
（吉川広家）
前田筑前守
（前田利家）
安国寺
（安国寺恵瓊）
長岡越中守
（細川忠興）
池田三左衛門
（池田照政）
島津
（島津義弘）
立花
（立花統虎）
龍造寺
（龍造寺政家）
金森兵部卿
（金森長近）
薬院
（施薬院秀隆）
口羽春良
福原元俊
穂田元清
豊臣秀吉との対面座配

穂田元清・福原元俊・口羽春良の三人が同席を許されている。日記には「御奏者前野但馬守」とあるが、ここにはその名が見えない。奏者は御対面の際、取次ぎや披露などをつとめる重要な役目で、足利将軍家では申次といった。

この座配を見る前に、室町将軍家における座配の慣例について述べておこう。

広間における座配は、将軍の御座を中心にして、左側（向かって右）が上手、右側が下手となる。わが国では、古来左方を上席としてきたが、明治以降の西欧化につれて、天皇家や皇族方も西欧風に女性が左に位置するようになった。そのため民間においてもこれにならい、雛飾りなども左側に女雛、右側に男雛の一対とするのが普通となっている。しかし江戸時代までの風習としては、左側が上席とされていたのである。

また堂上方と大名が同席する場合、通常は左側に堂上方が官位の順に列座し、これに向き合う形で大名は右側に身分の順に居並ぶ。そして大名・武家衆のみの場合には、左・右・左・右といった順序で対座するのが普通である。

そこでこうしたことを念頭において、輝元の関白謁見の座配を見ると、武家故実書に見える室町期以来の慣習と、ほぼ同じ形式であったことがうかがわれる。

この座配は、聖護院道澄（門跡・准后）が上壇の左張り出しに座しているのを別格として、下壇左側（上手）に前田筑前守利家（少将・能登七尾城主）・安国寺恵瓊（東福寺の禅僧）・長岡越中守忠興

（侍従・丹後宮津城主）・池田三左衛門照政（輝政　侍従・美濃岐阜城主）・島津義弘（薩摩鹿児島城主）・立花統虎（筑前柳川城主）・龍造寺政家（肥前佐賀城主）・金森兵部卿長近（飛驒高山城主）・施薬院秀隆（侍従・侍医）が列座している。

また右側（下手）の第一座に輝元が座し、蜂屋頼隆（侍従・越前敦賀城主）を挟んでその下手に隆景・広家が並んでいる。輝元・隆景・広家らに付されている「朝臣」とは、五位以上の人につける敬称ではあるが、いまだ侍従以上の官途を授けられていないからであろう。

ここまでは向かい合わせの対座であるが、末席にいる穂田元清・福原元俊・口羽春良の三人は、正面を向いて座している。

下壇に同席している人々を『聚楽第行幸記』に照らしてみると、前田利家・長岡忠興・池田照政・蜂屋頼隆の四名は行幸の供奉および起請文を提出した侍従以上二十七名の大名にその名が見え、施薬院秀隆も行幸供奉に列している。しかし他の安国寺恵瓊・島津義弘・立花統虎・龍造寺政家・金森長近の五名は、供奉の行列や役職者の中にも見えないから、聚楽第行幸には参加していなかったようである。それゆえ、もしかしたらこれら聚楽第行幸に参加できなかった者にも、毛利輝元の聚楽第出仕に合わせて、同席を許されていたのかもしれない。

さて対面の儀は、下壇の人々が列座して平伏する中を、関白秀吉が上壇に出御するとともに始められたであろう。

この時にどのような挨拶が交わされたのかはわからないが、関白は輝元の上洛出仕を賞し、ねぎらいの言葉をかけたであろう。そして輝元は聚楽第行幸に際して二十七名の大名が提出した起請文と同様の、

——関白殿の仰せ出だされることは、如何様なことであろうと、いささかも違背申すべからざる事

を誓ったことであろう。

日記には「殿様御進物」として、先ずは輝元からの進上の品々を記している。それは、

関白様へ　銀子三千枚折に入る・御太刀一腰惣金具拵・御馬一疋月毛・御鷹五居
金吾様へ　沈香百両・虎皮十枚・御太刀一腰金覆輪
北政所様へ　銀子二百枚・白糸三折

というものであった。

これらの品々は、その品目と分量の多いことからして、奏者を介して折紙の目録が披露されたのであろう。すなわち、輝元が進上品を書いた折紙を持参して関白の御前に進むと、奏者が折紙を受け取ってこれを広げ、目録をお目にかけるのである。この場合の折紙は関白様へ・金吾様へ・北政所様への三つである。金吾様とは当時秀吉の猶子とされていた秀俊（後の小早川秀秋）のこと。金吾は衛門府の唐名で、秀俊は左衛門佐侍従であった。ちなみに関白秀吉へ進上した惣金具拵えの太刀とは、

柄・鞘・金具のすべてが金無垢の黄金作り、また金吾秀俊へ進上した金覆輪は、柄・鞘の周縁を細長い鍍金で覆ったものである。

なおこれに引き続いて、そのほかへの進上もなされた。それは輝元より、

御局御東殿へ　銀子二十枚
幸蔵主へ　銀子十枚

隆景より
関白様へ　御太刀一腰惣金具拵・銀子五百枚・白糸三折二百斤

広家より
関白様へ　御太刀一腰惣金具拵・御馬一疋糟毛・御鷹一居・銀子三百枚

というものであった。

輝元が銀子を進上した御局御東殿と幸蔵主の二人は豊臣家奥向きの侍女で、このうち御局御東殿は大谷吉継の御袋（母親）であった。

ここで関白・北政所らへの進物の中の銀子について述べておこう。鎌倉時代頃から銀の貨幣としての流通が盛んになるとともに、銀一両を四匁三分とする貫匁法が定められた。そして進物用には十両すなわち四十三匁の定量に鋳造したものを銀一枚と称した。したがって輝元が北政所に進上した銀子二百枚は約二千両、関白に進上した三千枚は約三万両という大金であった。

なお金貨の使用については日記には見えない。金は中世までは砂金が用いられたが、戦国期には一枚の目方を四匁余に鋳造した金貨が出現し、上杉氏の越後金や武田氏の甲州金のような判金が、賞賜・贈答・軍用として使用された。織田政権にも記録では判金が作られたと伝えられるが、その現物は確認されていない。そして豊臣政権では秀吉が天正十六年に大判・小判を造らせたといわれ、大判の表面に桐紋の極印と「天正一六・拾両・後藤（花押）」と墨書された金貨も残っている。しかしその大判が実際に使用されるようになるのはいま少し後の文禄・慶長期のことで、また天正小判については、造られた形跡がないといわれている。

ところで室町幕府における年頭・節供などを初めとする将軍御対面儀礼には、盃頂戴のような盃事がなされるのが例であるが、日記には見えない。ただ「御食進めらる、時の段」とあるから、やはり酒肴は出されていた。しかしそれは御対面の儀を終えた後の酒宴であり、この点が室町幕府と豊臣政権との御対面儀礼の大きな相違なのかもしれない。

そして「此の時御謡これあり。御太刀直に御拝領」のように、その御対面の後の食事の時に観世太夫らによる謡がなされ、関白より御太刀を直に拝領した。その太刀は「ゴフとや日本一の御太刀」で、鞘は金梨子地蒔絵で、金具には桐の薹の彫り物がほどこされていた。この「ゴフ」とは、鎌倉末期の刀工として名高い郷義弘作の太刀であろうか。

またこの御食の間に、輝元の御供をしてきた毛利家臣が召し出だされて関白秀吉への御対面を許され、それぞれ御太刀・御馬を進上した。その者たちは、渡辺石見守長・赤川十郎左衛門尉元房・内藤権右衛門尉・井原四郎兵衛尉元尚・熊谷玄蕃允就真・国司藤兵衛尉元保・粟屋右京亮元勝・熊谷七郎・児玉三郎右衛門元兼・楢崎弾右衛門尉・松山源次兵衛尉元忠・堅田弥十郎元慶・粟屋内蔵丞・児玉仁右衛門尉・林土佐守就長らの十五名であった。「此の衆中ハ肩衣にて罷り出でられ候」として、肩衣袴姿で罷り出でたと記されている。その場所は縁に居並んで一同に拝謁したか、あるいは御馬を自ら牽いてお目にかけたとすれば庭上であろう。

この毛利家臣十五名との御対面を終えると関白は奥へ帰ったが、酒宴と謡はその後も続けられ、新たな賓客が加わった。その座配の図は八三頁の通りであった。

場所はこれまでと同じ十八間の広間である。しかし上壇は関白秀吉に代わって金吾秀俊（秀秋）が中央に座し、聖護院門跡道澄はそのまま左手の張り出しに残っている。

また下壇を見ると、島津の姿が見えなくなったのを除けば、その他の参会者はみなそのまま残っている。だがその上座には左側に公家の日野大納言（日野輝資）・頭宰相（参議・花山院家雅）の二名、右側には武家の駿河大納言（徳川家康）・大和大納言（豊臣秀長）・近江中納言（豊臣秀次）・越後宰相（参議・上杉景勝）の四名、合わせて六名が増えている。

新たに加わった六名の座配は、左側（上手）に堂上方が座し、これに向き合う形で右側（下手）に武家公卿が官位の順に並んでいる。これは室町期以来の公家と武家が同席する場合の座配の慣例そのままである。

なおこの中の上杉景勝は聚楽第行幸後の五月に上洛し、二十六日に参内して従四位下・参議に叙任されたばかりである。輝元も明日には参内し、参議に任ぜられるはずであるが、いまだ正式な任官を経ていないので、座配も参議上杉景勝の下座にいる。

ここで興味深いのは、金吾様すなわち侍従の秀俊が関白に代わって上壇中央に座していることである。秀俊は秀吉の正妻おね、つまり北政所の兄木下家定の子である。北政所には子供ができなかったので、秀俊は猶子となって北政所に養育された。左衛門佐を称してからは、その唐名である金吾と呼ばれた。秀吉もいちじは秀俊を非常に可愛がり、自分の相続人とまで考えるほどの愛情を示した。かの聚楽第行幸の際に、侍従以上の大名二十七名が提出した起請文も「金吾殿」宛であった。

けれどもその後、秀俊に対する秀吉の愛は、淀殿に秀頼が生まれた頃から薄れていった。そして文禄三年（一五九四）十一月のこと、秀俊は突然小早川隆景のもとへ養子として出されることになる。

この関白秀吉退出後になおも続けられた酒宴は、輝元に豊臣家猶子の秀俊および家康・秀長・秀次・景勝といった公卿にも列せられている実力者や、日野輝資・花山院家雅らの公家、それに前田利家・長岡忠興・池田照政らの大名らとの顔合わせ・紹介の意味もあったのかもしれない。

輝元の聚楽第出仕における御対面とその後に行われた酒宴の「御座配」で注目すべきは、豊臣政権における身分秩序が官位によってなされていたことである。

金吾秀俊（秀秋）との対面座配
金吾様
（後の小早川秀秋）
聖護院
（聖護院道澄）
駿河大納言
（徳川家康）
大和大納言
（豊臣秀長）
近江中納言
（豊臣秀次）
越後宰相
（上杉景勝）
輝元朝臣
（毛利輝元）
蜂屋出羽守
（蜂屋頼隆）
隆景朝臣
（小早川隆景）
広家朝臣
（吉川広家）
日野大納言
（日野輝資）
頭宰相
（花山院家雅）
前田筑前守
（前田利家）
安国寺
（安国寺恵瓊）
長岡越中守
（細川忠興）
池田三左衛門
（池田照政）
立花
（立花統虎）
龍造寺石見守
（龍造寺政家）
金森兵部卿
（金森長近）
薬院
（施薬院秀隆）
口羽春良
福原元俊
穂田元清

織田信長は織田家親族のそれは例外にして、家臣団に官位を与えることはしなかった。これに対して秀吉は、天正十三年の関白任官を契機として直臣十二人を従五位下諸大夫に任じ、さらに十六年の聚楽第行幸を画期として、従四位または五位の官位を有する大名を大量に生じた。と同時に大納言・中納言・参議以上の公卿、そして四位の中将・少将、それに四位または五位の侍従、および従五位下諸大夫といったように、官位の上下による身分序列を定めた。

武家の身分序列に官位の上下を中核としたのは、豊臣政権が初めてであろう。鎌倉政権期では、もとより御家人の有位者は少なかった。室町政権期には、大名・武家衆の有位者が多くなり、官位による身分秩序もある程度は認められる。幕府評定始や御沙汰始などにおける将軍の御前には、管領のほか波多野・町野・飯尾・松田・摂津ら四位もしくは五位に叙された式評定衆のみが、官位の順に着座をし、彼らはその場に出仕している無位の奉行人集団とは大きく区別をされていた。

けれども、室町幕府における身分序列は必ずしも官位の上下によるものではなかった。室町殿における年頭や節供の将軍御対面儀礼の次第を見ると、三職・御相伴衆・国持衆・准国持・御供衆および節朔衆といったものが身分序列の基本であり、そこではたとえ四位の評定衆であっても、御相伴衆や国持衆の列に加えられることはなかったのである。

これに対して、秀吉の関白任官以降の豊臣政権期には、朝廷の官位が武家の身分序列に取り入れられた。そして公式の場における座配が、位階・官職の高下によってなされていたのである。

ともあれ、こうして輝元の聚楽第出仕・関白秀吉への謁見は無事に終わり、毛利主従はひとまず安堵の思いをしたことであろう。

それにしても、輝元が聚楽第において初めて接した関白秀吉の印象とはどのようなものであったのだろうか。天正十六年は秀吉五十二歳である。おそらく小袖袴に華麗な胴服をはおった姿で広間の上壇に現れたのであろう。そして下壇で平伏する輝元に対して語りかけた声、注がれる鋭い眼差（まなざし）、そして時折見せる磊落（らいらく）な笑顔、人を食ったようなそのしぐさ、でもそれは作ったものではなく、秀吉という男の天性なのかもしれない。いずれにせよ輝元の常識からはまったく理解できないような、不思議な人物に思われたことであろう。もちろん日記には何も書かれてはいないが、輝元の心中を思うと興味深いところである。

小者から身を起こし、関白太政大臣、天下取りとなった秀吉の立身出世ぶりは、いつの時代においても興味の対象とされるところであるが、それは秀吉の在世中にあっても同じであろう。ことに秀吉という男の容貌や氏素姓（うじすじょう）は、当時の人々にとっても、しばしば話題にされる関心事であったにちがいない。

秀吉のことを信長が「猿」とか「禿（は）げ鼠」というあだ名をつけていたことはよく知られているところである。このあだ名が、信長だけが用いたものであるなら、信長という男は家臣を動物呼ばわりした怪しからぬ暴君ということになる。

しかし、秀吉の容貌を猿や禿げ鼠に似ていると見たのは、ひとり信長だけではなかった。スペイン人フェルナン・ゲレイロ編の『一六〇〇年報』第一章に収められた「日本の君主、太閤様について」の中に、次のような記事が見られる。それは、信長が鷹狩に行く途中、鷹がその足に縄をつけたまま放たれ、高い木の上で足の縄が絡みついた際のことである。

——主人は、藤吉郎を呼んで、急いで木に登って、解いてやるように言いつけた。彼は、まるで大きな猿のように、きわめて身軽にそのことをやってのけた。こんなことがあった上に、また彼の人相がすこぶる猿に似ていたので、彼はその後、猿と呼ばれるようになった。

というのである。

これは当時、世間で語られていた若き日の秀吉の機敏な動作と、猿と呼ばれていたあだ名の由来について記したものであろう。

それから、秀吉を実際にその目で見た人々が、その印象を猿とか禿げ鼠とかいっているものもある。毛利家の侍の玉木吉保（よしやす）の自叙伝である『身自鏡（みのかがみ）』という本に、次のような箇所がある。それは天正九年のことである。吉保は伊勢参詣の途中に姫路に立ち寄り、鳥取城攻めのために出陣しようとしている秀吉の姿をかいまみた。

——その姿、軽やかに馬に乗り、赤ひげに猿眼（さるまなこ）にて、空うそぶきてぞ出でられける

というのが、その時の玉木吉保の印象であった。

また十六世紀の後半に、三十ヵ年あまり日本に滞在し、信長・秀吉をはじめとして広く上下の階層の人々と深い交流をしていた、ポルトガル人宣教師、ルイス・フロイスの『日本史』には、

——彼は身長が低く、また醜悪な容貌の持ち主

——眼がとび出ており、シナ人のように髭が少なかった

——がんらいあまり見栄えのせぬ容貌

などと記している。

いまに残る秀吉の肖像と伝えられるものを見ても、奇妙で滑稽な顔つきをしている。秀吉の男ぶりは当時の人々から見ても、決して良かったとはいえなかったようである。

秀吉の素性についても、彼が尾張の名もない百姓の小せがれであったことは周知のことであるが、当時でも秀吉の出自の悪さは、誰もが承知のことであった。

本人の秀吉自身は、その家臣の大村由己（ゆうこ）に、秀吉のPRのための『天正記』という読み本を作らせ、その中の「関白任官記」に、

——わが家系は公卿に列（つら）なり、その母は尊き方の種を宿したのである

などと、あたかも天皇の御落胤（ごらくいん）であるかのような宣伝をさせたものである。

しかし、秀吉がいかにその素性の悪さをとり繕ってみても、世間の見る目に変わりはなかった。九州の大名島津義久は、天正十五年正月十一日付の、長岡玄旨（げんし）宛の書状の中で、

——羽柴秀吉は、本当にいわれのない人物であると世間も噂している。それに比べてわが島津家は、源頼朝公以来の系統連綿たる家柄、その当家が羽柴に対して関白殿下扱いの手紙を書かねばならないとは笑止千万。羽柴のような由緒もない人物に関白職を許されたことは、ひとえに天皇のお言葉が軽々しいからである

とさえ言い切っていた。

しかしその島津も、結局は秀吉の征伐を受けて無条件降伏したのであった。剃髪して隠居した義久に代わって島津の当主となった義弘は上洛し、今回の聚楽第における関白への謁見に輝元と同席していたが、いったいどのような気持でいたのであろうか。

毛利の家中においても、秀吉に対する評価は様々であったが、輝元には安国寺恵瓊の忠告が大きな影響を与えていたのであろう。

まだ信長生前のこと、毛利の使者をつとめた恵瓊は、秀吉を「さりとてはの者」と評した。やり手・切れ者といった意味であろう。

秀吉に無類の才知を感ずる恵瓊の信念は、その後も変わらなかった。本能寺の変後における備中高松城での講和や、その後の領域問題の交渉においても、恵瓊は毛利方の使者として秀吉との折衝役をつとめた。その当時、毛利氏内部には秀吉への敵対を主張する強硬派の意見もあったが、恵瓊はそうした意見を無謀とみなし、国元の老臣に宛て忠告の手紙を書き、その中で、秀吉の人物について、

──秀吉は武略にすぐれている。たかが小者、乞食あがりなどと見くびってはいけない。日本を手の内にするほどの人物であるから、決して敵にまわすようなことをしてはならないと力説していたのである。

ともあれ上洛した輝元にとって、最大の関門ともいうべき聚楽第出仕・関白への謁見の儀は終わった。もうあとには引けない。

これより約一月半にわたる京都での様々な生活が繰り広げられていくが、まず初めの一週間ほどの七月中は、もっぱら方々への挨拶廻りと、参内と叙任（じょにん）すなわち昇進と任官にかかわる御礼参りに多忙な日々を過ごすことになる。

初めて参内の感激

七月二十五日は朝から諸大名邸への挨拶廻りを行なったが、この挨拶廻りはあとでまとめることにし、輝元の参内に目を向けよう。輝元は二十五日に参内して参議に任ぜられる。その後二十八日に秀吉の御供として再び参内する。また二十九日には毛利の家臣が諸大夫に任じられて参内しているので、これらを合わせて見ることにしよう。

禁裏御所におわす後陽成天皇は、陽光院誠仁親王（さねひとしんのう）の第一皇子で、前代正親町（おおぎまち）天皇の御孫にあたる。

皇太子にあった父君誠仁親王が天正十四年七月に急逝されたため、十六歳の皇孫に帝位を譲られたのであった。しかし御祖父正親町上皇も仙洞（院）御所にご健在であった。

輝元の祖父元就は、前代正親町天皇の即位費用を献上し、その後も勅命に応えて献金したこともあり、毛利家の名は朝廷でも知られているはずである。

正親町天皇の在位時代は、まさに激動期であった。永禄八年（一五六五）には将軍足利義輝が松永久秀と三好三人衆によって暗殺されるという事件があり、その三年後には足利義昭が信長に擁されて上洛、十五代将軍となるが、やがて室町幕府は信長に滅亡させられる。しかしその信長も天正十年、本能寺の変で横死を遂げた。信長の死後、山崎合戦・賤ヶ岳合戦・小牧の役といった中央政界の支配権をかけた決戦があいつぎ、それらの戦いで勝利者となった秀吉が台頭し、天下統一への道を邁進した。正親町天皇はこうした変転きわまりない政界の推移と、惨劇の数々を、その目で見、耳で聞かれてきたのであった。

あいついで現れた新興武家の政権を、おのれの意思に関わりなく、これを容認せざるを得なかった正親町天皇の宸襟は、決して穏やかなものではなかったにちがいない。

しかしそうした乱世にあっても、人々の天皇に対する尊崇の念がまったく失われていたわけではない。大内・上杉・北条・今川・朝倉・織田をはじめとする大名、そして毛利も皇室に対して種々の献納を行なっていた。また永禄六年のガスパル・ビレラの報告書には、

——彼（正親町天皇）は少しも兵力を有せず、そのため常に困窮してはいるが、諸人に尊崇されている

とあり、翌年のルイス・フロイスの報告書にも、日本人は天皇を、

——日本の頭として、ほとんど神のごとく尊崇している

と述べている。

さて、戦国・安土桃山期にも多くの大名の参内がなされていたであろうが、その参内の模様について記す記録は意外に少ない。たとえば越後の長尾景虎（後の上杉謙信）は天文二十二年（一五五三）と永禄二年（一五五九）と二度の上洛・参内を果たしている。そして一度目には後奈良天皇に拝謁、二度目には正親町天皇に拝謁し、天盃と御剣を賜ったと伝えられてはいるが、その参内の次第をうかがう記録は残されていない。

そうした中でこの『輝元公上洛日記』には、輝元の参内について詳しく書かれている。戦国・安土桃山期における武家の参内について記しているのは、私が知るところでは、『年中恒例記』に見える足利将軍の参内始の記事と、この輝元の参内だけである。そこで輝元の参内をより明確に理解するために、まずは『年中恒例記』の将軍参内の記事を紹介しておこう。

『年中恒例記』は作者不明であるが、義晴・義輝将軍の天文〜永禄期における幕府年中行事を記しているものと思われる。それによれば足利将軍の参内始は正月十日で、「御参内次第の事」として次

のように書かれている。

――この日、将軍は立烏帽子直垂姿で禁裏御所へ赴き、長橋殿（局）で衣紋役の藤宰相（高倉）により「御冠・御指貫・御袍」すなわち衣冠に改める。長橋は清涼殿から紫宸殿に通ずる橋（渡廊）で、そこに長殿（部屋）があり、内侍とよばれる女官が控えている。内侍の長官を尚侍という。ここで冠をかぶり、指貫袴と袍（上着）をつけて衣冠姿としたのである。またこの場で陰陽頭による身固めの祓いを受ける。次に伝奏（取次）が禁裏様（天皇）の御座所へ案内をする。そして長橋殿の南方の御簾が巻き上げられると将軍は中に入る。そこは禁裏様の御前である。この清涼殿は日常の御所であるから、禁裏様の装束は冠に御引直衣であろう。天皇は日常のお姿として、赤い生絹の長袴をはき、直衣をはおって下着を重ねて長く引き、冠をつける。その特有のつけ方から御引直衣といった。

やがて御座所の御障子が内より上臈の尚侍によって開けられる。この時将軍は御縁と御座敷との際で、檜扇を手にして深く御礼を申し上げる。

次に尚侍の導きにより御廂の茶湯棚の脇より御簾台に進む。御簾台とは一段高く構え、前に御簾をかけた座敷である。これより三献が出される。正月には三献ながらそのつどに御盃を頂戴する。臨時の御参内のときは、必ず二献目は大上臈の酌、三献目には将軍の御酌があり、また天酌（天皇の御酌）にて天盃を頂戴する。この御簾台では上臈の女中衆や数名の公家が同席して酒

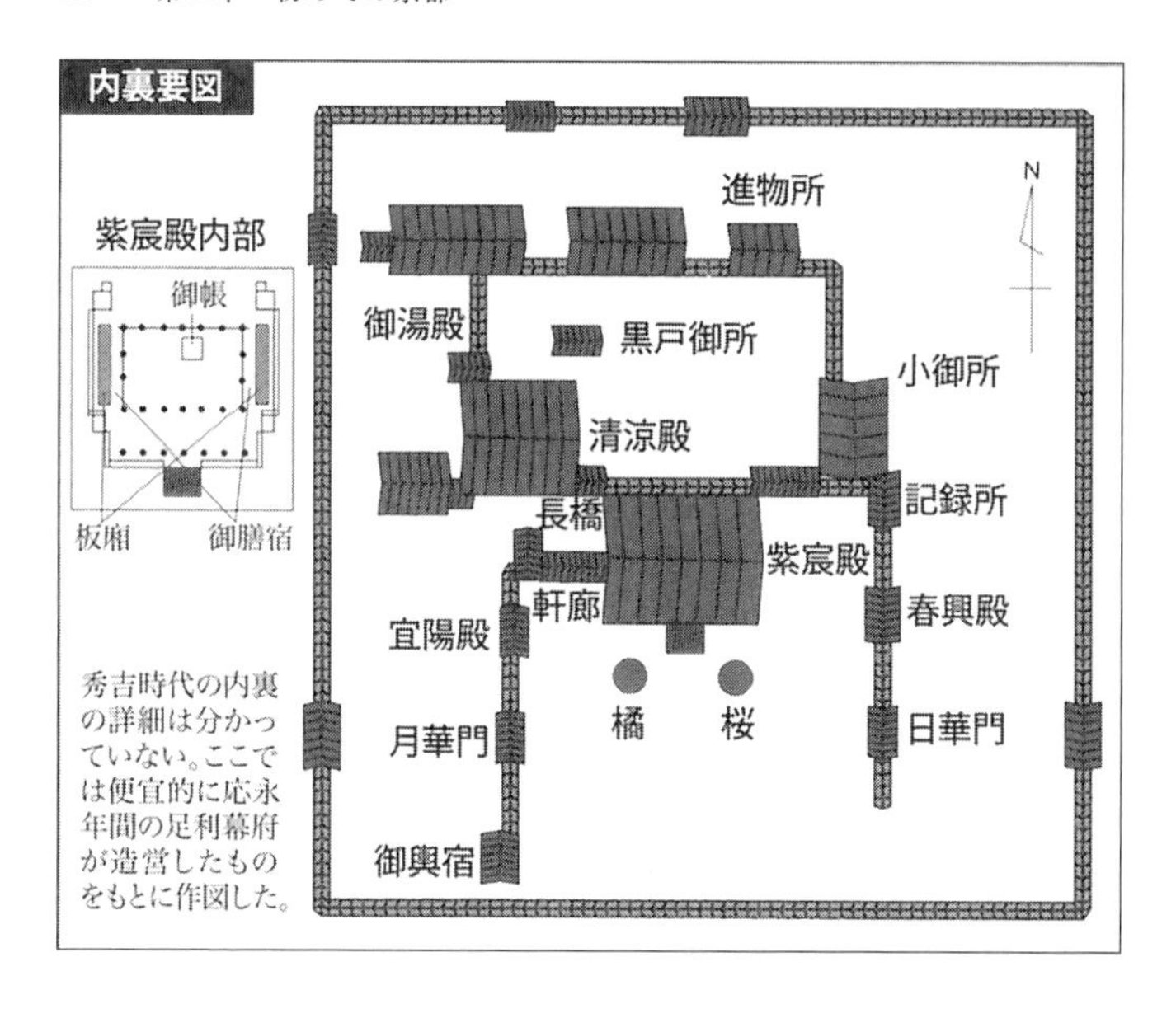

秀吉時代の内裏の詳細は分かっていない。ここでは便宜的に応永年間の足利幕府が造営したものをもとに作図した。

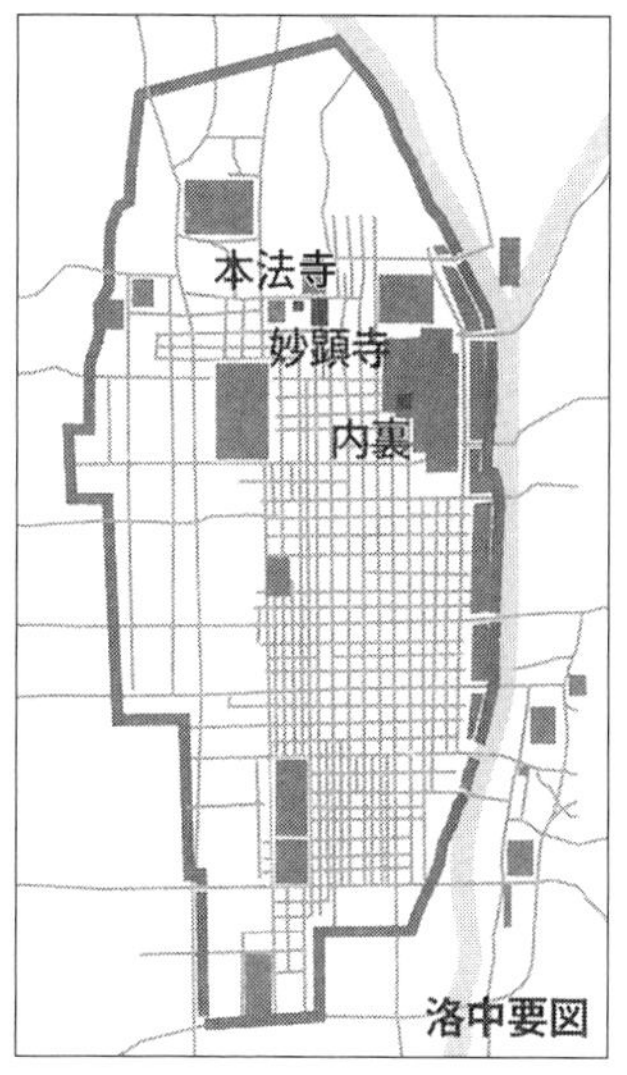

洛中要図

盃を賜る。三献目の御盃を禁裏様が聞こし召される（お飲みになられる）時、御太刀を伝奏が持参して、将軍からの御進上の由を禁裏様へ申し入れる。その御太刀は御座の右の御畳の上に置かれる。やがて三献を終え、御肴の膳が下げられると将軍は退出する。そしてもとの御縁に降り、座敷との際の辺りにて御礼を申し上げる。その後長橋殿に戻り、元のごとく立烏帽子直垂に改める。そののち長橋殿にて三献が出され、将軍は尚侍・内侍および公家衆らにまで「御酌」をして退出したのである。

以上が『年中恒例記』にうかがわれる足利将軍参内の概要である。つぎに『輝元公上洛日記』が記す参内の模様をみよう。

七月二十五日申の刻（午後四時頃）、輝元は大納言勧修寺晴豊邸へ赴いた。毛利はこれまでにも勧修寺家と交流があり、祖父元就が正親町天皇の即位料を献納した時は、晴豊の父尹豊が仲介役をつとめた。晴豊には太刀・銀子十枚を贈り、ここで「御冠に黒御装束に御履」に改めた。この黒御装束は、二十八日条には「御装束石の帯を召され」とあるから、黒袍の上に石帯を締めた束帯姿であった。履は浅沓であろう。先の足利将軍の参内は衣冠であったが、輝元の参内は束帯でなされる。また隆景・広家は「御冠に赤装束」の姿であった。

よく「衣冠束帯」という言葉が用いられるが、束帯と衣冠とはまったく別の衣服である。今日の服装にたとえていえば、束帯はモーニングのような礼装で、いっぽうの衣冠はダブルのような略礼服と

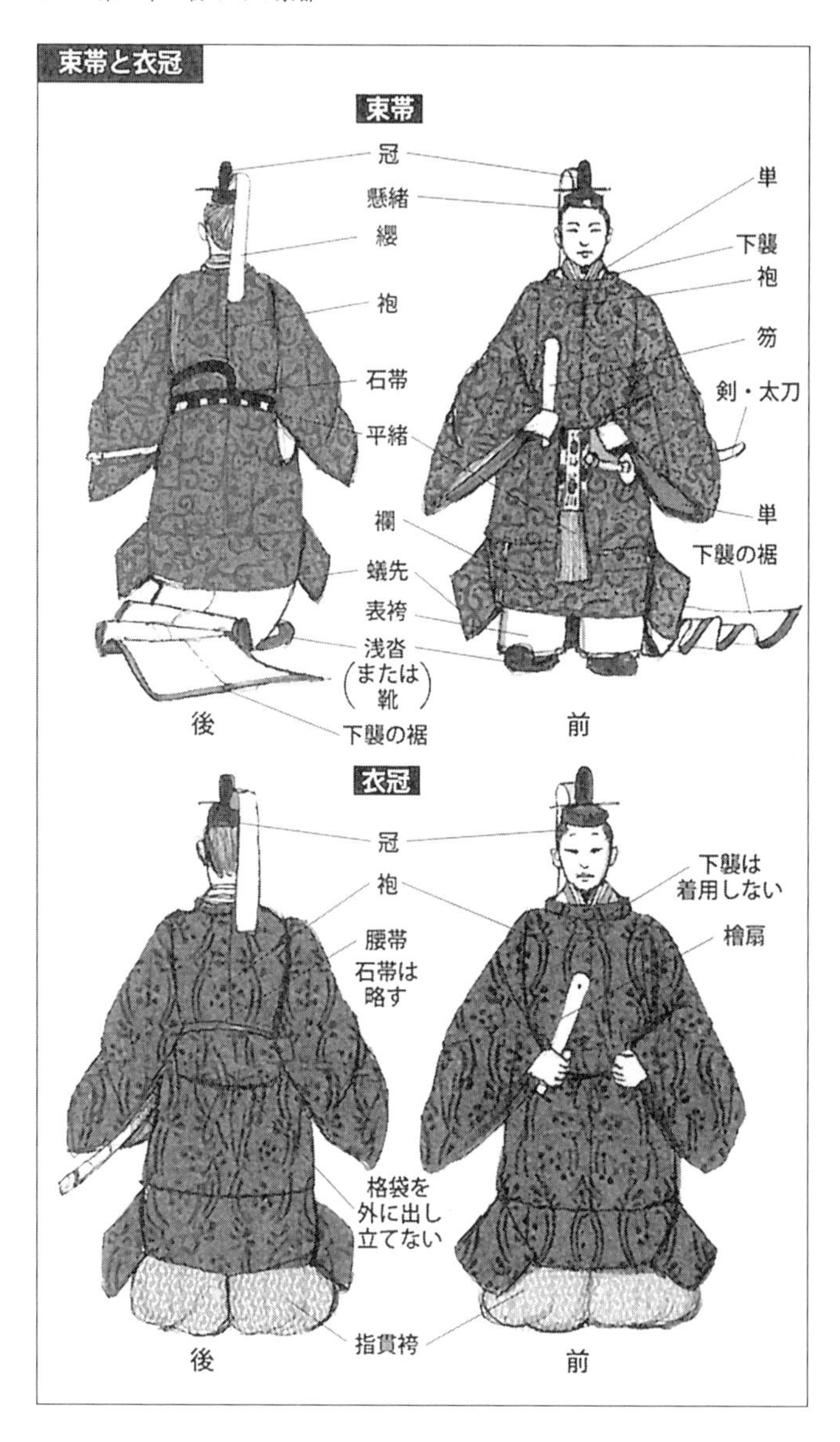
束帯と衣冠
束帯
冠
懸緒
纓
袍
石帯
平緒
襴
蟻先
表袴
浅沓
(または
靴)
下襲の裾
後
前
単
下襲
袍
笏
剣・太刀
単
下襲の裾
衣冠
冠
袍
腰帯
石帯は
略す
下襲は
着用しない
檜扇
格袋を
外に出し
立てない
指貫袴
後
前

いったほどの違いがある。

束帯は「昼の装束」と呼ばれた正装で、衣冠は本来「宿直装束」といって内々の略装とされていたが、やがて通常の朝廷出仕にも用いられるようになった。もちろん晴れの儀式における正装は束帯である。

束帯の構成は、冠・袍・下襲（裾）・衣・単・内衣・表袴・下袴（大口）・石帯・笏・帖紙・襪・靴（または浅沓）から成る。いっぽう衣冠の構成は冠・袍・単・指貫袴・下袴・檜扇・帖紙・浅沓である。

なお輝元が着用した「黒御装束」とは、最上着の袍の色である。束帯・衣冠の袍の色模様は「位袍」「当色」といって、官位相当による位色の制があった。それは四位以上が黒、五位は緋（赤）とするのが定めであった。それゆえ隆景・広家は五位の赤装束の束帯姿であった。束帯を身に付けて初めて参内する輝元の胸中はいかがなものであったろうか。

さて酉の刻（午後六時頃）、輝元は御履直しの渡辺石見守長・御剣役の赤川十郎左衛門尉元房を召し連れて参内した。二人の御供は烏帽子直垂姿で白洲まで従い、輝元は昇殿して「紫宸殿に御着座」した。

紫宸殿は内裏の正殿で南面し、中央に十八段の木階があり、階下の前方左右には桜と橘の木が植えられている。殿内はすべて板敷きで、中央には御張台が設けられ、その後方北廂との中間には賢聖障子(じょうのそうじ)が立てられている。ここは即位・節会(せちえ)など公式の儀式を行う晴れの場である。

南廂(みなみびさし)は御張台を前にして諸儀式の行なわれるところである。輝元が着座すると「此の時、清華(せいが)の御家に叙せらるなり。御本所(ごほんじょ)と申す」、すなわち公家の清華家に叙し、本所と称することを許すという旨が告げられたというのである。

この輝元が叙せられたという武家の清華家に関しては、矢部健太郎氏の新しい見解がある。すなわち秀吉は天正十六年の聚楽第行幸の際、織田信雄(のぶかつ)・徳川家康・羽柴秀長・羽柴秀次・宇喜多秀家を清華として披露し、武家清華家を創出した。さらに行幸直後に上杉景勝・毛利輝元を清華に加えた。しかもこの武家清華家は家格であり、豊臣摂関家(せっかんけ)の下に武家清華家を集団として位置づけ、さらにその下に公家成(なり)・諸大夫成の大名家という大名統制システムを創出した。そしてこの武家清華家に代表される家格の創出を、豊臣公儀の確立期として位置づけたのである（「豊臣武家清華家の創出」歴史学研究七四六号）。

ただ、この矢部氏の見解には問題点も残されている。武家の清華については、確かに『御湯殿上日記(おゆどののうえのにっき)』『中山家記』などに武家公卿の清華成の記事は見える。けれども、秀吉文書はもとより、当該期の武家文書に、果たして武家の清華・清華家の文言(もんごん)が得られるであろうか。ましてや重鎮大名の集団を格式としての清華家として位置づけた豊臣政権内部の文書が存在しているのかも疑問であろう。そして私自身としては、武家が清華に叙せられたというのは、じつは輝元のような、参議以上の公卿の列に加えられたことを意味しているものと考えている。

ともあれ、昇殿を許された輝元は、平伏拝礼のうえ勧修寺晴豊を取次ぎとして、左のような御進物を献じた。

禁裏様へ　御太刀一腰惣金具・銀子百枚
女御様へ　銀子一折
准后様へ　銀子一折

禁裏様は後陽成天皇、女御様はお后の近衛前子、准后様は国母（天皇の御母）勧修寺晴子（新上東門院）である。ついで、

「殿様は御位四位・侍従に御昇進にて、豊臣姓を御給わり候なり。かたじけなくも天子様へ御拝謁にて天盃御頂戴候。隆景様・広家様、御冠赤装束にて五位の侍従に御昇り候て豊臣姓を御給わり候」

とある。

すなわち、輝元は四位・侍従に叙任され、豊臣姓を賜り、天皇に拝謁して天盃を頂戴した。また隆景・広家も赤装束の束帯で拝謁を許され、五位の侍従に叙され、豊臣姓を賜ったのであった。

輝元が初めて拝した天皇の装束は、内裏正殿の紫宸殿であるからこの日は青色の束帯であろう。天皇の料は黄櫨染と青色の二種で、ともに桐竹鳳凰を紋様としている。黄櫨染は香色で、天皇式正の御

衣として四方拝・節会などの重要な儀式に召される。いまひとつの青色は山鳩色をした略儀の御袍である。

なおこの輝元・隆景・広家らの参内のことは、『御湯殿上日記』の同日条にも、

——あきのもり・こはや川・吉川三人くげなりの事ちょっきょにて

と記されている。

『毛利家文書』には、この時に受領した左のような二通の宣旨が収められている。

上卿　中山大納言

天正十六年七月二十五日　宣旨

従四位下豊臣輝元朝臣

宜しく侍従に任ずべし

蔵人頭右大弁藤原充房奉ず

上卿　勧修寺大納言

天正十六年七月二十五日　宣旨

従四位下豊臣輝元

宜しく参議に任ずべし

蔵人頭左近衛権中将藤原慶親奉ず

まずは従四位下侍従に叙任され、その上で参議に任じられたわけである。ただし、この場で除目すなわち任命の儀式が行われたわけではなかろう。朝廷の慣例からすれば、これより先にこの二通の宣旨、すなわち前者の蔵人頭右大弁万里小路充房が作成して中納言中山親綱を上卿（公事を奉行する上席の官人）とする一通、また後者の蔵人頭左近衛権中将中山慶親が作成して大納言勧修寺晴豊を上卿とした一通による臨時の小除目が行われたはずである。そしてその宣旨が、輝元参内の際に授与されたのであろう。

当時の記録から推測すると、侍従に任じられることを「公家成」ともいい、つまりは公家の身分に列せられたことを意味している。また参議は中納言につぐ重職で、参議以上を公卿と称したのである。また隆景と広家は従五位下侍従に叙任されて公家成をし、豊臣姓を賜ったのであった。

ただ、この官位は豊臣姓を賜るというのも、じつは豊臣政権下における大名・武家衆の官途推挙は政権を介してなされる。そして朝廷から下される位記・宣旨の類はすべて豊臣姓で書かれた。中世・近世の武家文書を通じて、外交文書や位記などの公式文書には、本姓を書くのがならわしであった。本姓とは源氏・平氏・豊臣氏のような姓氏のことである。ちなみにこの豊臣姓に関しては、最近堀越祐一氏が、秀吉が豊臣氏長者として官途推挙を行なったため、叙任を受ける武家は豊臣姓に限られることになったと指摘したが、この見解は正しいであろう（「豊臣期における氏姓授与と武家官位制」歴史評論・六四〇号）。

秀吉が源平藤橘と並ぶ豊臣姓を新たに賜与されたのは、かつては太政大臣任官と同日の天正十四年十二月十九日と考えられていた。だが現在では、天正十三年七月に近衛前久の猶子となって藤原姓を称して関白となった時から二ヶ月後の、九月九日であったことが明らかにされている。

この秀吉の藤原から豊臣への改姓の意図は後のことだが、文禄三年（一五九四）四月十六日付で、菊亭晴季以下三名の公卿に宛てた秀吉の朱印状の中で、

——関白職を藤原五摂家のみで回り持ちにするのは、おかしな次第である。天下のことは申すまでもなく、ひとつの土地も切り従えられぬ五摂家などよりも、秀吉のほうが少しはましであるから、関白職を預かった次第である。

と豪語していることにもうかがわれるように、秀吉自身を五摂家と同格以上に位置づけようとしたからであろう。

そして豊臣姓を称することは、源平藤橘という旧来の公家社会の門閥意識を打破し、秀吉を中心とした新しい公家社会づくりへのスタートを宣言したものであったといえよう。

それにしても参内を果たし、天顔を拝して天盃を賜り、そのうえ参議にも任じられた輝元の感激は、さぞかし大きかったことであろう。祖父元就の生前の官位は従四位上で、従三位が贈られたのは死後であった。また父隆元の官位は従四位下にとどまっていた。これに対して輝元は参議となり、毛利家

としては初めて公卿に列したのであった。

この日輝元が参内を終えて妙顕寺の宿所に帰ったのは、戌の刻（午後八時頃）であるが、さらに亥の刻（午後十時頃）に、

「大和大納言へ御出で候。御門外にて疋田九郎兵衛尉に仰せ渡されてお帰り候。隆景様も御出で候」

とある。

なんと輝元は隆景と連れ立って、夜の十時過ぎに秀長邸へ赴いたというのである。無事に参内を終えて参議に任じられたことを、一刻も早く報告したかったのであろうが、当然のこと秀長邸の門は閉められており、家臣に伝言して帰ったのであった。感激と嬉しさのあまり、いささか常軌を逸していたのであろうか。

そして七月二十七日には、酉の刻（午後六時頃）、

「勧修寺殿へ御出で成され候。御位御昇進の御礼なり。此の所より、禁裏様・女御様・准后様ならびに禁中の衆への御礼物を御調進候」

とあるように、大納言勧修寺晴豊邸へ赴いた。昨日の官位昇進の御礼のためである。天皇・女御・御母の准后をはじめ、参内に際して世話になった人々への御礼の品々を届けたのであった。

関白とともに御礼の参内

七月二十八日、寅の刻（午前四時頃）に宿所を出て津田宗及邸に立ち寄り、宗及とともに卯の刻（午前六時頃）、聚楽第に出仕した。関白から御茶湯の招待がなされていたからである。客は輝元・広家・宗及の三人だけであった。これは輝元の官位昇進を祝う秀吉のもてなしであろうが、じつはその日の午後に予定されている、秀吉との参内に関する打ち合わせをも兼ねていたのかもしれない。

「宗及手前の時、関白様勝手へ御出座なり。しぶかみ御頭巾にて御座席四畳座敷の萱葺なり」とある。

その御茶席は四畳座敷の萱葺で、津田宗及による手前の時、関白秀吉は渋紙で仕立てた紙衣の胴服をはおり、頭巾をかぶって姿を現したのであった。

東山の足利義政の頃に芽生えた茶湯は、信長・秀吉らの保護を受けた千利休によって大成され、安土桃山時代には茶湯・茶会が政治的な社交場でもあったといわれている。

この輝元が招かれた聚楽第の朝会などは、まさにその秀吉の茶湯外交そのものであった。四畳の小座敷で関白と膝を付き合わせるかのようにして茶を飲み、静寂の中に親しく語らう。数日前に聚楽第の広間で初めて拝謁した姿とは異なる、渋紙の胴服に頭巾をかぶった気さくで飾り気のない秀吉の笑顔に接し、輝元はきっと驚いていたことであろう。

秀吉はこの日の午後に、輝元を伴って参内するつもりであった。輝元の従四位下・参議叙任の御礼を申し上げるためである。それゆえ輝元は、秀吉の御前で茶を喫しながら、関白の朝廷・公家に対する考え方などを聞かされたことであろう。

前代の信長は、右大臣を最後として、いわば朝廷離れともいえる態度を示し、みずからを絶対者に仕立て上げようとさえ考えていたかのようにみえる。これに対して秀吉は関白にまで昇りつめた。そして国内的には公武の実権を掌握しながらも、天皇を奉戴(ほうたい)する宮廷の構成員としての態度はくずさなかった。

秀吉は天皇を自己の権威づけのために効果的に利用することを考えた。これを最もよく表しているのは聚楽第行幸である。天皇の行幸を仰ぎ、この盛儀に参加した大名らに対して、朝廷への忠誠と秀吉への臣従を誓う起請文を提出させたのであった。そしてこの度の輝元の叙任の場合のように、諸大名の官途を朝廷に推挙し、しかもその叙任に際してはみずからも参内して御礼をするというのは、関白の責任とはいえ、諸大名に与える心理的効果は絶大であったろう。すなわち秀吉のその労を惜しまぬ温情に感謝し、関白への忠誠心を高めたというわけである。

ともあれ、輝元は聚楽第茶湯座敷での朝会を終えると、辰(たつ)の刻(午前八時頃)にひとまず妙顕寺の宿所に帰った。そして巳(み)の刻(午前十時頃)に勧修寺晴豊邸へ向かった。関白の御供として参内するためである。

「関白様も殿様御位の御取合を成され、先ず薬院所へ御出で候。勧修寺殿より殿様御冠に黒き御装束石の帯を召され、御履にて薬院の所へ御参候」

とある。

関白秀吉も輝元の叙任に関わったということで、みずからも参内のため施薬院秀隆邸へ赴いた。輝元は勧修寺邸にて冠・黒装束に石帯の束帯姿に改め、浅沓を履いて関白がいる施薬院邸に参上したというのである。この時輝元の御沓役は福原式部少輔元俊、御剣役は国司助兵衛元蔵であった。

そして午の刻（正午頃）に、「関白様御供」として参内した。関白も施薬院邸で式正の束帯姿に改めていたであろう。その時輝元が召し連れた御供の衆は烏帽子直垂を着け、白洲まで従った。関白と輝元は白虎（西方）の四足門を入り、紫宸殿に着座した。ここで、

「殿様御位参議宰相に御昇進なり」

すなわち、めでたく参議に昇進したのである。この場には天皇の出御はなかったようである。

ついで天皇のおわす清涼殿に移り、ここで「御拝謁、三献の御酒あり」、すなわち天皇に拝謁し、三献の御酒が出された。輝元の御膳は大・中納言および参議以上の料とされた三方の台であった。そして、

「天気快げに、忝なくも天子様の御酌にて天盃を御頂戴なされ候」

とある。

天皇の御気色・ご機嫌もよろしく、恐れ多くも御(おん)みずからの御酌にて天盃を賜ったのであった。この時の天皇は、御引直衣のお姿であろう。御引直衣は天皇の日常のお姿として、赤い生絹の長袴をはいて直衣をはおり、下着をも重ねて後ろに長く引き、冠をつける。その特有のつけかたから御引直衣といった。色目(いろめ)は公卿のそれとおなじく、冬の料は表を白とし、裏は二藍(ふたあい)とするのが例である。

二藍とは二種の藍の意で、紅と藍で染めたやや赤みのある青色であり、それも若年は紅を濃くし、中年以降は紅を薄くして藍を強める。そしてさらに年齢を加えるとともに藍を淡くする。また夏の料は縠紗(こめしゃ)（織目を透かして薄く織った絹織物）で、裏をつけないために二藍を使用し、色模様も冬の料と同様に、若年は紅を濃くし、中年以降には淡い藍色としたのである。

それゆえ御年十八歳の天皇は、三日前に拝した凛々(りり)しい青色の束帯姿とは異なり、この日は赤い長袴に、若年の夏の料である紅の濃い直衣をはおられた雅(みやび)なお姿で、御みずから長柄(ながえ)の銚子を手に取られ、にこやかに御酌を賜ったのであった。輝元の感激もまたひとしおであったろう。

またこの日には、「隆景様・広家様も冠に黒き御装束にて四位の侍従に御上せ候」とあるから、輝元とともに参内して叙任されたのである。そしてその後の三献の盃事にも同席を許された。しかしその際の御膳は、輝元の三方とは異なり、前に刳(くり)形の穴が開いた一方(いっぽう)の台であった。

ちなみに三方は前と左右に穴を開けた台を、縁高な白木(しらき)方形の折敷(おしき)につけたもので、摂家・門跡・

大臣は四隅に穴のある四方（しほう）を用いた。また五位以下の大名の場合は折敷に足を取り付けた足付（足打（あしうち））が用いられるのが普通である。

なお『御湯殿上日記』の同日条には、

——くはんぱく殿御まいり、きてう所にて御さか月まいる。御しやうばん六の宮御かた・きくてい・あきのもり也。三こんめに御しゃくにて御とをりあり。します・りうさうし・たちはな・こはや川・吉川、御たち・おりかみにて御れい申す

と書かれている。

秀吉の参内があり、議定所（ぎじょうしょ）において天皇出御により三献の盃事が催された。御相伴は六宮（むつ）（智仁（としひと）親王）・菊亭晴季（前右大臣）・安芸の毛利輝元であった。三献目に、天皇の御酌により御通（おとおり）がなされた。御通とは貴人（きにん）が盃一つにて酒を飲むことで、貴人以外のそれは召出（めしい）だしと称して区別された。ただし、この天酌による御通にあずかったのは六宮・菊亭・輝元の三人だけで、その場に陪席していた島津義弘・龍造寺政家・立花統虎・小早川隆景・吉川広家らは、拝謁を許されただけで、御太刀・折紙を進上して御礼をしたのであった。

なおこの日の参内において、輝元は毛利家臣のうち、穂田治部大輔元清・福原式部少輔元俊・口羽伯耆守春良・渡辺石見守長・松山源次兵衛元忠・堅田弥十郎元慶・林土佐守就長ら七名の諸大夫任官と、国司助兵衛元蔵・粟屋与十郎ら二名の布衣（ほうい）任官を許された。そしてこの諸大夫・布衣に推挙され

た計九名の家臣は、翌日に改めて参内することになる。

かくして輝元の関白に御供をしての参内は終わったが、「未の刻（午後二時頃）に院の御所へ関白様の御供にて御参候」とあるように、秀吉はさらに輝元を正親町上皇の院御所へと連れて行った。

ここで輝元は上皇に拝謁し、御太刀一腰金覆輪・銀子三十枚を進上した。そして関白の御供をして施薬院まで従った。ここで関白のもとを辞すと「直様六宮へ御参」とあるように、天皇御前でともに御相伴をした六宮智仁親王の御所に参り、御太刀一腰金覆輪と御馬代として千疋・銀子一折を進上した。そして「此の外禁中の衆への御礼物、記し難く候」とあるから、この度の参内および叙任に関して世話になった公家や官人にも御礼の意を表していたのであった。

こうして挨拶廻りを滞りなくすませ、酉の刻（午後六時頃）に勧修寺晴豊邸に戻り、衣服を着替えて夕餉の振舞を受け、妙顕寺の宿所に帰ったのは、亥の刻（午後十時頃）であった。輝元にとっては大変な一日であったが、感激もまたひとしお大きかったことであろう。

毛利家臣の諸大夫・布衣任官

翌二十九日、昨日の輝元参内の折に内示のあった毛利家臣のうち諸大夫に任じられる七名と、布衣に任じられる二名が参内することになった。

「諸大夫衆参内これあり候。勧修寺殿御取次ぎ。此の時官位を、豊臣の姓を給わり、五位の下行に上進なり。御一門に候なり。穂田越前守、福原上総介・口羽三河守（晦日条には伯耆守）・渡辺石見守（晦日条には飛驒守）・堅田兵部少輔・林肥前守。同布衣の衆も官位を成さるなり。立烏帽子の風折狩衣、国司隼人佐・粟屋右近大夫に任ぜられ、きざはしの御礼。これも薄墨の口宣を、豊臣の姓を給わり、従五位下行にのぼせあり、御一門に叙せられ候なり」

とある。『御湯殿上日記』同日条にも、

――しょ大夫七人、ほうゐ二人あり

として、毛利家臣の参内が記録されている。

毛利家臣の参内も、勧修寺晴豊の取次ぎによってなされた。諸大夫に任じられた七人は、昇殿ではなく、階を登ったところで御礼をした。この時に薄墨色の宿紙に書かれた、従五位下に叙し、諸大夫に任ずるという口宣案（宣旨）を賜った。布衣に任じられた二人も同様に階にて、従五位下に叙し、布衣に任ずるという薄墨色の宣旨を授与されたのであろう。

布衣とは、本来は狩衣様式の衣服のことである。しかも絹織物製二重（裏付き）の貴族の料を狩衣といい、六位以下の地下や庶民の料は麻布製でしかも裏無し染め色のみとし、それを布衣と称して区別した。しかし豊臣政権はその布衣着用を新たな身分序列のひとつとして取り入れたのであった。

またここで注目されるのは、諸大夫に任じられた穂田治部大輔の官途名・通称が越前守となり、福原式部少輔が上総介、口羽伯耆守が三河守、堅田弥十郎が兵部少輔、林土佐守が肥前守、同じく布衣に任じられた国司助兵衛が隼人佐、粟屋与十郎が右近大夫といったように、彼らの通称が変化していることである。これは従五位下の叙任にあたって、その官位にふさわしい官名の通称が許されたのである。ただしそれらは「行」とあるように、公家では位階に比して官の低い職名とされたものであった。そして豊臣の姓を賜り、一門に叙せられたというのは、もとよりこれらの叙任が秀吉の推挙によるものであったため、朝廷から下される宣旨にはいずれも豊臣姓が冠せられていたというわけである。

ちなみに、この豊臣期の布衣については、矢部健太郎氏の新研究がある。すなわち、鎌倉・室町期の布衣とは、狩衣もしくは六位以下所用の布製の狩衣を意味し、それを着て行列に供奉した武家衆が布衣侍といわれていた。これに対し、豊臣期の布衣は、従五位下に叙任されて狩衣を着し、御剣役をつとめる者で、身分序列としては諸大夫成の一形態であったとし、徳川期における諸大夫の下に位置づけられていた布衣とも異なる性格のものであったという（「布衣考――豊臣期諸大夫成の一形態――」栃木史学一六号）。

たしかに豊臣期には、参内等の儀礼に際して、諸大夫とともに布衣の五位叙任がみられ、また布衣が御剣役をつとめていることも認められる。けれども、これも関白政権の出現による新儀であろう。足利将軍家では義政以降、日常の武家様出行では御供衆が御剣役となり、公家様出行では布衣侍が御調度懸とよぶ武器・武具を捧持する役をつとめたが、特に御剣役というのは見あたらない。しかし秀吉の関白政権下においては、武家的な要素が強まり、武家衆の身分地位の向上とあいまって、多数の諸大夫が補任（ぶにん）されただけでなく、立烏帽子（または風折烏帽子）に狩衣を着した五位の布衣、また御剣役として供奉する布衣が定められたものと思われる。

多忙な挨拶廻りと来客

七月二十四日に聚楽第出仕・関白への拝謁、同二十五日に参内を果たした輝元は、翌二十六日から二十八日頃まで、連日に諸大名邸への挨拶廻りを行なっている。日記には輝元が赴いた諸大名の訪問先と、またこの間に輝元の宿所に来訪のあった人々の名が書かれている。むろん輝元の訪問先については「此の外の大名衆へ歴々御出で候。記し難し」「此の外に御出での所多く、これを記し難し」として書き切れないとしている。また輝元の宿所に来訪のあった人々についても「其の外に御出で候衆歴々」などと記しており、そのすべてではないらしい。それでも多数であり、この期に上洛した大名関係の記録では、これだけ詳細なものはほかに見あたらない。ことに輝元が諸大名に贈った進上品目が、その相手によって差異のあったことがうかがわれ、じつに興味深い。その贈答の概要は一一二〜一一五頁のようになっている。

こうした輝元の外出・挨拶廻りには、いつも小早川隆景と吉川広家および穂田元清・福原元俊・口

毛利輝元上洛日記（天正十六年七月二十五日〜七月二十九日）

七月二十五日

諸大名衆へ御礼、黒官殿（黒田孝高）・壱岐殿（毛利吉成）が御案内者、隆景・広家御供大政所様へ赴く
銀子百枚・白糸三折を進ず
大和大納言様（秀長）へ赴く
御太刀一腰金覆輪・御馬一疋栗毛・銀子二百枚を進ず
御末様（奥方）へ　銀子二十枚・紅糸一折（十斤・一斤は百六十匁）
同御内衆（家臣）へ　福智三河守（政直）・桑山修理大夫（重晴）・羽田長門守（正親）・黒田九兵衛に各御太刀・銀子五枚
また藤堂与右衛門（高虎）・多賀善右衛門に各御太刀・銀子十枚を進ず
近江中納言殿（秀次）へ赴く
銀子二百枚・御太刀一腰金覆輪・御馬一疋黒毛・御鷹一居・白糸三斤を進ず
同御内衆へ　白井権大夫（成定）に御太刀・銀子五枚
駿河大納言殿（徳川家康）へ赴く
御太刀一腰金覆輪・御馬一疋代銀十枚・御鷹一居を進ず
同御内衆へ　本多中務少輔殿（忠勝）・大久保新十郎に各御太刀千疋
備前宰相殿（宇喜多秀家）へ赴く
銀子五十枚・御太刀一腰金覆輪・御馬一疋を進ず
同内衆へ　明石伊予守・長船越中守に各御太刀・千疋
前野但馬守殿（長康）へ赴く
御太刀一腰金覆輪・御馬一疋・銀子十枚を進ず
富田左近殿（一白）へ赴く

御太刀一腰金覆輪・御馬一疋・銀子十枚を進ず
「此の外の大名衆へ歴々御出で候。記し難し」
勧修寺殿（晴豊）へ赴く
御太刀・銀子十枚を進ず

七月二十六日

浅野弾正少弼殿（長政）の請待に赴く
銀子五十枚・御太刀一腰金覆輪・御馬一疋を進ず
同息（幸長）へ　御太刀一腰・鳥目千疋を進ず
この時御能あり、観世太夫・狂言太夫らに
御袷一・帷子一・御太刀・三百疋、
此の代計百六十八貫
増田右衛門殿（長盛）へ赴く
御太刀一腰金覆輪・銀子三十枚を進ず
民部卿法印（前田玄以）へ赴く
銀子二十枚を進ず
石田治部少輔殿（三成）へ赴く
御太刀一腰金覆輪・銀子三十枚を進ず
木村常陸介殿へ赴く
御太刀一腰金覆輪・銀子十枚を進ず
近江中納言殿（秀次）の宴に赴く
御太刀一腰金覆輪・御馬一疋鹿毛・縮羅百端を進ず
この時に召出された秀次家臣、一柳伊予守（一豊）・山内対馬守（一豊）・堀尾帯刀左衛門（吉晴）・
中村式部少輔（一氏）ら御太刀・三百疋にて罷出る

七月二十七日

森勘八殿(高政)の請待に赴く
御太刀一腰金覆輪・銀子二十枚を進ず
舞あり、幸若に御太刀・五百疋、同座の衆へ千疋宛

河井摂津守殿へ赴く
御太刀一腰金覆輪・銀子十枚を進ず

長東新三郎殿へ赴く
御太刀・銀子十枚を進ず

豊田玄蕃丞殿へ赴く
御太刀・銀十枚を進ず

近江中納言殿(秀次)より、御音信として御樽二十・御肴十折、
御使は白井権大夫
「其の外に御出で候衆歴々」

七月二十八日

幸蔵主より、御使にて御帷十を贈られる

七月二十九日

高野安養院が来宿、縮羅三十端・樽二十・折五・昆布一折を贈られる
多賀不動院より使者にてゆがけ十具染皮・御樽肴を贈られる
大名衆へ御礼廻り、隆景・広家御供、
黒田官兵衛殿(孝高)、道三(曲直瀬)・宗及(津田)が案内
尾州内府様(織田信雄)へ赴く
御太刀一腰金覆輪・御馬一疋・御鷹一居・虎皮三十枚を進ず
丹波少将殿(豊臣秀勝)へ赴く
御太刀一腰・御馬一疋・御鷹一居・豹皮三十枚を進ず

侍従蜂屋出羽守殿（頼隆）へ赴く
　御太刀一腰金覆輪・銀子二十枚を進ず
長岡玄旨法印（幽斎）へ赴く
　御太刀一腰金覆輪・銀子十枚を進ず
侍従羽柴筑前守殿（前田利長カ）へ赴く
　御太刀一腰・御馬代千疋を進ず
越後宰相殿（上杉景勝）へ赴く
　御太刀一腰・御馬代千疋を進ず
侍従長岡越中守殿（忠興）へ赴く
　御太刀一腰・御馬代千疋を進ず
侍従池田三左衛門殿（照政）へ赴く
　御太刀一腰・御馬代千疋を進ず
少将織田上野介殿（信包）へ赴く
　御太刀一腰・御馬代千疋を進ず
侍従毛利河内守殿（秀頼）へ赴く
　御太刀一腰・御馬代千疋を進ず
木食上人（応其）へ赴く
　銀子二十枚を進ず
施薬院（秀隆）へ赴く
　銀子二十枚を進ず
宗易（千利休）へ赴く
　銀子十枚を進ず
「此の外に御出での所多く、これを記し難し」

羽春良・渡辺長らが御供として同道していた。また七月二十五日には「黒官殿・壱岐殿御案内者也」として黒田官兵衛孝高と毛利壱岐守吉成が同行し、また二十九日には「黒田官兵衛殿・道三・宗及御案内者」のように、黒田孝高とともに曲直瀬道三と津田宗及が案内役をつとめたのであった。

日記でまず注目されるのは、人名に「様」「殿」、あるいは官途通称のみで何もつけない（呼び捨て）といった、敬称の書き方に区別がなされていることである。すでに二十三日の聚楽第出仕の箇所に、関白様・北政所様・金吾様（小早川秀俊）とあったが、二十五日以降の挨拶廻りの記述においては、「様」は大政所様と、大名では大和大納言様（秀長）および「尾州内府様」（内大臣織田信雄）のみである。

その他の者については、基本的に大名は「殿」、そし大名の内衆（家臣）は敬称のない呼び捨てで書かれている。秀吉甥の秀次にしても「近江中納言殿」、その弟秀勝も「丹波少将殿」となっている。また宇喜多秀家は「備前宰相殿」、上杉景勝は「越後宰相殿」、徳川家康でさえ「駿河大納言殿」であった。大名家の内衆については、豊臣秀長・豊臣秀次の内衆も、宇喜多秀家・上杉景勝の内衆もみな呼び捨てである。彼ら内衆は、いずれも五位の諸大夫に叙任されているが、陪臣（ばいしん）ということで、身分的には格下に扱われていたようである。唯一の例外として徳川家康の内衆本多忠勝が「本多中務少輔殿」とあるが、これはたぶん記述の誤りであろう。

また人名の表記についていまひとつ注目されるのは、大名の身分による区別である。すなわち参議以上の場合は、備前宰相殿・越後宰相殿・近江中納言殿・駿河大納言殿のように、居所・国名と官職名で呼ばれ、名字（苗字）が書かれていない。それから少将・侍従には、少将池田三左衛門殿・侍従長岡越中守殿のように、官職名・名字および官途通称が書かれている。そしてそれ以下の身分の大名・武家衆については、浅野弾正少弼殿・石田治部少輔殿のように名字と官途通称で書かれるといった区別がなされていることである。

なお、この中で羽柴姓が用いられているものが一名いる。それは「侍従・前田子也、羽柴筑前守殿」とあるものである。これは右近衛権少将前田利家の子である侍従前田利勝のこととわかるが、聚楽第行幸の際における起請文では、前田利勝は越中侍従と書かれている。ちなみに筑前守は前田利家が秀吉から賜った通称で、利勝のそれは肥前守が正しい。

秀吉が諸大名・武家衆らに対して羽柴姓を授与するようになるのは天正十五年頃からである。そしていま少し後の文禄期になれば、豊臣政権下の大名はそのほとんどが羽柴姓を称するようになる。しかし天正十六年七月の時点においては、羽柴姓は秀吉と特別な関係にあった一部の大名のみに授与されていたものであったらしい。

次に輝元から諸大名への進物を見ると、相手により三形式ほどに区別されていた。それは、

①御太刀一腰・御馬一疋・銀子および鷹・虎皮・豹皮その他を加える

②御太刀一腰・御馬一疋・銀子

③御太刀一腰・銀子　または御太刀一腰・御馬代千疋（銭）

というものであった。

すなわち①の形式は尾州内府様（織田信雄）・大和大納言様（豊臣秀長）・近江中納言殿（豊臣秀次）・丹波少将殿（豊臣秀勝）・駿河大納言殿（徳川家康）の五名で、太刀は式正の金覆輪、馬は現物とし、ことに秀長や秀次には栗毛・鹿毛（かげ）などと毛付のみごとな駿馬を用意し、これに銀子または鷹・白糸その他の逸品を添えて進上している。

また②も太刀は金覆輪・馬は現物とし、これに銀子を添えるもので、基本的には参議・少将・侍従以上の大名への進上である。

そして③は一般の大名・武家衆への進上で、太刀は必ずしも金覆輪に限らず、塗り鞘のものを主としたのであろう。馬も現物ではなく、馬代として銀子または銭が贈られた。

銭は青銅・鳥目（ちょうもく）・鵝眼（ががん）などとも称された穴開きの銅銭である。多くは中国（明）銭の永楽通宝で、その単位は銭一枚を一文とし、十文を一疋といい、また百文を紐で束ねて一連または一結などとも称した。そして千文を一貫文とし、この場合には百疋で一貫文、千疋で十貫文となる。なお金一両（四匁三分）は銭四千文（四貫文）、銀一貫匁は金十六両であった。

公家の勧修寺晴豊へは太刀・銀子であるが、木食上人応其（もくじきしょうにんおうご）・施薬院秀隆・千利休などの武家以外の者には銀子のみ、また観世太夫・狂言太夫らに太刀・銭千疋が与えられているのは、彼らが侍身分であったからであろう。

それにしても輝元は、初めての上洛とはいえ、聚楽第出仕と参内、それに来客との対応や諸大名邸への挨拶廻りという、なんとも大変な忙しさであった。ここに列記した五日間における挨拶廻りだけでも三十二家を数える。まさに分刻みのように多忙な毎日を送っていたのであろう。

関白御成の行列を見る

七月晦日は、大和大納言秀長の「御請待」に出掛けた。この日は関白秀吉の御成（おなり）が予定されており、輝元は隆景・広家とともに御相伴として招かれたのであった。

辰の刻（午前八時頃）、輝元は宿所を発って浅野弾正少弼長政邸に赴き、ここで衣装を改めた。日記には、

「殿様御冠に黒き御装束にて石帯を召され、御出でなされ候。隆景様・広家様も黒き御装束にて御供候」

とある。

殿様つまり輝元は、冠をかぶり黒袍の上に石帯を着けたというから、参議叙任の御礼として参内した時と同じ束帯姿で、また隆景・広家も四位の黒袍を着けた束帯姿で御供をしたというのは驚きであ

る。なぜなら束帯は朝服すなわち朝廷出仕の制服で、それを朝廷以外の場所において、上卿や勅使の参向ならばともかく、関白の大名邸御成のために大名が束帯を着用するというのは、公家社会の慣習からすれば、まったくの新儀といえるからである。

浅野邸で束帯装束に改めた輝元は、巳の刻（午前十時頃）、秀長邸に向かった。御供は風折烏帽子狩衣姿の国司隼人佐が御剣役をつとめ、束帯赤装束の諸大夫穂田越前守・福原上総介・口羽伯耆守・渡辺飛騨守・松山兵庫頭・堅田兵部少輔・林肥前守ならびに風折烏帽子狩衣の粟屋右近大夫らが従った。

この穂田以下の冠赤装束七名と、国司・粟屋ら風折烏帽子狩衣の二名は、前日に参内してそれぞれ諸大夫・布衣に叙任された者たちである。このほかにも多数の烏帽子直垂姿や肩衣姿で従う警護の士があった。

浅野文庫所蔵の『諸国古城之図』におさめる「山城聚楽図」に見ると、大和大納言秀長の屋敷は、土居をめぐらした聚楽第城域の南門を入ったすぐ右脇（東南）に位置し、これに隣接して浅野長政邸がある。毛利主従は秀長邸に到ると、御供の衆は前庭に控え、輝元のみが奥へ進んだ。

関白の秀長邸到着は午の刻（正午頃）の予定である。おそらく輝元は御相伴として来邸していた大名・公家衆らと門前まで迎えに出たことであろう。聚楽第の大きさは約七百メートル四方といわれる。それでも北部の奥に位置する本丸御殿から南端の秀長邸までの距離は、せいぜい五、六百メートルほ

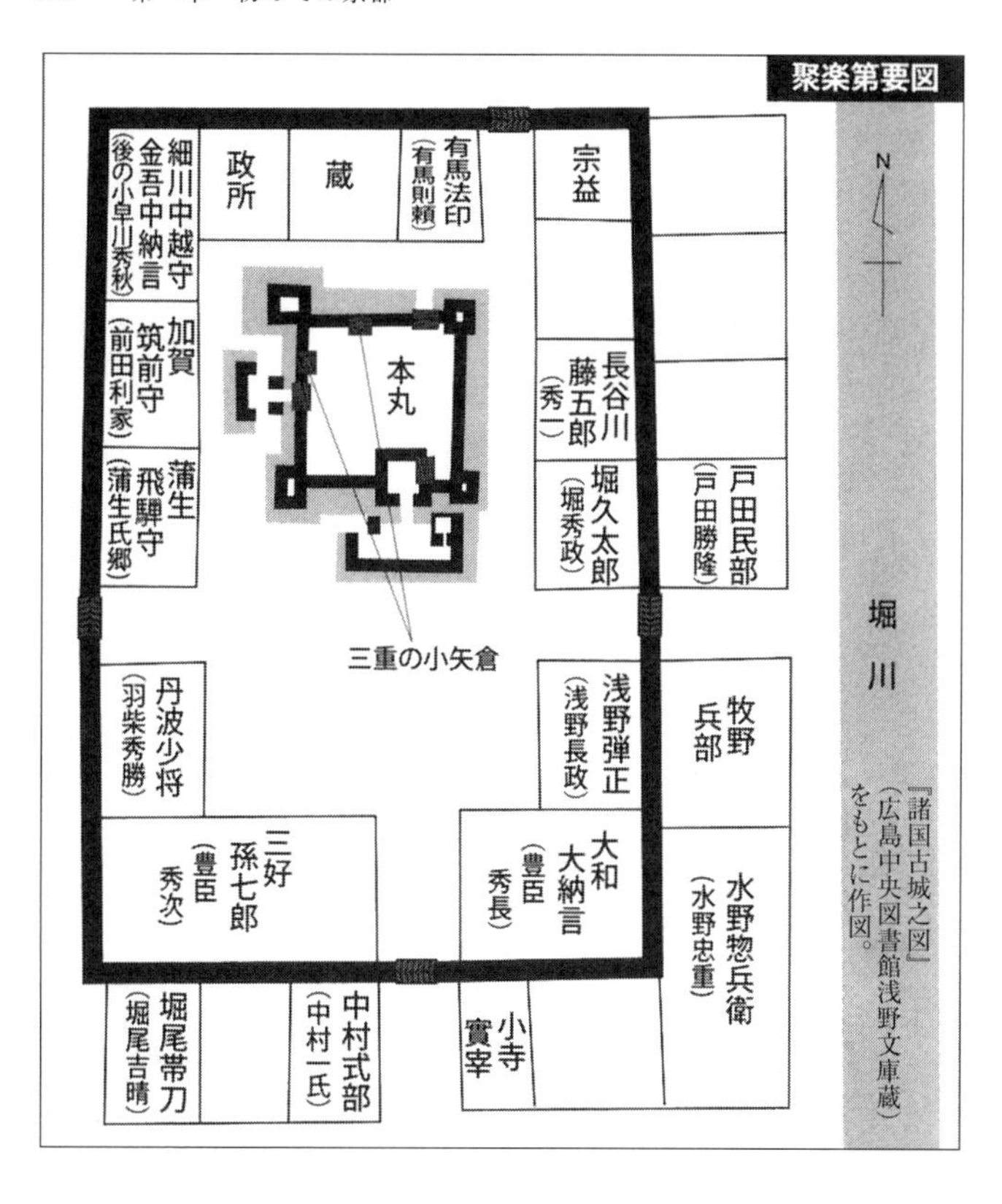

『諸国古城之図』(広島中央図書館浅野文庫蔵)をもとに作図。

どであろうが、関白は式正の御成の行列をもって臨んだのであった。

やがて行列が近づいてきた。関白は輿に乗り、そのいでたちは「立烏帽子白き装束」というから、束帯ではなく直衣姿であったようである。夏の直衣の料は、縠紗（織目を透かして薄く織った絹織物）で裏を付けないために二藍を使用し、紋様には三重襷（三重菱）が好まれた。二藍の色模様も冬の料と同様に、若年はやや赤みのある青色であるが、中年以降には紅を薄めて藍とする。さらに年齢を重ねるとともに藍を淡くし、老年にいたっては白にしてこれを宿徳の直衣と称した。天正十六年は秀吉五十二歳であるから、その日の関白は立烏帽子をかぶり、有紋紫の指貫袴をはき、老齢の料である白の宿徳直衣を着けていたものとみえる。

さて、日記にはその「関白様御成の次第」として行列の構成を記している。関白秀吉の出行については『聚楽第行幸記』に行幸供奉の行列が見えるが、通常の御成における行列の次第をうかがう記述はほかに見られないから貴重といえる。

そこで聚楽第行幸の際の行列をも参照しながら、関白秀吉の日常の出行における行列についてうかがおう。上は『輝元公上洛日記』に見える秀長邸御成の行列、下は『聚楽第行幸記』に記す行幸供奉の行列である。

関白御成の行列	行幸供奉における関白の行列
白傘袋（一人）・白張（二十人）	前駈（左右三十七騎）

御小者（二十人二行）
諸大夫衆（五十人二行）
公家衆
御長刀（左右二柄）
御輿　左に御剣持・右に御腰物
烏帽子直垂の衆（二百ばかり）
金吾様御輿（御供は肩衣袴）

雑色（左右各三十人）
随身（左右各三人）
布衣（三行）
牛車（左右に御舎人・車副）
烏帽子着（数百人三行）
御傘持
武家の少将・侍従（二十七人）

という構成であった。

白傘袋を捧持する御傘持は、足利将軍の先例では御輿の後ろで、聚楽第行幸供奉の際も、秀吉の牛車の後ろであった。ところが秀長邸御成の行列では最初に書かれている。不確かではあるが、あるいは白傘袋持を先頭にして、その後ろに立烏帽子白張の雑色二十人が左右二列で進んだのかもしれない。

次に御小者二十人二行の内容はわからないが、日常の出行であることから、肩衣袴の平侍と思われる。中世武家の行列では、主人の前を進むものを前駈、後ろに従うものを後駈と称する。前駈では後ろが上位で、主人の近くの左が上手、右が下手である。また後駈では主人に近い左右の順、ついで二番、三番と後ろに続くほど下手となる。

次に諸大夫衆五十人、これは五位に叙せられている大名クラスの豊臣家臣であろう。赤装束の束帯姿で二十五人ずつ二行に分かれている。聚楽第行幸では関白の前駈としてまず左に増田右衛門尉（長盛）、右に石田治部少輔（三成）以下各三十七騎がいずれも雑色・馬副を従えて二行で前行した。ただしこの日の御成に供奉した諸大夫はいずれも徒歩であろう。

次の公家衆は「御公家衆冠に黒き装束に笏を持たせられ二行に御供候」とあるが、人数も書かれておらず特定ができない。聚楽第行幸では公家衆はすべて天皇に供奉し、武家公卿も天皇輦輿の後駈として従い、関白の御供は少将・侍従以下の武家衆のみであった。したがって秀長邸御成の行列に見える公家衆というのは、あるいは御相伴として招かれた公家衆の内の何人かが同道したのかもしれない。

そして中間の士が梨子地柄の御長刀（薙刀）を左右に捧持した後ろが関白の御輿である。輿は前後各三人ずつ六名の力者によって担がれる。御輿の左に御剣役、右に御腰物役が、いずれも「持ち手装束」の「布衣」で供奉した。行幸供奉の際の御調度役は、豊臣家臣を褐冠細纓老懸の召し具装束に仕立てたが、通常の御成では布衣というのが関白秀吉の特色である。

御輿の後には、「烏帽子直垂の衆二百ばかり」が後駈をつとめた。彼らは豊臣家の侍衆であろう。

そして行列が秀長邸に入ると、公家衆のみが御供をして正殿に進み、「御輿ぬりこし也。御縁まで舁上げられ」とあるから、塗り輿は関白が乗ったまま正面の木階を縁まで担ぎ上げられ、ここで関白が下輿した。その際に伺候して前簾を上げて関白を導いたのは御供の公家衆であろう。

なお、記述はその後に「金吾様御輿也。此の御供衆は肩衣袴なり」とあるから、関白が秀長邸正殿に入った時、後駈をつとめていた金吾秀俊の行列集団は、いまだ到着していなかったものと思われる。

ところで、輝元が関白の行列を目にしたのは、初めてのことではなかった。一昨日には関白とともに叙任御礼の参内、および上皇御所への院参（いんさん）を遂げ、その帰途には輝元自身が関白の御供として施薬院までの行列に供奉していたはずである。しかしこの日の秀長邸御成では、御迎えとして行列の一部始終を見たことであろう。

それにしても、聚楽第は関白みずからの城である。しかもその城内の本丸御殿から秀長邸までのわずかな距離を、このように大仰な行列をもって御成をする秀吉という型破りな男に、輝元もさぞ度肝を抜かれたにちがいない。

日記には秀長邸御成における饗宴（きょうえん）の座配図（一二七頁）が載せられている。

これも聚楽第と同じく上壇（高間）を備えた広間である。上壇中央に関白が座している。下壇の座配は、上手（左側）に駿河大納言家康以下武家衆が座し、下手（右側）に大納言勧修寺晴豊以下の公家衆が座す形になっている。しかしこれは、聚楽第の広間とは規模が異なり、上壇左側に張り出し部分がないからと思われる。そこで上壇の関白の右上手に聖護院門跡准后道澄と並んで菊亭右大臣晴季が座し、左下手に尾州内大臣織田信雄が対座したため、左側に武家衆、そして右側に公家衆という、通常とは異なる座配となったのであろう。

この図に参会者の名を見ると、すでに七月二十四日の聚楽第出仕の際に面識あるのが、公家衆では聖護院准后道澄・日野大納言輝資の二人だが、菊亭右大臣晴季とは、七月二十八日に関白の御供で参内し、天盃を賜った際に同席していた。中山大納言親綱と藤右衛門督高倉永孝の二人は初対面である。

また武家衆では、大和大納言秀長・近江中納言秀次とはすでに数回の面識があり、駿河大納言家康・越後宰相景勝・敦賀侍従蜂屋頼隆・丹後侍従長岡忠興とも七月二十四日の聚楽第出仕で同席しているが、備前宰相宇喜多秀家は初めてである。

ここで興味深いのは、過日の聚楽第出仕の座配図では、島津・立花・龍造寺と名字だけのものが、ここには薩摩侍従島津（義弘）・肥前侍従龍造寺（政家）・柳川侍従立花（統虎）と書かれ、同様に小早川隆景も筑前侍従、そして吉川広家も新庄侍従として記されていることである。輝元が関白の御供として参内し、天盃を賜ったとき、四位侍従に叙された隆景・広家も、他の島津・立花・龍造寺とともに天顔を拝して御礼をしていた。

それゆえ、この秀長邸御成の意図は、新たに参議に任じられた輝元と、同じく侍従に叙された隆景・広家および島津・立花・龍造寺らの新参大名を招いたのであろう。そして彼らに聖護院准后・菊亭右大臣ほか数名の公家衆の実力者と、織田信雄・徳川家康・豊臣秀長・豊臣秀次・宇喜多秀家・上杉景勝ら公卿の列にも加えられている重鎮ほか数名の大名との顔合わせにあったのかもしれない。

秀長邸御成の内容・次第について詳しくは書かれていないが、五番の能組を観ながらの饗宴であっ

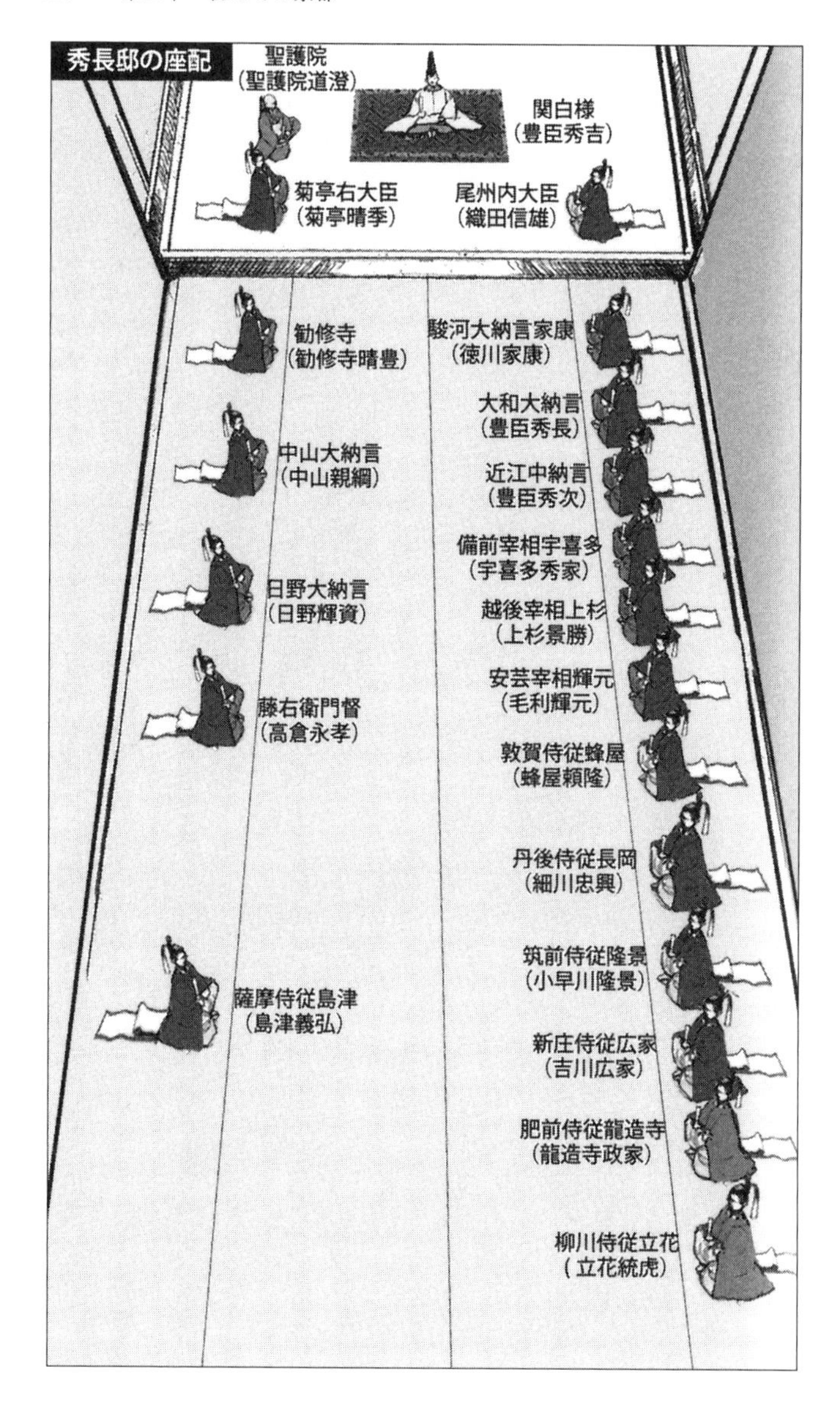
秀長邸の座配
聖護院
(聖護院道澄)
関白様
(豊臣秀吉)
菊亭右大臣
(菊亭晴季)
尾州内大臣
(織田信雄)
勧修寺
(勧修寺晴豊)
駿河大納言家康
(徳川家康)
大和大納言
(豊臣秀長)
中山大納言
(中山親綱)
近江中納言
(豊臣秀次)
備前宰相宇喜多
(宇喜多秀家)
日野大納言
(日野輝資)
越後宰相上杉
(上杉景勝)
藤右衛門督
(高倉永孝)
安芸宰相輝元
(毛利輝元)
敦賀侍従蜂屋
(蜂屋頼隆)
丹後侍従長岡
(細川忠興)
筑前侍従隆景
(小早川隆景)
薩摩侍従島津
(島津義弘)
新庄侍従広家
(吉川広家)
肥前侍従龍造寺
(龍造寺政家)
柳川侍従立花
(立花統虎)

た。「御配膳」は毛利河内守侍従秀頼と尼子宮内少輔宗澄が「何れも冠装束」で、また「御通ひ」（加用）は諸大夫が「各冠装束にて」つとめ、御簾役は浅野弾正少弼長政・脇坂中務少輔安治・増田右衛門尉長盛・片桐嘉兵衛貞隆が同じく冠装束でつとめた。

ちなみに配膳は文字通り膳を配することで、加用も内容は同じであるが、足利将軍家では将軍御前における配膳と、大名における加用との用語の区別があった。これにならって関白の配膳と他の人々への加用とを区別したのであろう。

饗応の献立も明らかでないが、進物の様子から初献から七献までの仕立とわかる。肴・料理と盃を出して進めることを献といい、これを七回重ねるのが七献である。そして各献の間に、亭主秀長から関白への引出物の進上がなされた。進上の披露は前野但馬守長康であった。

ところで、輝元が関白に会ったのはこの日で四度目である。最初の聚楽第出仕は、輝元が烏帽子直垂で、関白は小袖袴に胴服の平常着であった。また四畳萱葺の茶湯座敷に招かれた時も、関白は渋紙の胴服をはおり、頭に頭巾を載せたひょうきんな姿をしていた。また参内には輝元と同じ朝廷出仕の制服である束帯姿であった。そしてこの秀長邸御成で見る関白は、立烏帽子に白い宿徳の直衣姿である。

宇和島伊達文化保存会蔵の豊臣秀吉画像（重文）は、冬の直衣に、紫地に白く浮織物の丸紋様を配した指貫をつけ、明国より贈られた唐冠をつけた冠直衣姿である。右手には、親骨に紋形をこしら

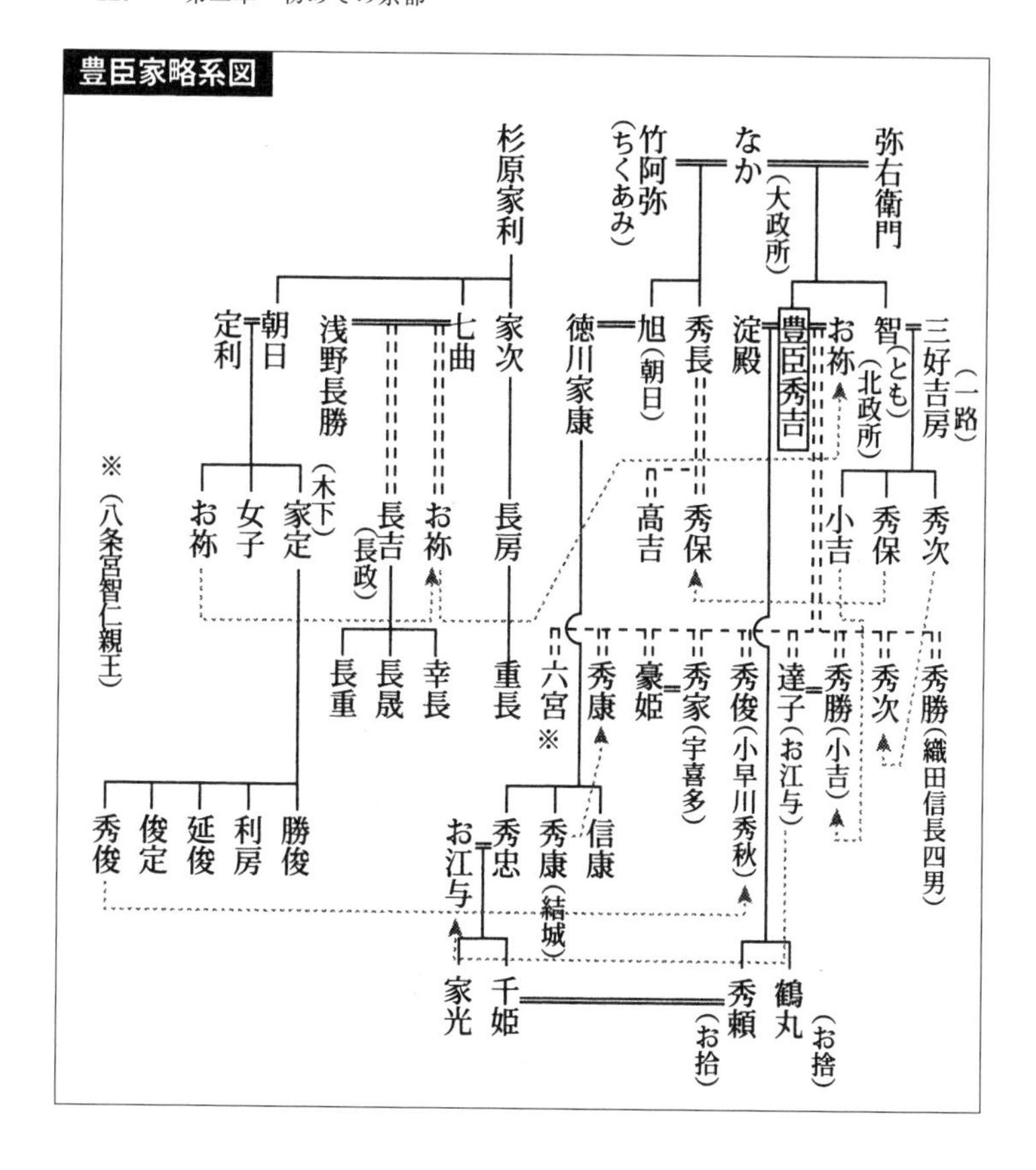
豊臣家略系図
弥右衛門
なか（大政所）
竹阿弥（ちくあみ）
杉原家利
三好吉房（一路）
智（とも）
お祢（北政所）
豊臣秀吉
淀殿
秀長
旭（朝日）
徳川家康
家次
七曲
浅野長勝
朝日
定利
秀次
秀保
小吉
秀保
高吉
長房
お祢
長吉（長政）
家定（木下）
女子
お祢
※（八条宮智仁親王）
秀勝（織田信長四男）
秀次
秀勝（小吉）
達子（お江与）
秀俊（小早川秀秋）
秀家（宇喜多）
豪姫
秀康
六宮※
重長
幸長
長晟
長重
信康
秀康（結城）
秀忠
お江与
勝俊
利房
延俊
俊定
秀俊
鶴丸（お捨）
秀頼（お拾）
千姫
家光

えた檜扇を笏のように握り、両肘を張って衣紋(えもん)をつくろい、袖口より赤の単(ひとえ)をのぞかせている。袍の色を老年の料である表裏ともに白の重ねとし、太閤晩年の姿であることを示している。秀吉薨去(こうきょ)の翌年にあたる慶長四年の賛をもつ。室内は高麗畳(こうらいだたみ)の上に五彩の繧繝縁(うんげんべり)の畳を重ね、唐花紋錦(からばなもんにしき)の茵(しとね)を置き、御簾を巻き上げ、山水絵障子の陰には、唐鍔(からつば)をつけた金装包みの太刀が置かれている。

私はこの画像の唐冠を立烏帽子に替えれば、秀長邸御成すなわち輝元が目にしている関白秀吉の白い直衣姿のそれになるのではないかと想像している。まさに、

——馬子にも衣装

といった観がある。

この場にいる人々の装束は、聖護院准后は法服であるが、他の大臣・大納言以下がみな束帯に身を正して官位の順に列座し、それを隔てて遥かに仰ぎ見る白直衣を着けた関白秀吉の姿は、いかにも威風堂々として、威厳と風格さえ感じられたにちがいない。

これはひとり輝元のみならず、その場に同席している島津・立花・龍造寺らの大名たちも、同じような印象を抱いたことであろう。

第三章　楽しき京都

八朔節供

暦は八月に変わった。国元を出立したのが七月七日であったから、そろそろひと月近くになる。この年の七月は、西日本の降雨が少なかったのであろうか。日記に雨天を記すのは、瀬戸内の航行中では、十日の夜に激しい雷雨の中を尾道に着いたのと、十二日の夜に讃岐塩飽で舟遊びを楽しんでいた最中に、にわか雨に降られたことだけである。また京都に入ってからは、二十四日の聚楽第出仕が生憎の雨の中に行われたのと、二十六日に浅野長政邸の招待に臨んでいる時に雨模様となり、翌二十七日にも雨が降っただけで、他は「天晴」であった。

蒸し暑い京都の、しかも緊張に包まれた正装での聚楽第出仕や参内、そして挨拶廻りや来客との応対など、輝元主従は暑さをこらえての、さぞかし大変な毎日であったことだろう。

八月朔日「卯の刻に穂田元清御太刀・御馬代にて御出仕候。隆景様・広家様御太刀・御馬にて御参候」とある。卯の刻（午前六時頃）というから早朝である。元清は太刀と馬代の銭を、また隆景・広家は太刀と馬を持参して妙顕寺の宿所にやってきた。しかも「御出仕」「御参」とあるから、輝元への正式な御礼出仕である。これは室町時代に八月朔日には、八朔節供あるいは憑の節供と称する贈答の儀礼がなされていたが、その風習が毛利氏の領国にもあったことをうかがうものとして興味深い。

八朔は今日でいえば、日頃お世話になっている上司や目上の人に、御礼の意を込めた贈り物をする、お中元の風習に類似している。八朔贈答の起源は農村の収穫を前にした予祝儀礼（前祝行事）にある。旧暦の八月一日頃、虫送り、鳥追い等をして豊作を祈念し、作物の初物を作の神やその作に協働してくれた人々に分かつことにより、豊作をこいねがうという呪術的なものに起因している。またままで農事によく働いてくれた牛や馬に感謝してこれを慰労し、稲作協力者たちに早稲（田実）を分かち、稷り入れの協力を頼むといった、協同精神を協調しつつ豊作を願ったのが、この八朔行事の起源と考えられている。そして八朔の贈答品にしばしば牛馬や茶碗・鍋等が見られるのも、その農村風俗の反映で、これが後世、馬の作り物を贈ったり、この節供を馬節供と称したりするようになったといわれる。

東国出身の足利氏が、村落の指導者たる武者たちを率いて京都に政権を置いたため、そうした農村の習俗が都市にもたらされ、やがて武家・公家の行事として発展していった。

室町幕府では、義満将軍期頃にはすでに八朔の贈答が年中行事として成立し、朝廷・幕府間の憑の贈答および公家衆・武家衆らの室町邸参賀と憑の贈答が公式儀礼として定着し、戦国期まで行われていた。

幕府から朝廷に献じられる品は、はじめは様々であったが、義政期頃から太刀と馬に定まり、幕府への進上品目は身分によって差異もあるが、大名クラスのそれは太刀と馬、または太刀・馬代というのが慣例であった。

織田政権では、八朔は武家の公式儀礼としては存在していなかった。ところが豊臣政権では、秀吉が関白に任官した頃から八朔儀礼の記事が見られるようになり、天正十五年（一五四六）には竣工したばかりの聚楽第で八朔参賀が行われた。秀吉の聚楽第移住は九月十三日のことだが、それに先立ち公家衆・諸大名らの八朔参賀を聚楽第で受けたのであった。

そしてこの天正十六年の八月朔日も、聚楽第において関白秀吉への参賀が行われることになっている。

輝元は辰の刻（午前八時頃）に宿所を出て津田宗及邸にて「御冠に黒き御装束」すなわち束帯姿に改め、布衣の御剣役粟屋右京大夫を従えて聚楽第へ出仕し、関白へ御太刀金覆輪一腰・鞍・銀子十枚を進上した。奏者は冠装束の前野但馬守長康であった。

聚楽第には諸公家・諸大名が多数出仕していた。「隆景様・広家様、同時に御参候えども、御残りにて申の刻に御対面」とあるように、隆景・広家も輝元と同時に出仕したが、彼らの関白への御対面は他の諸大名らと一緒で、申の刻（午後四時頃）まで待たされることになった。

それは午の刻（正午頃）から、関白に招かれた特別な人々だけの一献が予定されていたからである。

その関白の御相伴を許された顔ぶれとは、一条前関白准后内基・聖護院准后道澄・二条前関白昭実・仁和寺宮守理親王・近衛左大臣信輔・勧修寺門跡・梶井宮最胤親王・鷹司大納言信房・実相院門跡・菊亭右大臣晴季・北畠内大臣・大炊御門大納言経頼らの公家衆十二名と、大和大納言豊臣秀長・駿河大納言徳川家康・近江中納言豊臣秀次・備前宰相宇喜多秀家・越後宰相上杉景勝、それに新参の安芸宰相毛利輝元を加えた武家衆六名の計十八名であった。

この中の武家衆は輝元を含めて参議以上のいわゆる武家公卿であるが、公家衆は前関白・大臣・宮門跡と、公卿でも大納言以上の貴人に限られている。関白の御前に末席とはいえ、高位高官の公卿の列に加えられた輝元の胸中は、きっと喜びにあふれていたことだろう。宰相とは参議の唐名すなわち中国風の呼び名である。

ちなみに、武家の宰相である秀家・景勝・輝元の三名のうち、秀家はすでに従三位に叙されており、れっきとした公卿であった。けれども景勝と輝元の官位はいまだ四位で、正式な公卿身分ではないが、参議に任じられることによって、三位の公卿と同等の扱いを受けていたのである。

さて、輝元はこの聚楽第における八朔参賀の帰途、大和大納言秀長および近江中納言秀次邸へ参上し、それぞれに御太刀一腰金（金覆輪）・御馬代千疋を進上して八朔の御礼を行なっている。

日記にはこれに続けて興味深い記事が見える。それは毛利の聚楽第屋敷普請に関するもので、「此の所より直ぐさま、殿様御屋敷へ御出で候て御覧成され、御普請初め仰せ付られ候。御普請奉行は林肥前守・児玉左衛門尉・林木工允なり。御屋敷は立六十間、横六十五間なり。聚楽より辰巳の方、御屋敷の右は備前の宰相殿、屋敷の左は越後上杉殿館なり。前は前野但馬守なり」とある。

これによれば、輝元は関白秀吉から聚楽第周辺に毛利邸の用地を賜り、この八月一日より林肥前守以下三名の普請奉行により建設工事が開始された。その土地は縦六十間（一〇八・六メートル）、横六十五間（一一七・七メートル）で聚楽第の辰巳（巽・東南）に位置し、毛利邸の右隣は備前宰相宇喜多秀家邸・左は越後宰相上杉景勝邸、そして前は前野但馬守長康邸であったという。

ただ、浅野文庫蔵の「山城聚楽図」には浮田（宇喜多）宰相邸の左隣は脇坂安治邸・その前は徳川家康邸で一致しないが、史料的な信頼度は日記の記述のほうが高いであろう。

輝元の京都滞在の日程は、この毛利邸の普請・建設工事とも関係していたらしい。八月六日に「御屋敷へ御出で候て御普請を御覧なされ候」とあるのは、その建設工事の現場を視察したのであり、八月十三日には妙顕寺の宿所に隆景・福原元俊・口羽春良らが集まって「御屋敷の御普請の礎・材木等の御相談」を行い、安芸の国元へ使者を遣わすことを決めている。

この毛利邸新築工事は、輝元の京都滞在中にかなりはかどったらしく、九月二日には

「宗及へ御茶湯に御出で候。直様御屋敷へ御帰りなされ候。隆景様と御内談に候て、御家の指図ども御議定候」

とある。

つまり輝元が津田宗及邸における茶湯の帰途、すぐさま帰った御屋敷とは、この建築中の新邸のことである。その屋敷の間取りや使い方などについて、隆景と相談をしたというから、工事はかなり進んでいたとみえる。けれども翌三日の帰国のための京都出発を「妙顕寺を御打ち立ち候」としているから、いまだ完成・引越しまでには至らなかったものと思われる。

今回の京都滞在における輝元の宿所は妙顕寺で、公家衆や大名などの来客をも妙顕寺に迎えていた。ただし、八月八日の尾張内大臣（織田信雄）・駿河大納言（徳川家康）・大和大納言（豊臣秀長）を招いての饗応だけは、「道三宅に於いて」とあるように、曲直瀬道三邸を借りて行なっていた。寺の境内にある宿所では、いかにも侘しく、趣向を凝らしたもてなしができないからであろう。

名医曲直瀬道三正慶は、かつて織田信長の茶会に招かれたことがあり、また奈良・堺の茶人たちとの交流も深く、富士茄子茶入や名香蘭奢待をも所持していたという数寄者である。おそらくその屋敷も、茶室や見事な庭園を備えた風情のあるたたずまいであったにちがいない。

輝元は曲直瀬邸が好きであったらしい。八月十七日には施薬院での茶湯の帰途、「道三へ御帰り候」として道三邸でしばし休息の後、妙顕寺の宿所に帰った。また八月二十一日には、酉の刻（午後六時頃）「道三へ御出で候て、風呂へ御入り候」として、道三邸の風呂へ入りに行っている。

自邸に立派な湯殿や風呂を構えることは、富裕な大名邸などにはみられるが、まだ一般的ではなかった。この時代の風呂は、後世のような湯槽（ゆぶね）形式のしかも釜が湯槽の中に入った形式のものではなく、風呂といえば蒸し風呂で、広間の一部に小室を作って大釜をすえ、外部から火を焚（た）いて湯気を充満させて温まり、その後洗い場に備えられた陸湯（おかゆ）で汗を流したのである。

道三邸にはこうした風呂の設備も整っており、輝元にとっては、心身の疲れを癒す、このうえない安らぎの場であったのかもしれない。

参議豊臣輝元と羽柴安芸宰相の肩書

輝元が上洛をしてから十日ほど経ち、京都の地理的な様子や人々の風俗にもだいぶ慣れてきたことであろう。

室町時代末期から安土桃山期における京都の町の景観を描いたものに、『洛中洛外図屏風』がある。現在伝えられている主なものは、大永（たいえい）元年（一五二一）から五年頃の景観を示すものとされている町田家本、天文（てんぶん）十七年（一五四八）から永禄（えいろく）七年（一五六四）のそれといわれる上杉家本がある。

そのほか三井文庫蔵の『聚楽第図屏風』は、町屋（まちや）や庶民の姿は少ないが、天正十五年頃の聚楽第周辺を描いているものとして貴重である。

町田家本・上杉家本の『洛中洛外図屛風』に描かれている戦国末期の京都は、寺社の建物や武家屋敷などは、瓦葺あるいは檜皮葺の立派な建物が多い。けれども庶民の町屋・店棚などは、板屋根に石を並べ置いた小規模な家屋である。いっぽう『聚楽第図屛風』に描かれている天正期の京都は、町屋も二階建てが多く、豊かさと活気にあふれた充実した町並みが感じられる。

また風俗的には、戦国期の風潮として服装の簡略化が注目される。男子では烏帽子をかぶらない露頭や、肩衣袴・小袖袴あるいは小袖の着流しが一般的となり、女子も小袖が普及し、上流婦人の間にも打掛・小袖姿が流行した。とはいえ、町田家本や上杉本には、侍烏帽子に素襖を着けた上級武士の姿も多数見られ、いまだに古風な伝統も残っている。

これに対して三井文庫蔵の屛風に見える天正期の京都では、侍烏帽子・素襖を着けた上級武士の姿はない。そして女性の小袖が、華やかさを増しているように感じられる。安土桃山時代になると金銀の摺箔・刺繡や、赤・金など華麗な柄の小袖や、肩裾・肩身替りなどと称する奇抜なデザインによる小袖などが出現するが、そうしたこの期の流行がうかがわれる。

いつの時代においても、服装の流行・変化は、田舎よりも都会のほうが早くて敏感である。おそらく上洛した輝元も、毛利の領国における質素で地味な風俗に比べて、京都の街で見かける男女の華やかさに目を驚かされるとともに、新しい時代の到来をも感じていたことであろう。

ところで、輝元の京都滞在中の記述で注目すべきものがある。それは八月十四日に、関白よりの朱印状が届けられた。内容は九州肥後における一揆の処理に関するものであるが、「御上書は羽柴安芸宰相殿と遊ばされ候」とある。すなわちその手紙の表書きの宛名が、「羽柴安芸宰相殿」と書かれていたことを、特筆しているのである。

おそらく毛利が、このような宛名の書状に接したのは、この時が初めてであったのだろう。すでに参内して参議に任じられたとき、「豊臣輝元」と記された宣旨を受けているが、さらに「羽柴」の称号を与えられたのである。

秀吉が一族以外の者に豊臣姓を授与したのは、天正十六年四月の聚楽第行幸に参加した侍従以上の諸大名らに、連署の起請文を二通に分けて提出させた際のことである。この時、両者を合わせると二十七名の大名が、豊臣姓を称したうえで、朝廷への忠誠と関白への臣従を誓っている。

これに対して羽柴姓の授与はそれよりも早く、天正十五年の四月九日付で、秀吉が九州出陣の部署について指示を与えた朱印状があり、その文書の宛書き十七名の中に、羽柴左衛門尉（堀秀政）・羽柴河内守（毛利秀頼）の二名、また本文中に、羽柴丹波少将（秀勝）・羽柴加賀侍従（丹羽長重）・羽柴松島侍従（蒲生氏郷）・羽柴陸奥侍従（佐々成政）・羽柴敦賀侍従（蜂屋頼隆）の五名、あわせて七名の羽柴姓を称した大名の名が見える。しかしこの羽柴姓も、当初は秀吉とごく親しい近臣のみに授与されたもので、豊臣政権における身分秩序という点では、いまだ世間に広く認知されていなかったのであろう。

さきに七月下旬に上洛した輝元が、挨拶廻りに赴いた諸大名と、この間に宿所へ来訪した人々との贈答について紹介した中に、右の羽柴姓を授与されていた大名が三名含まれている。だが日記にはそれらを、丹波少将殿（秀勝）・侍従蜂屋出羽守殿（頼隆）・侍従毛利河内守殿（秀頼）と記し、「羽柴」の称を使用していない。そして前田利勝だけが例外のように「侍従、前田子也、羽柴筑前守殿」と書かれている。

だが、輝元が在京中の八月十四日に、関白から遣わされた朱印状の上書きに、「羽柴安芸宰相殿」と記されていたということは、豊臣政権がこの頃から諸大名宛の書状に、こうした書札礼を用いるようになったものと推測される。

この後、羽柴姓を称する大名の数は増えていく。たとえば文禄四年（一五九五）七月の関白秀次切腹事件直後に、諸大名から提出された七月二十日付の四通の起請文がある。

これらはいずれも秀吉と嗣子拾丸（秀頼）に対して忠誠を誓ったもので、内容はほぼ同じであるが、署名者が異なっている。そしてこれら四通を合わせての署名者は、じつに三十三名にのぼる。そのうちの織田信雄と、陪臣である井伊直政の両名を除けば、他はすべて「羽柴」姓を称している。

しかもここで注目すべきことは、聚楽第行幸の時の起請文では「秦」氏を称していた長宗我部元親と、同じく「源」氏を称していた徳川家康が、その嗣子秀忠とともにここでは「羽柴」姓を署名していることである。

家康が「豊臣」姓を使用した文書は残されていないが、秀忠に関しては宮内庁書陵部本の「秀忠公任官位記宣旨宣命下書留」の天正十五年八月八日の侍従成ほか三通の宣旨に「豊臣朝臣秀忠」とある事実が確認されている。

また「日光東照宮文書」に収める家康・秀忠の宣旨・位記・口宣案ではすべて源姓であるが、これらは正保二年（一六四五）、徳川家光の要請により朝廷が再製したものであり、この時、家康・秀忠ともに、源氏姓に改めたのであろうというのが学会における定説となっている。

総じて豊臣政権下における大名・武家衆の官途推挙は、政権を介してなされ、朝廷から下される位記・宣旨・口宣案はすべて「豊臣」姓で書かれた。また書札礼等においても、公的には「羽柴」姓を記すことが慣例とされていたのである。

ただ、こうしたことがいつ頃から行われ始めたのかは明確でないが、日記に特筆している朱印状の「羽柴安芸宰相」という上書きから、聚楽第行幸に続く輝元の上洛にかけての時期が、その画期にあったものと考えている。

八月十五日には、秀吉からの呼び出しがあり、戌の刻（午後八時頃）輝元・隆景・広家が揃って聚楽第に参上し、名月を観ながら三十首の和歌会が催された。

そこには公家衆・大名衆も多数参会したようであるが、日記には「記し難し」として省略し、秀吉と聖護院門跡道澄、それに輝元・隆景・広家の詠歌のみを書き留めている。そして輝元・隆景・広家の三人はそれぞれ懐紙の詠歌に「参議豊臣輝元」「豊臣隆景」「豊臣広家」と署名をしていた。

摂家が居並ぶ秀次邸御成

八月二日、輝元は近江中納言秀次の「御請待」に、隆景・広家とともに参席した。この日も関白秀吉の御成が予定されている。

秀次は秀吉の姉の子で、父は三好吉房である。天正十二年（一五八四）頃までは阿波におり、三好孫七郎と称していたが、同十三年六月に中納言となり、ついで近江・大和等で四十三万石を与えられ、近江八幡山城主となった。同十九年には子宝に恵まれなかった秀吉から関白職を譲られ、豊臣家の相続をも約束されるが、それは後のことである。しかしこの天正十六年の時点においても秀吉の信任が厚く、叔父秀長とともに豊臣家の中枢にあった。

輝元は辰の刻（午前八時頃）に宿所を発ち、大谷刑部少輔吉継邸で「御冠黒装束石の帯」すなわち四位参議にふさわしい黒袍の束帯姿に整えた。そして未の刻（午後二時頃）に中納言秀次邸に至った。

隆景と広家も四位侍従の黒袍束帯を着けて輝元の御供に従った。そのほか穂田越前守・福原上総介・口羽伯耆守・渡辺飛騨守・松山兵庫頭・堅田兵部少輔・林肥前守らも、五位諸大夫の赤装束の束帯姿で御供をし、御剣役の国司隼人佐と腰物持の粟屋右近大夫は風折烏帽子狩衣であった。そして秀次邸に入ると、穂田越前守以下は奏者の間まで御供をして御縁に伺候し、その他肩衣袴姿の御供の衆は、御庭にて待機した。

やがて関白の行列が到着した。浅野文庫蔵の「山城聚楽図」には、聚楽第城の南門を入って左側(西)、つまり東の大和大納言（秀長）邸の真向かいに「三好孫七郎」すなわち秀次邸が位置している。したがって本丸御殿から秀次邸までの距離は、向かいの秀長邸までとほぼ同じである。そして関白行列の次第も、さきの秀長邸御成のそれと同様の大仰な行列であったと思われる。

日記によれば、当日の御奏者は前野但馬守（長康）、御座敷奉行は浅野弾正少弼（長政）と増田右衛門（長盛）が、いずれも赤装束の束帯を着け、御膳奉行は民部卿法印（前田玄以）、また関白御配膳の毛利河内守（秀頼）・尼子宮内少輔も束帯姿であった。そして御簾役の浅野弾正少弼・脇坂中務少輔（安治）・増田右衛門・片桐嘉兵衛（貞隆）、および加用（賓客の給仕）をつとめる者は、いずれも赤装束すなわち五位の束帯を着けた諸大夫衆であったとし、次のような座配図を載せている。

この近江中納言秀次邸の広間も、大和大納言秀長邸と同じく上壇（高間）を備えている。この座配を見ると、上壇には関白の御座を中央にして、その左右の上手に聖護院門跡准后道澄と一条前関白准后内基・二条前関白昭実・近衛左大臣信輔・鷹司大納言信孝らの摂家が座し、その下手の縁際に菊亭内大臣晴季と尾州内大臣織田信雄の七名が対座している。

また下壇には公家と武家公卿すなわち参議以上の大名が、官位の順に左右に並んでいる。その顔ぶれは左手に勧修寺大納言晴豊・大炊御門大納言経頼・中山大納言親綱・日野大納言輝資・藤右衛門督高倉永孝の五名が座している。

そして右手には久我大納言敦通・駿河大納言家康・大和大納言秀長・近江中納言秀次・備前宰相秀家・越後宰相景勝・安芸宰相輝元が座し、さらに少し間を空けて、四位侍従の敦賀侍従蜂屋頼隆・薩摩侍従島津義弘・丹後侍従長岡忠興・筑前侍従小早川隆景・新庄侍従吉川広家の五名が居並び、その末座に五位侍従の柳川侍従立花統虎と肥前侍従龍造寺政家が左右に座している。

この座配図には関白を含めて二十七名もの列席者が見え、これまで輝元が経験したものとして最大規模の会合である。ここでまず注目されるのは、この日の御相伴に五摂家のうち九条家を除いた一条・二条・近衛・鷹司の四家が列席していることである。この四家は一日の聚楽第本丸御殿における八朔御礼の一献にもその名が見えているが、その翌日の秀次邸御成にも顔を揃えているのは、関白政権の性格を考えるうえで興味深い。

またこの秀次邸御成の参席者は、『公卿補任』によれば、藤右衛門督（高倉永孝）だけが非参議の公卿であるが、おそらく彼は関白の理髪・衣紋役として出仕していたため、公卿の座の末席に加えられたのである。ただ、このほかに現任公卿にあった権大納言烏丸光宣や足利義昭ほか数名の名が見えないが、この場には当時の朝廷における主要な公家衆のほとんどが列席していたといえよう。

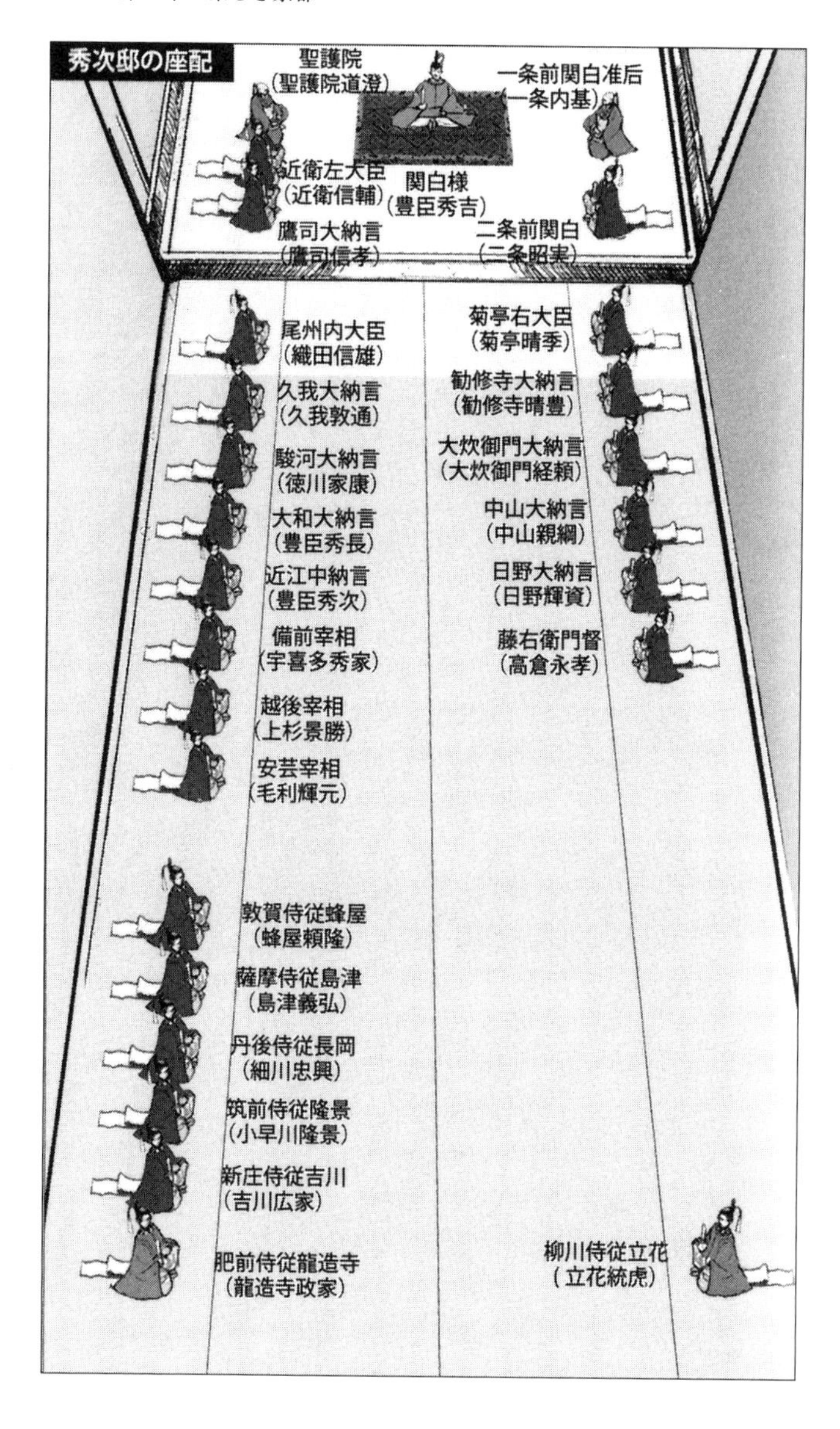
秀次邸の座配
聖護院
（聖護院道澄）
一条前関白准后
（一条内基）
近衛左大臣
（近衛信輔）
関白様
（豊臣秀吉）
鷹司大納言
（鷹司信孝）
二条前関白
（二条昭実）
尾州内大臣
（織田信雄）
菊亭右大臣
（菊亭晴季）
久我大納言
（久我敦通）
勧修寺大納言
（勧修寺晴豊）
駿河大納言
（徳川家康）
大炊御門大納言
（大炊御門経頼）
大和大納言
（豊臣秀長）
中山大納言
（中山親綱）
近江中納言
（豊臣秀次）
日野大納言
（日野輝資）
備前宰相
（宇喜多秀家）
藤右衛門督
（高倉永孝）
越後宰相
（上杉景勝）
安芸宰相
（毛利輝元）
敦賀侍従蜂屋
（蜂屋頼隆）
薩摩侍従島津
（島津義弘）
丹後侍従長岡
（細川忠興）
筑前侍従隆景
（小早川隆景）
新庄侍従吉川
（吉川広家）
肥前侍従龍造寺
（龍造寺政家）
柳川侍従立花
（立花統虎）

朝廷における関白秀吉の具体的な活動についてはよくわからない。けれども輝元の上洛に際して行われたような、聚楽第本丸御殿での御対面や、大納言秀長邸・中納言秀次邸御成の御相伴などに、侍従以上の大名とともにこうした大臣・大中納言の公家衆が招かれることも、頻繁に行われていたのであろう。そしてそれが関白を中心とする公武の交流・政界運営における重要な役割をも果たしていたと思うのである。

関白太政大臣秀吉が参内しての朝議、すなわち朝廷での評議は開かれなくても、聚楽第本丸御殿や秀長・秀次邸で行われた公家・武家公卿の会合が、実質的な朝議の場となっていた。それゆえにこそ、公卿が列席する聚楽第における公式行事や関白御成に参列する武家衆が、朝服すなわち朝廷出仕の制服である束帯を着用して臨んだのであろう。

ちなみに、この図だけでは理解しにくいが、朝廷の服制により座配の模様を想像すると、これらの人々の身分の相違がはっきりとうかがわれる。すなわち、直衣姿の関白と法服姿の門跡・准后は別にして、摂家をはじめ安芸宰相輝元までの上手の公卿の束帯は、いずれも黒袍に有紋の表袴をはき、石帯の石の材質は玉であった。ついでその下手に座す隆景・広家を含む五名の四位侍従の束帯は、同じ黒袍ではあるが、表袴は無地の平絹で、石帯の材質は瑪瑙である。そして末席にいる二名の五位侍従の束帯は、緋（赤）袍に無紋平絹の表袴をはき、石帯の材質は犀角であったはずである。

公家の官位による服装の違いは、このように歴然とした区別がなされていた。こうした点からも、公卿の列に加えられた輝元の胸中の喜びのほどが、いかばかりであったかが察せられるであろう。

さて、聚楽第城内にあった秀長邸と秀次邸は、大名個人の私邸というよりも、いわば関白政権の外交・社交のための施設にひとしく、聚楽第城外の周辺にあった諸大名邸のそれとは、いささか性格を異にしていたのかもしれない。

室町幕府における足利将軍の諸大名邸御成は、将軍と諸大名家との相互関係において行われていたといえる。それは御成の形式が、まずは主殿において式三献（しきさんこん）の儀を行なった後、会所の広間に座を移しての饗応が催される。しかも主殿での式三献の儀は少人数で行われ、通常には亭主である大名とその子息らが陪席（ばいせき）する。この式三献での御酌（おしゃく）は亭主の父子がつとめ、三献目の盃は亭主に賜り、その時亭主は御太刀を進上する。かくして三献を終えると、進上の鞍置馬（くらおきうま）を御目にかけ、将軍は縁にて立ちながら御覧になった後、そのまま縁通りに会所（かいしょ）へ向かい、その後会所において御相伴衆の大名をはじめとする客人たちも列座し、饗応の宴が催されるというのが慣例であった。

これに対して関白の秀長邸や秀次邸御成は、足利将軍御成の慣例とはだいぶ異なっていた。日記の記載を見ると、主殿の儀と会所の宴といった区別はなく、初めから全員うち揃って広間で行われたようである。秀長邸と同じく秀次邸の饗応も七献（しちこん）の仕立てで、しかも宴の初めから演能が行われ、その間に関白への引出物の進上がなされている。

むろん関白への進上の品々や酒食・演能の費用などは、秀長や秀次の負担によるところも大きかったであろう。けれども秀長邸・秀次邸御成における御奏者・御配膳役・御簾（みす）役等はいずれも同一人物であり、その他御座敷奉行・御膳奉行なども豊臣政権の奉行人がつとめている。そしておそらく料理人も同じであったのだろう。つまり秀長邸・秀次邸御成は、関白の聚楽第内の外交・接待の一形態であり、秀長と秀次の屋敷は、その接待所でもあったといえるだろう。

いまひとつ注目されるのは、座配図に見える座次（ざなみ）である。まず上壇を見ると、鷹司大納言信孝が、菊亭右大臣晴季・尾州内大臣織田信雄よりも上手に座し、官位の順序ではない。これは鷹司が摂家ゆえのことである。摂家の格式は高く、室町幕府でも、たとえば『長禄（ちょうろく）二年以来申次記』の将軍御対面においても、将軍は、摂家の大臣以上には縁まで送るが、清華家（せいがけ）は大臣以上の官にあっても送りはしないという作法があった。

下壇は大納言以下の公家衆・武家衆であるが、その座次は基本的には官位の順になっており、ここでは清華家といわれる人々に対する格別な扱いはみられない。

清華家は三条・菊亭・徳大寺（とくだいじ）・西園寺（さいおんじ）・花山院・大炊御門・久我を七清華家といい摂家に次ぐ家柄とされる。しかし下壇の公家衆の座次を見ると、清華家の大炊御門大納言経頼が勧修寺大納言晴豊の下手に座しており、清華家については、上壇における摂家に対するそれのような格別の配慮がなされてはいない。

また最近の豊臣政権研究において提起されている武家清華家論にしても、織田信雄は内大臣ということで上壇に列しているが、大納言徳川家康・秀長、中納言秀次、参議宇喜多秀家・上杉景勝・毛利輝元らは、いずれも武家公卿として同じ官位の公家衆と対座しており、そこには武家清華家といった特別な家格の扱いがなされていたとは思われないのである。

秀吉の笑顔

八月一日の聚楽第での八朔御礼、二日の秀次邸御成の御相伴がすむと、こうした公家や諸大名が居並ぶ大規模な儀礼は、二十二日に行われる北条氏規（うじのり）の上洛出仕にともなう御対面儀礼への参席までなかった。それゆえ輝元もしばらくは、京都での楽しい毎日が過ごせたことであろう。

この間に輝元は、諸大名・公家や京都の茶人・連歌師（れんがし）らとの交流の輪を広げていくが、最大の収穫はやはり関白秀吉との親交であり、これまでわからなかった秀吉という男の、器量・人物について知ることができたことであろう。

そこでまずは、この間における関白秀吉との様々な出来事や交流をみることにしよう。

すでに八月一日のことだが、八朔御礼に聚楽第へ出仕するために津田宗及の所で冠装束の衣装に改めているときのこと、

「美麗なる籠に松虫を入れられ、関白様より殿様へ進められ候。御使いに路次（ろじ）にて御会いにて御

請け申さるなり」

として、関白よりの使者が美麗な籠に松虫を入れ、輝元のもとに届けてきた。そこで輝元は路次に出て使者と会い、その虫籠を受けとったのであった。

この秀吉からの思いがけない贈り物には、輝元もさぞかし恐縮したことであろう。だがこうした秀吉の心配りは、これ以後も頻繁になされていくのである。

八月三日、清水寺に詣でた輝元が宿所に帰って間もない巳の刻（午前十時頃）、関白が大仏へ出掛けたとの報に接した。そこで輝元も急いでお見舞いに大仏へ参上した。日記はこれに続けて、

「関白様はそれより御鷹野へ御出で候。殿様が御進上の鷹を、関白様御こぶしより鳥にお合わせ成され候へば、逸物を仕り候。関白様の御機嫌斜めならず、かつは御褒美として、殿様へ巣鷹を進ずべきよし、直に仰せ出だされ候」

と記している。

関白は大仏からそのまま鷹狩に出かけた。そして輝元が進上した鷹を、関白は拳に据え、鳥に向けて放ったところ、みごとに獲物を捕らえた。この鷹は、去る七月二十四日に初めて聚楽第に出仕した際に、銀子・太刀・刀・馬とともに進上した五据の鷹の一羽であろう。関白の御機嫌はよく、褒美として輝元にも、まだ巣の中にいる鷹の雛を与えようと、直々に仰せられたというのである。

この関白の約束は、翌四日に果たされた。この日は「常栄様」（隆元）の命日で、精進をして身を

慎しみ、宿所で法華僧による供養を行なっている最中であった。辰の刻（午前八時頃）に、

「関白様より御鷹これを進ぜられ候。富士巣の鷂（はいたか）なり」

とあるように、富士で捕えた鷂すなわち雌鷹の幼鳥を、巣に入れたまま届けてきたのである。

そこで輝元は未の刻（午後二時頃）、御鷹を拝領した御礼のため聚楽第へ参上したところ、

「折節、関白様は碁を遊ばされ、半ばに御対面は成らず候。碁の御相手は仙也・法因坊・理玄・少林以下なり。御覧あるべきよし上意に付いて、一番の間御伺候なり」

ということになった。

つまりその時、関白は囲碁を打っているところで、途中での御対面はかなわないとのことであった。そのうえで見物せよとの上意があったので、一番が終わるまでその模様を拝観したというのである。

なおこの時に関白の御相手をつとめていた仙也・本因坊・理玄・少林らの名は、『言経卿記（ときつねきょうき）』文禄三年（一五九四）五月十五日条に、当時の囲碁の名手として

――本因坊・利玄坊・寿斎・神屋宗具・仙角（仙也の子）・山内入道・イン斎・生林・仙也・仙長・四郎

と挙げている中にその名の見える者たちであろう。少林は生林、理玄は利玄坊と同一人物であろう。

ちなみに利玄坊については、天正十六年閏五月二十四日付、宛て先不明の千利休書状の中に、

――利玄が秀吉の御前で囲碁のお相手をし、早くも利玄が続けて二番勝った。前にも秀吉が二番

負けているから、これで四番の負けとなる。

といったことが書かれている。

秀吉はその頃、囲碁にだいぶ熱中していたようである。八月七日のこと、この日は曲直瀬道三邸を借りて尾州内大臣織田信雄・駿河大納言徳川家康・大和大納言秀長を饗応する予定で、その準備をしていたところ、関白が囲碁を遊ばされるので、見に来るようにとの知らせがあった。

そこで未の刻（午後二時頃）、輝元は聚楽第へ参上した。そこには隆景と広家も召されており、関白の囲碁のお相手は、去る四日と同じく仙也・本因坊・理玄・寿斎・少林の四名であった。ただしその日の勝敗はわからない。そして碁が終わると、

「其の以後、御座席や台所まで残らず見せ参らせられ候。駿河大納言殿、大和大納言殿御案内者なり。関白様も姫子御いだきなされて御出で、御雑談などこれあり」

とあるように、碁の拝観の後に邸内を残らず見物させた。

その際には、家康と秀長が案内をして聚楽第の御座敷から台所にいたる隅々まで、余すところなく見せてまわった。そこへ関白が姫子を抱いて現れ、雑談に加わったという。この姫子というのは、おそらく豪姫のことであろう。豪姫は前田利家の娘であるが、秀吉は彼女をとても可愛がっていた。そしてやがて豪姫を養女として、宇喜多秀家に嫁がせるのである。

それにしても、関白秀吉という男のこうした桁外れな行動には、終始驚かされっぱなしであったろ

う。その風貌は猿面の小男で、お世辞にも男前とはいえないが、彼の明るい人柄には、警戒心を忘れさせるような親近感にあふれていた。輝元もそうした秀吉の不思議な魅力に、いつしか惹かれはじめていたにちがいない。

八月十一日にも辰の刻（午前八時頃）、

「関白様が大仏へ御成に付き、殿様も大仏へ参上候。関白様は別して御気色よく、暫く種々の御物語もなされ候」

とある。

早朝に関白が大仏へ出掛けたと聞いたので、輝元も急いで大仏に参上した。関白はことのほかご機嫌がよく、しばらくの間いろいろな話を語り合ったというのである。輝元も心配りの利く人物であったらしい。秀吉もそのような輝元をいたく気に入ったのであろう。

八月十五日は十五夜である。申の刻（午後四時頃）、関白が月見のために大仏へ出掛けた。そして、

「御公家衆・大名衆も一種・一瓶にて御参あるべし」

という御内意が伝えられた。

各人がありあわせの肴を一種と、酒の一瓶なりとも持ち寄って、皆で月見の宴を催そうとの誘いである。そこで輝元も五条河原あたりまで赴いたところ、にわかに天空が曇り、大粒の雨が降り出した。これでは山野の月を愛でることもできまいということで、関白は聚楽第へ還御となり、輝元も宿所へ

戻った。

だがその夜に、再び関白から聚楽第に参上せよとの誘いがなされた。名月を眺めながら和歌会を催そうというのである。そこで輝元は戌の刻（午後八時頃）に、酒二樽と肴一折を持参して本丸御殿に馳せ参じたのであった。

関白は十六日に近江大津へ出掛けたが、やがて十九日に帰京とのことであった。そこで輝元は隆景・広家とともに、聚楽第の表通りまで迎えに出たところ、

「関白様は、御輿（みこし）の内より御身（おんみ）を出され、早々と御参り、御祝着のよし、直に仰せられ候」

ということがあった。

輝元の姿を見つけた関白は、輿の簾（すだれ）を揚げて、身を乗り出し、早々の出迎えまことに嬉しいと、じかに声をかけたというのである。いかにも気さくな秀吉らしい光景が目に浮かぶ。

翌二十日、午の刻（正午頃）に、

「関白様より初鮭を進めらるのよし、御使をもって仰せ出され候について、則ち聚楽第へ御出で候」

として、関白より初鮭を振舞うから出仕をするようにとの使者が遣わされた。

そこで輝元が聚楽第へ参上すると、ほかに駿河大納言家康・大和大納言秀長・筑前侍従隆景・新庄侍従広家らも御相伴に招かれていた。

鮭は蝦夷地や越後など、寒い地域に多く産する。わが国では古来、毎年七月二十七日の諏訪の祭りの翌日から漁を始め、十二月の寒の明けるのを漁の終わりとしていた。だからその北国から進上されたばかりの初鮭を、家康・秀長らの実力者と同席させて、遠方よりわざわざ上洛してきた輝元・隆景・広家らをもてなそうとしたのである。これも社交に巧みな関白秀吉の心配りであった。

幅広い親善外交

次に、以上述べた関白秀吉との交流以外の、この間における輝元の公家・大名・茶人その他の人々との多彩な交流についてみよう。

そこで日記により、輝元が赴いた訪問先と宿所への来訪者を、日にちごとに整理すると一五六～一五九頁の通りとなる。

ここであらかじめ述べておきたいのは、人名の表記は日記の記載に従い、官職名・通称を基本にしている。それは鎌倉・室町幕府と異なり、豊臣政権は官位を身分秩序の核にしていたからで、この期の古文書・記録類はすべて官職名で記されている。

たとえば、中村孝也著『徳川家康文書の研究』に収める家康発給文書を見ると、天正十六年頃から宛所の書き方は、侍従以上には「柳川侍従」「筑前侍従」「清須侍従」「薩摩少将」「会津少将」「大津

毛利輝元上洛日記（天正十六年八月四日〜八月二十日）

八月四日　天晴

巳の刻（午前十時頃）、勧修寺殿（大納言晴豊）に赴く。酒肴あり

午の刻（正午頃）、聖護院殿（准后道澄）の請待に赴く

近衛左大臣（信輔）・一条前関白（内基）・聖護院（道澄）・飛鳥井大納言（雅春）・勧修寺大納言（晴豊）・中山大納言（親綱）・烏丸大納言（光宣）・広橋中納言（兼勝）・安芸宰相（輝元）・藤右衛門督（高倉永孝）・西洞院時慶・飛鳥井中将（雅庸）・安国寺（恵瓊）・筑前侍従（隆景）・新庄侍従（広家）・長岡玄旨（幽斎）・薬院（施薬院秀隆）・道三（曲直瀬）・穂田元清らが参会。続いて飛鳥井邸に移って蹴鞠を見、その後また酒宴・謡あり

八月五日　天晴

卯の刻（午前六時頃）、浅野弾正少弼殿（長政）に茶湯に赴く

巳の刻（午前十時頃）、「清華の御家に叙された御礼」として公家衆邸に赴く

隆景・広家が御供

近衛左大臣殿（信房）へ　御太刀一腰・千疋を進ず

一条前関白殿（内基）へ　御太刀一腰・千疋を進ず

鷹司大納言殿（信房）へ　御太刀一腰・千疋を進ず

梶井親王様（最胤）へ　御太刀一腰・千疋を進ず

大炊御門大納言殿（経頼）へ　御太刀一腰・千疋を進ず

九条太政大臣殿（前関白兼孝）へ　御太刀一腰・二千疋を進ず

飛鳥井前大納言殿（雅春）へ　御太刀一腰・千疋を進ず

飛鳥井中将殿（雅庸）へ　御太刀一腰・千疋を進ず

二条前関白殿（昭実）へ　御太刀一腰・千疋を進ず

菊亭右大臣殿（晴季）へ　御太刀一腰・千疋を進ず

久我大納言殿（敦通）へ　御太刀一腰・五百疋を進ず
中山大納言殿（親綱）へ　御太刀一腰・三百疋を進ず
日野中納言殿（輝資）へ　御太刀一腰・三百疋を進ず
烏丸大納言殿（光宣）へ　御太刀一腰・三百疋を進ず
広橋中納言殿（兼勝）へ　御太刀一腰・三百疋を進ず
藤右衛門督（永孝）へ　御太刀一腰・三百疋を進ず
「此の外に御公家衆へ御出で候て、御礼を仰せらる。記し難し」
その他、御使をもって御典薬衆に進物あり。
半井殿へ　銀子二枚を遣わす　上池院殿へ　銀子三枚を遣わす
竹田殿へ　銀子三枚を遣わす　盛法院へ　銀子三枚を遣わす
申の刻（午後四時頃）、長岡玄旨（幽斎）の請待に赴く
隆景・広家御供、謡あり

八月六日　天晴
卯の刻（午前六時頃）、以筝軒の茶湯に赴く
巳の刻（午前十時頃）、東福寺に参詣、寺宝を拝観、酒肴あり
申の刻（午前四時頃）、大和大納言殿（秀長）の「御心安き御寄合い」の請待に赴く。隆景・広家御供

八月七日　天曇
卯の刻（午前六時頃）、宗易（千利休）の茶湯に赴く

八月九日　天晴　曇
寅の刻（午前四時頃）、黒田官兵衛殿（孝高）の案内により、愛宕山に参詣、隆景・広家・福原元俊が御供
酉の刻（午後八時頃）、仁和寺御室親王様（守理）の請待に赴く

留守の間に竹内殿（門跡）より「御樽六荷、別しての御酒也」が到来

八月十二日　天晴
卯の刻（午前六時頃）、前野但馬守殿（長康）の茶湯に赴く
　隆景・広家御供
辰の刻（午前八時頃）帰宿、今井宗久・宗薫父子が来訪
午の刻（正午頃）、宝鏡院御所（尼寺）に赴く、酒肴あり
申の刻（午後四時頃）宗及（津田）の茶湯に赴く

八月十三日　天晴
卯の刻（午前六時頃）、毛利壱岐守殿（吉成）の茶湯に赴く
　続いて宗久（今井）へ出掛けて「御遊覧」あり
午の刻（正午頃）に帰宿、毛利兵吉殿（重政）・森勘八殿（高政）、そのほか「御小姓衆歴々御出で、記し難く候」

八月十四日　天晴　雨
午の刻（正午頃）、近江中納言殿（秀次）の茶湯に赴く、能あり

八月十五日　天晴　陰
辰の刻（午前八時頃）、大和大納言殿（秀長）の茶湯に赴く
　隆景・広家御供
午の刻（正午頃）帰宿、備前宰相（宇喜多秀家）より音信・進物の使者あり石清水八幡宮より御祭礼の御初穂が届く

八月十六日　天陰
巳の刻（午前十時頃）、民部卿法印（前田玄以）より酒肴が到来
午の刻（正午頃）、蜂屋出羽守殿（頼隆）の茶湯に赴く、隆景・広家御供
「御心安きためとて女房衆二人が給仕申し候」

酉の刻（午後六時頃）、紹巴（里村）に赴く、「不時の御茶」あり

八月十七日　天晴　陰

辰の刻（午前八時頃）、薬院（施薬院秀隆）の茶湯に赴く

　平家語りを聴く

午の刻（正午頃）、道三（曲直瀬）へ赴く、舞あり

申の刻（午後四時頃）に帰宿、真木島玄蕃頭殿（昭光）・小林

　大和守殿・森勘八殿（高政）来宿、酒を進め平家語りを聴く。

　ついで黒田官兵衛殿（孝高）・広家が来宿、湯漬を饗し笛あり

八月十八日　天晴

辰の刻（午前八時頃）、勧修寺殿（晴豊）の茶湯に赴く

午の刻（正午頃）に帰宿、頭宰相殿（花山院家雅）来宿、

　ついで紹巴（里村）・紹叱（里村）来宿、酒あり

未の刻（午後二時頃）、御霊社祭礼を見物

酉の刻（午後六時頃）、近江中納言殿（秀次）の近江八幡山帰国に際し、暇乞に赴く

八月十九日　天雨　晴

辰の刻（午前八時頃）、守栢の茶湯に赴く

申の刻（午後四時頃）、森勘八殿（高政）の茶湯に赴く

八月二十日　天雨

卯の刻（午前六時頃）、宗及（津田）の茶湯に赴く

酉の刻（午後六時頃）、聖護院殿（道澄）の請待に赴く、管弦あり

宰相」のほか「大和大納言」「加賀中納言」のように、居所・国名と官を記すが、諸大夫以下に対しては「黒田甲斐守」「浅野弾正少弼」のように名字と官名を書くようになる。しかも興味深いことには、徳川家臣の井伊直政宛の書状においても、家康は「井伊侍従殿」「井伊侍従とのへ」の宛所としている。家康は他の家臣宛と区別し、井伊だけは「とのへ」とあっても、「侍従」と記しているのである。これは豊臣政権の官位制度とそのしきたりは全国的なもので、徳川氏のような大名の家臣団をも包含するものであったことがうかがわれる。

さて、これから見ていく旧暦の八月四日から二十日頃といえば、現在の太陽暦では九月中旬から下旬の時期にあたる。これまでのような厳しい暑さもやわらぎ、過ごしやすい季節に入った。

輝元の服装は、おそらく平常には小袖袴に胴服（どうふく）をはおり、来客や外出の際には立（たて）烏帽子をかぶったのであろう。袴は参議以上の公卿の料である有紋の指貫袴（さしぬきばかま）である。指貫袴は腰紐が前後二本、裾（すそ）をたるませて長く仕立てた左右四幅ずつ八幅の袴で、裾口に通した細紐の括緒（くくりお）を、下括（げくくり）と称して足首で括ることから指貫と称したのである。胴服はのちの羽織の原型で、小袖などの上にはおって着用するもので、辻（つじ）が花染（はなぞめ）などの華麗な染模様のほかに、輸入品の毛織物や縫箔（ぬいはく）などを用いて意匠を凝らしたものもあった。

また隆景・広家の服装も、四位にふさわしい立烏帽子と小袖袴の姿であるが、公卿の輝元とは異なり、袴は殿上人（てんじょうびと）の料である無紋の指貫袴であった。

上洛して公家や大名との交わりの中に、輝元の身なり格好も、いつしか京風に洗練されたものになっていったことであろう。

これにより輝元の公家・大名およびその他の人々との交流を概観すると、大きくは輝元の宿所への来訪者との応対と、輝元が諸邸へ赴いての訪問との二つが最も多い。

ただ、毛利の京都屋敷はいまだ建設工事中にあったため、仮住まいの妙顕寺の宿所へは、ほとんどが挨拶程度の来客に限られていた。公家や大名などを鄭重にもてなすための設備も充分ではなかったのであろう。それゆえ宿所でのもてなしといえば、八月十七日に、足利義昭の近臣である真木島玄蕃頭昭光(まきしまげんばのかみあきみつ)・小林大和守および森勘八高政・黒田官兵衛孝高に隆景も加わって、酒を酌(く)み交わし、平家語りを聴き、湯漬を振舞ったというのがある。また十八日には里村紹巴(じょうは)・紹叱(じょうしつ)のような連歌師との一献など、いかにも気心の知れた人々との楽しげな語らいといったようなものであった。

いっぽう輝元が赴いた訪問先は、公家衆邸へは主として官位昇進の御礼挨拶廻りのほか、大名邸その他における茶湯に臨んだものである。

公家邸への挨拶廻りは、八月五日に隆景・広家とともに一日がかりで公卿の屋敷を訪問した。これは「清華の御家に叙された御礼」と書かれているが、実際には参議・公卿の列に加えられたことへの御礼ということであろう。摂家・清華家をはじめ、当時の朝廷における公卿の家を、それこそ軒並みに廻ったといった観がある。

ここに見える公卿らのほとんどは、輝元もこれまでの聚楽第本丸御殿や関白の大和大納言秀長邸および近江中納言秀次邸御成における饗応で同席している。これに加えて前日の聖護院准后道澄邸の請待は、おそらく道澄が輝元・隆景・広家らのために、わざわざ摂家をはじめとする主な公家衆をも招き、彼らへの顔つなぎ、つまりは挨拶廻りがしやすいようにとの配慮から、親交の機会を設営した饗宴であったように思われる。

聖護院は京都市左京区にある天台宗寺門派（園城寺派）三門跡のひとつであるが、全国の熊野修験を統轄し、朝廷や幕府の護持僧をもつとめた格式の高い寺である。

その聖護院門跡にあった道澄は、摂家筆頭といわれる近衛家の出身で、左大臣信輔の叔父にあたり、三宮（太皇太后・皇太后・皇后）に並ぶ准后として遇せられていた名士である。道澄はかつて将軍足利義輝の大名との外交に活躍し、また織田信長と毛利氏との和平の仲介にも関与し、元亀二年（一五七一）から天正三年（一五七五）にかけて、四年間も毛利の領国に滞在したことがあり、輝元とは親しい間柄にあった。そうしたことから、この聖護院邸の饗応には輝元だけでなく、隆景・広家のほか穂田元清、それに安国寺恵瓊・曲直瀬道三といった毛利に関係の深い人物をも同席させて、摂家をはじめとする朝廷の主だった公卿らに引き合わせたものと思われる。

聖護院道澄主催の饗宴での相客は、すでに顔見知りも多いが、公卿の飛鳥井大納言雅春・烏丸大納言光宣・広橋中納言兼勝や殿上人の西洞院時慶・飛鳥井中将雅庸らは、この日が初顔合わせである。

このように見ると、五日の公家衆邸への挨拶廻りも、ずいぶんと気が楽になされたことであろう。当時は武家の時代とはいえ、輝元のような地方の大名にとって、朝廷や公家はやはり高貴な雲上の世界で敷居が高い。それゆえ道澄のこうした思いやりと心配りには、輝元も心から感謝をしていたことであろう。

なお、同じ五日に使者を遣わして進物を届けたという典薬衆（てんやくしゅう）については、『太閤さま軍記のうち』に、朝鮮出兵の際における秀吉の「御くすし衆」として

——施薬院・竹田法印・半井盧庵（なからいろあん）・盛法院・道三法印・幽庵・一鷗（いちおう）・大一坊

とある。

この中に半井・竹田・盛法院の名が見えている。彼らは施薬院・曲直瀬とともに、豊臣家の医師であった。上池院も足利将軍家の侍医をつとめた家柄である。

つぎに輝元の諸大名邸への訪問についてであるが、頻繁に見える請待や茶湯というのは、京都滞在中の輝元に対する食事の饗応という一面があったのかもしれない。

せっかく京都に来たというのに、妙顕寺の宿所だけの食事ではいかにもわびしかろう。関白秀吉は輝元に対して、そんな心配りをしたらしい。八月九日条に、

「貴賤ともに殿様を御馳走の御事も、関白様が御会釈（ごえしゃく）なされ、御取り持ちの故なり」

とある。

つまり、かくも皆が輝元の世話をするのも、関白様が諸大名らにお言葉をかけられ、馳走をするようにと声をかけて取り持ってくれたからであるというのである。

輝元は諸大名からの招待をありがたく受けとめ、毎日のように出掛けていた。日記に「御請待」とあるのは、豪華な酒食の饗応であるが、特に注目されるのは「茶湯」「振舞」であった。茶湯は文字通りの茶事、振舞は朝会のような軽食をともなう茶事と推測される。

輝元が八月四日から二十日までの間に茶湯・振舞を受けたのは、茶人・連歌師・医師などでは津田宗及・以筝軒（連歌師カ）・千宗易（利休）・今井宗久・里村紹巴・施薬院秀隆・守栢（茶人カ）らがいる。また大名では浅野長政・前野長康・毛利吉成・豊臣秀長・豊臣秀次・蜂屋頼隆・森高政らがあり、そのほか公家の勧修寺晴豊の名が見えている。

これらの茶事は、里村紹巴における「不時の御茶」のようなものもあるが、大半は「卯の刻」（午前六時頃）、または「辰の刻」（午前八時頃）とあるから朝会であった。当時の上洛した大名たちが、早朝の茶会を社交・交流の機会としていたことがうかがわれるが、輝元の場合は、朝食のほとんどはこの朝会ですませていたことになる。

ともあれ、信長・秀吉の愛好を受け、千利休によって大成された茶湯は、すでに天正の末頃になると、もはや大名の社交における必須の素養となっていたようである。

また午の刻（正午頃）の茶湯は昼食のもてなしであるが、興味深いのは十六日の蜂屋頼隆邸の茶湯

で、

「午の刻に蜂屋出羽守殿へ御出で候。御茶湯、隆景様・広家様御供なり。御心安きためとて、女房衆二人が給仕申し候」

というのである。

この蜂屋邸の茶湯に、輝元は隆景・広家とともに赴いたが、頼隆は女房衆二人に給仕をさせ、それは「御心安きため」、つまりは心を慰めるためであったという。おそらく若い京美人であろうが、女性に給仕をさせてもてなすとは、心憎いばかりの配慮である。

ただ、輝元は祖父元就（もとなり）や父隆元の厳格な仕付けを受けて育ったのであろう。おおらかではあるが真面目で、羽目を外すようなことはなかったらしい。妻は宍戸隆家（ししどたかいえ）の娘で、結婚後もう二十年以上にもなるが、子宝には恵まれていない。

大名の上洛、そして一月半もの京都滞在といえば、色香の漂うような、華やいだ物語をも想像したいところであるが、日記における輝元の女性に関する記述はこれだけで、ほかには宝鏡院御所のような尼寺を訪れたことが見られるのみである。

輝元が京都で受けた数々のもてなしの中で、とりわけ深く印象に残ったのは、八月四日と二十日の両日における聖護院道澄の請待であろう。

四日の請待は、摂家をはじめとする主だった公家衆との懇談の機会を与えられただけでなく、その余興として、飛鳥井大納言雅春邸に場所を移して催された蹴鞠の見物は、初めての経験であったろう。飛鳥井邸の鞠庭で行なわれた鞠足（プレーヤー）の人数は、一条前関白内基・聖護院准后道澄・中山大納言親綱・飛鳥井大納言雅春・烏丸大納言光宣・広橋中納言兼勝・西洞院時慶・飛鳥井中将雅庸、それに長岡玄旨（幽斎）らで、一人が三回続けて蹴り上げては次の人に送っていく見事な技に感嘆したことであろう。

蹴鞠といえば、公家の悠長で雅な遊戯を想像するであろうが、じつはサッカーにも劣らないほど、高度で激しい運動であった。蹴鞠の家といわれた飛鳥井の『蹴鞠条々大概』という故実書には、

——蹴鞠は軍陣より出で来る事なり。武士を練らせしむとなり。心はやく身かろく足きいて、しかも無病の術なり

と書かれている。

また二十日の請待は、相客が書かれていないから道澄と輝元だけの、ゆったりとした歓談であったらしい。宴は酉の刻（午後六時頃）から始められ、余興には管弦が催された。管弦は横笛・琵琶・琴を奏で、中世では御遊びと称した。曲目は太平楽・千秋楽・慶雲楽で、「平調只拍子なり」とあるから、おだやかな調子で、拍子木が打たれたのであろう。蹴鞠といい、管弦といい、公家の伝統文化の素晴らしさを実感したことであろう。その日の帰宿は深更におよび、子の刻（十二時頃）であった。よほど楽しかったものと思われる。

五日の夕刻に催された長岡玄旨の請待も、輝元にとって忘れられない思い出となったにちがいない。隆景・広家とともに招かれ、宴には観世又二郎重次が弟子を引き連れて参席し、謡と大鼓・小鼓・笛による囃子を行い、「大鼓玄旨」のように、幽斎玄旨もみずから大鼓を打って興を咲かせたのであった。

玄旨はもと細川藤孝といい、室町幕府御供衆として将軍義輝の近臣にあった。そして義昭の上洛後は信長にも重用されたが、本能寺の変後に剃髪して幽斎玄旨と号し、家督と丹後宮津城を嫡子忠興に譲って別居した。歌道・学問・諸芸に秀で、秀吉の信頼も厚かった。この博学多才で当代随一の文化人といわれた幽斎玄旨との歓談は、時刻をも忘れさせたことであろう。輝元が宿所に帰ったのは「亥の刻」（午後十時頃）であった。

いまひとつ忘れられない思い出もあった。八月九日には、早朝寅の刻（午前四時頃）に宿所を発ち、黒田孝高の案内により愛宕山へ登ったことである。本宮太郎坊、別当寺の福寿院などに詣で、未の刻（午後二時頃）に下山を始めた。手輿に乗って衣笠山・嵐山・亀山・小倉山・広沢法輪寺を経て、松尾・栂尾・西芳寺・嵯峨野天龍寺などを見物している。

そして酉の刻（午後六時頃）、仁和寺御室の守理親王の請待を受け、夜中の子の刻（十二時頃）に帰宿した。行楽とはいえ大変な一日であった。そのため翌十日は、

「昨日愛宕へ御参詣の故、御草臥れなされ御休み候。歴々の御客が来り御座候へ共、終日御対面

なく、御くつろぎ候なり」

という次第となった。

愛宕参詣で疲れ果て、翌日は一日中ひっくり返り、沢山の来客が訪れても、誰とも会わなかったというのである。

それにしても、大名というのは大変なものであった。一般庶民からすれば、折角の京都なら、仕事とは無関係に名所旧跡を訪ねての旅を楽しみたいところであろう。だが大名の生活はそのすべてが半ば公務にひとしく、輝元の幅広い交流も、いわば親善外交ともいえるものであった。

それでも日記には、多忙な人付き合いの合間をぬって、寺社などに足を運んでいたことが見える。すなわち三日には清水寺に参詣し、六日には東福寺を訪れて寺宝を拝観、十八日には御霊社の祭礼を見物した。そして二十一日には紫野の大徳寺に赴いて信長の御影堂に詣で、ついで賀茂の上下社から船岡山千本石不動・金閣寺などを見物していた。

戦国期には無秩序にひとしかった京都も、織田政権を経て豊臣政権の確立とともに、治安もだいぶ良くなっていたであろうが、いまだに物騒な出来事もあった。それは八月七日亥の刻（午後十時頃）のこと、

「熊野太郎兵衛尉、黒田官兵衛尉へ御使に参候折節、黒官は近江中納言殿に居られ、彼の所へ罷り越して御意の趣を申し渡して、戻られ候時、中納言殿御門外に盗人二十人ばかりに囚われ、比

類なき働き身を遁(のが)れ、洛中において覚えを取り申し候」

ということがあった。

家臣の熊野太郎兵衛尉が御使として黒田孝高邸に赴いたところ、折しも孝高は近江中納言秀次のもとに出向いているとのことであった。そこで熊野は秀次邸へ参上して直に黒田孝高に要件の趣を伝えて門外に出たところ、二十人ほどの盗賊の一団と出会った。賊は襲い来り、あわや捕らわれの危機も迫ったが、比類ない働きをして無事に難を遁れた。その武勇伝は京都の町でも評判になったというのである。輝元の上洛に御供をした家臣には、こうした武勇にすぐれた屈強の士が多く選ばれていたのであろう。

北条氏規の御対面に列席

輝元の京都滞在中に、関東の北条氏規が上洛し、その聚楽第出仕の御対面の儀に列席するということがあった。

八月十七日条に「未の刻（午後二時頃）に、北条美濃守氏規参着候。御宿は相国寺(しょうこくじ)なり」とあり、北条氏規の京都到着が記されている。

すでに四国・北陸・九州を平定した秀吉は、残る関東・奥羽の制覇に向けて全力を注ぎ始めていた。

この頃の秀吉は、関白という立場で朝廷の威光を背景にして統一政権の確立をめざし、「関東・奥羽両国惣無事令」といわれる私闘禁止令を出し、天正十六年四月の聚楽第行幸の際には、全国の大名に出仕させて、朝廷と関白に対して忠誠を誓わせた。

しかし、この行幸の賀儀に北条氏が参加をしなかったことを怒った秀吉は、関東の取次ぎ役であった徳川家康に、北条氏政・氏直を上洛させるように命じた。取次ぎ役とは奏者ともいい、いわば大老格として豊臣政権へのとりなし役をつとめるもので、この頃には家康が関東の取次ぎ役、また上杉景勝が奥羽、そして毛利輝元も九州の取次ぎ役にあった。

そこで家康は五月二十一日付で北条氏政、氏直父子に起請文を送って、氏政の兄弟の誰かを上洛させて秀吉に挨拶をするようにと促し、万一これを拒絶する場合には、氏直に嫁がせている督姫を離別して欲しいと勧告した。これにより氏政は弟氏規を八月に上洛させたのであった。

日記には輝元と上洛した北条氏規との私的な記事は見られないが、聚楽第における出仕御対面の儀には参席することになった。

御対面の儀は二十二日であるが、その前日の二十一日、輝元が外出している留守の間に、前田玄以法印よりの触れ状が届けられていた。

「明日午の刻に、北条美濃守に御対面なされ候の間、御相伴に御参あるべき由、御注文を触れ候。粟屋内蔵允これを達し候。此の御注文の衆は、尾州内大臣・駿河大納言・大和大納言・備前宰相・越後宰相・安芸宰相・豊後侍従・薩摩侍従・筑前侍従・新庄侍従、以上。奥書は北条に御対面候間、御相伴に明日巳の刻に御参あるべきよし申すべきの旨に候。玄以と書留め候」

と書かれている。

すなわち、その前田玄以の書状は注文の触れ状、つまり宛名を書き連ねた回覧形式による伝達状であった。

文面は、明日の午の刻（正午頃）に北条美濃守への御対面がなされるので、御相伴として参列するようにという通知であった。この回覧状を毛利家では、粟屋内蔵允がこれを受けて伝達したのである。

その連名注文の宛名は、尾州内大臣織田信雄・駿河大納言徳川家康・大和大納言秀長・備前宰相宇喜多秀家・越後宰相上杉景勝・安芸宰相毛利輝元・豊後侍従大友義統（よしむね）・薩摩侍従島津義弘・筑前侍従小早川隆景・新庄侍従吉川広家の十名の名が書かれていた。そして奥には北条との御対面があるので、明日の巳の刻（午前十時頃）に聚楽第へ出仕するようにとの追伸と、玄以の署名があった。

豊臣政権では、聚楽第などで行われた諸大名の出仕や、関白の御対面などに際して、あらかじめこのような手続がなされていたことが知られ、すこぶる興味深い。

八月二十二日は北条氏規の御対面の日である。輝元は辰の刻（午前八時頃）に宿所を発ち、大谷刑部少輔吉継邸にて「御冠に黒き御装束なり」すなわち参議・公卿相当の有紋黒袍の束帯姿を整え、威儀を正して聚楽第へと向かった。四位の黒装束の隆景・広家のほかに、黒田官兵衛孝高と大谷刑部少輔吉継も五位の赤装束で同道した。

　また毛利の諸大夫穂田越前守・福原上総介・口羽伯耆守・渡辺飛騨守・松山兵庫頭・堅田兵部少輔・林肥前守の七名も赤装束の束帯にて御供をした。そして赤川主水佐(もんどのすけ)・国司隼人佐・粟屋右近大夫は、布衣の風折烏帽子狩衣姿で御剣・御刀役として従った。この中の赤川は、もと通称を十郎左衛門といったが、十八日に参内、「きざはしの御礼」により口宣を頂戴して布衣に加えられ、主水佐の官名を賜ったばかりであった。

　輝元の一行は聚楽第本丸に至ると、二百余の供衆は門外にて待ち、諸大夫・布衣の御供衆は本丸御殿の奏者の間にて控えた。そしてここからは隆景と広家だけが従った。

　御対面は午の刻（正午頃）に始まっている。その場所は輝元の時と同じ広間で、左の座配図が載せられている。

　上壇中央には関白秀吉が、左の張り出しに聖護院准后道澄が座している。これは輝元の時と同じである。しかし下壇の様子はまったく異なっている。輝元の御対面には見られなかった公家・武家の公卿および侍従が多数列席している。

　すなわち上手の左側に菊亭右大臣晴季・勧修寺大納言晴豊・中山大納言親綱・日野大納言輝資・頭宰相花山院家雅の五名が列座し、下手の右側に尾張内大臣織田信雄・駿河大納言徳川家康・大和大納言秀長・備前宰相宇喜多秀家・越後宰相上杉景勝・安芸宰相毛利輝元の六名が列座している。ここま

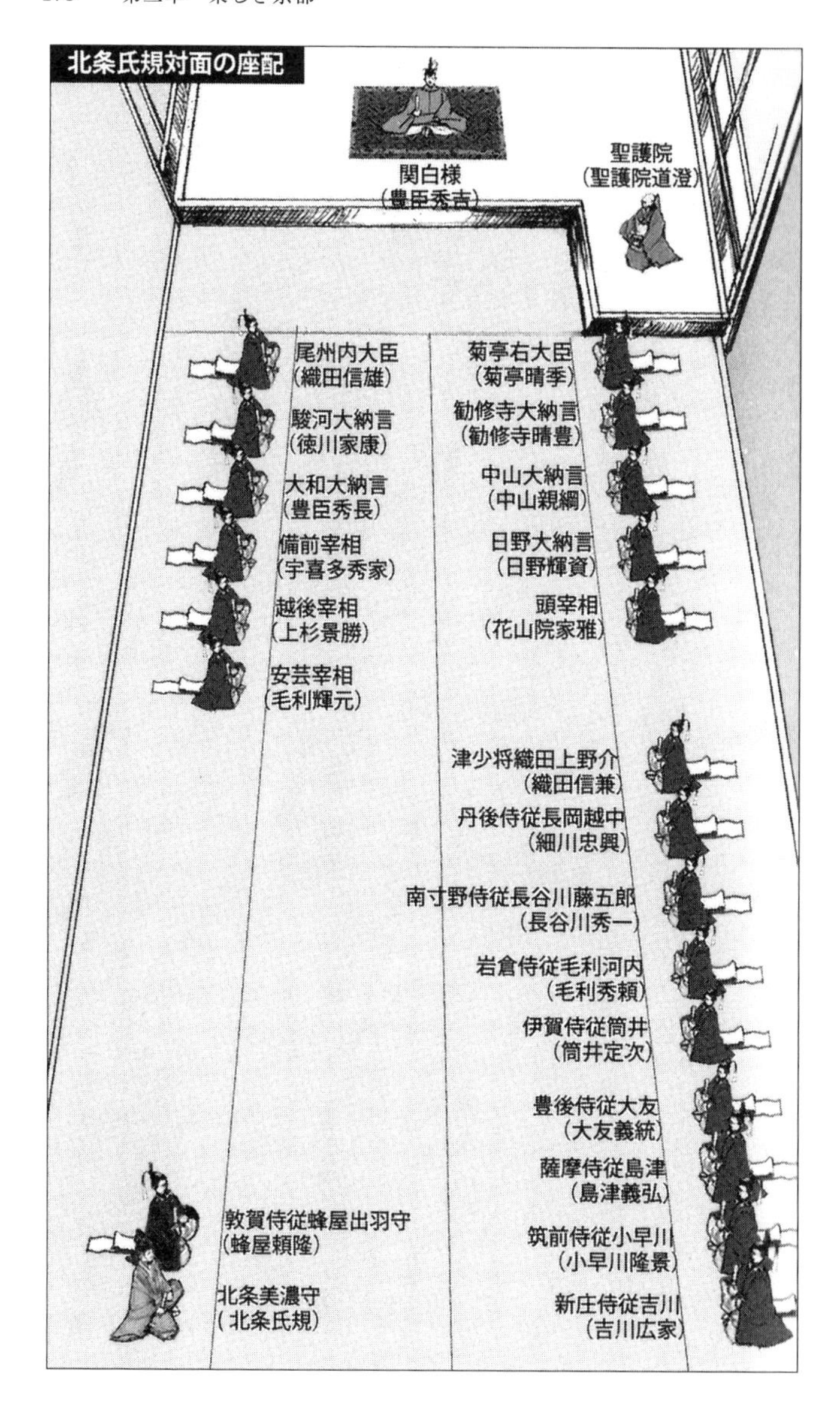
北条氏規対面の座配
関白様
(豊臣秀吉)
聖護院
(聖護院道澄)
尾州内大臣
(織田信雄)
駿河大納言
(徳川家康)
大和大納言
(豊臣秀長)
備前宰相
(宇喜多秀家)
越後宰相
(上杉景勝)
安芸宰相
(毛利輝元)
菊亭右大臣
(菊亭晴季)
勧修寺大納言
(勧修寺晴豊)
中山大納言
(中山親綱)
日野大納言
(日野輝資)
頭宰相
(花山院家雅)
津少将織田上野介
(織田信兼)
丹後侍従長岡越中
(細川忠興)
南寸野侍従長谷川藤五郎
(長谷川秀一)
岩倉侍従毛利河内
(毛利秀頼)
伊賀侍従筒井
(筒井定次)
豊後侍従大友
(大友義統)
薩摩侍従島津
(島津義弘)
筑前侍従小早川
(小早川隆景)
新庄侍従吉川
(吉川広家)
敦賀侍従蜂屋出羽守
(蜂屋頼隆)
北条美濃守
(北条氏規)

では参議以上の公卿である。

その下座の少し間を置いた左側に、津少将織田上野介信兼を筆頭とし、以下丹後侍従長岡忠興・南寸野（東郷の誤りヵ）侍従長谷川藤五郎秀一・岩倉侍従毛利河内守秀頼・伊賀侍従筒井定次・豊後侍従大友義統・薩摩侍従島津義弘・筑前侍従小早川隆景・新庄侍従吉川広家が座末となり、その向かいの右側の座末には敦賀侍従蜂屋頼隆ら合わせて十名の侍従が座した。

武家公卿に中納言秀次が見えないのは、去る十八日に近江八幡山に帰国していたからで、この日に輝元は暇乞の挨拶のために秀次邸へ赴いていた。また新しい顔ぶれに見える侍従の大友義統は十八日に上洛したばかりで、日記にも「大友豊後侍従が京着候」と書かれている。

十名の侍従も四位の黒袍である。そして「北条美濃守」と記されている氏規の座配は末席の、それも縁に接する位置である。しかもいまだ五位の叙爵を受けていない氏規は、ただ一人だけ侍烏帽子に褐色の直垂姿での拝謁を強いられ、さぞ悔しい思いをしていたことであろう。

輝元の初めての御対面の時には、隆景・広家のほか穂田元清・福原元俊・口羽春良の同席も許され、いずれも烏帽子直垂姿で出仕した。また公家・武家の公卿の列席がなかったから束帯の着用はなく、他の同座衆も法体のものは別にして、いずれも中世以来の武家の正装である烏帽子直垂姿であったから、この北条氏規の御対面とは格段の相違があった。

御対面の次第は、前野但馬守長康が奏者をつとめ、まず北条氏規より、北条家よりの進物として太刀一腰金覆輪・御馬十疋・御鷹十一居・漆桶一を献じ、合わせて氏規自身の御太刀一腰金覆輪・御馬五疋・綿二折を献じた。

やがて諸大夫赤装束の御配膳・御加用衆（給仕役）によって膳部が運ばれて三献の宴と能が催され、申の刻（午後四時頃）に御開きとなっている。

この北条氏規との御対面に列席し、輝元はどのような感想を抱いたのであろうか。約一月前には自分が緊張に耐えながら、関白への御対面を果たしたのであった。輝元には氏規の苦しい立場もよくわかる。何しろ北条家の当主である氏政自身はいまだに上洛出仕を拒み、氏規を代理として派遣してきたのである。それゆえこの日の聚楽第における御対面と饗応の宴も、どことなく暗い雰囲気が漂っていたことであろう。

ちなみに氏直と氏規は、豊臣政権に対して比較的に穏健な考えを持っていたようである。ところが氏政・氏照らは北条氏の伝統と実力を過信し、新興の関白に屈することを嫌ってこの後も強硬な態度をとり続けた。そしてついには秀吉を激怒させ、宣戦布告状を叩きつけられる羽目となるのであった。

この北条氏規との関係には、輝元にも後日譚がある。それは二十四日のことで、

「巳の刻（午前十時頃）に、北条美濃守を大和大納言殿が御請待候。殿様へも兼日より御案内を仰せられ候えども、御腹中気に付いて、殿様は御出でに成られず候」

というのであった。

大和大納言秀長が北条美濃守氏規を請待しての宴が予定され、兼ねてより輝元にも案内がなされていたが、腹痛気味を理由に参席しなかったというのである。

しかし同日の未の刻（午後二時頃）には松下之綱（ゆきつな）と長岡玄旨が輝元の宿所を訪れているし、申の刻（午後四時頃）には、

「隆景様・広家様が御出で候て、御食（おんしょく）参り候」

として、隆景・広家と会食をしている。

このことからすれば、輝元が秀長からの御相伴の誘いを断ったのは、おそらく仮病を装ってのことではないだろうか。所詮（しょせん）は気が進まなかったのである。

それは氏規という人物が好きでなかったというよりも、新参の毛利としては、いまだに豊臣政権との距離を置いている北条氏に近づくこと自体を警戒し、敢えて接触を避けたいという気持がはたらいたのかもしれない。

日記の八月二十九日条には「北条美濃守、御暇にて関東へ帰国仕り候」とだけ、簡単に書かれている。

別れの時機

八月も下旬となり、すっかり秋の季節となっている。輝元が京都に着いたのは七月二十二日であったから、ちょうど一ヶ月が過ぎた。

京都出立は九月三日の予定であるが、これより十日間ほどは、帰国にあたっての挨拶を交わす時期である。関白秀吉はもとより公家・大名など、滞在中に交流をした人々の数は多い。それらの人々への挨拶廻りとともに、餞別の品を携えて宿所を訪れる来客との応対にも忙しい。そうした中に余暇をみつけて、格別な人との別れを惜しむ語らいのひと時もあった。

日記には輝元の別れに際しての、挨拶の往来や贈答の模様が克明に記されている。その概要は一七八～一八一頁のごとくなっている。

これを見ると、別れの挨拶は七月下旬における上洛の挨拶廻りに比べると、だいぶ趣が違っていた。上洛時には黒田孝高や曲直瀬道三・津田宗及らの案内を受けて、輝元みずからが隆景・広家とともに諸大名邸へ、それこそ軒並みに挨拶廻りを行なっていた。しかし暇乞に際しては、輝元自身が出向くというよりも、使者を遣わしての挨拶である。

武家衆への使者は、石田三成・長束正家・増田長盛・前田玄以・大谷吉継・蜂屋頼隆・施薬院秀隆のような、主として在京中に世話を受けた豊臣政権の奉行衆などへの御礼の挨拶といったところであろう。しかし公家衆については、すでに八月五日に官位叙任の御礼として摂家以下公卿のほとんどの屋敷を訪れていたこともあり、八月二十一日に使者を遣わした公家衆は、日記には初見の人々であっ

毛利輝元公上洛日記（天正十六年八月二十一日〜九月二日）

八月二十一日　天晴
梶井門跡隠居清安様来宿、太刀一腰金覆輪・総鞦三を進ず
金森兵部卿法印（長近・飛驒高山城主）来宿、太刀一腰金覆輪・千疋を進ず
「此の外御出で候衆、御進物等記し難く候」
聖護院殿（道澄）の使者、御暇乞として金屏風一双・縮羅三十端を進ず
御暇乞の使者を左に遣わす
九条大御所様（稙通ヵ）へ太刀・千疋
庭田中納言殿（重通）へ太刀・千疋
三条大御所様（?）へ太刀・千疋
中御門様（蔵人、資胤ヵ）へ、太刀・三百疋
丹波亀山御次様御袋様（秀勝の生母）へ、銀子十枚・白糸二十斤
同御内の藤懸三河守へ、太刀・千疋
「此の日、洛中洛外の出仕ありたるほどの衆へ御使者を遣わされ候」

八月二十二日　天晴
曇花院御所へ御参、白糸一折・鳥目千疋
光照院御所へ御参、白糸一折・千疋
光厳院（入江殿）へ御参、白糸一折・鳥目千疋

八月二十三日　天晴
宗易（千利休）より小袖五・瓶子二対・折敷一・椀一進上
紫野長老（南英宗頓）御出で
「此の外大名・小名・諸職人以下が出仕、記し難く候」
伊勢神宮へ代参の使者を遣わす

「御公家衆歴々御出で、記し難く候」

八月二十五日　雨天

御暇乞に諸人来宿あり

徳大寺殿(前内大臣公維)御出で、縮羅一端を進ず

熊野の堀田殿御出で、弓十・根矢九十・天狗(面ヵ)を進ず

大和大納言(秀長)より酒樽四・肴三折を進ず

常照院殿(光照院の誤りヵ)より使者の局、帯・水引を進ず

曇花院御所より柳樽六・折三を進ず

「此の外御出で候衆数多く、記し難し」

聖護院様(道澄)御暇乞に御出で、銀子二十枚・引合十を進ず

道三(曲直瀬)へ御出で、振舞・能あり

八月二十六日　天雨

奈良大乗院(公方様御息)より料紙一折・縮羅二端を進ず

百万遍(知恩寺)へ御出で、霊宝を拝観

八月二十七日　天晴

御暇乞に諸人来宿あり

石田弥三殿(正澄)御出で、太刀・馬を進ず

福寿院(愛宕)御出で、長刀を進ず

菊亭右大臣殿(今出川晴季)御出で、太刀・馬代を進ず

前野但馬守殿(長康)御出で、馬一疋青色を進ず

浅野弾正少弼(長政)御出で、小袖二十を進ず

生駒雅楽頭殿(親正)より使者にて腰物一(金目貫・笄)を進ず

「此の外御暇乞として終日御出での衆、記し難し」

「此の日京中の出仕候程の衆へ、御礼仰せられ候、使者」

八月二十八日　天晴

宗易(千利休)へ茶湯に御出で

御暇乞の使者を左に遣わす

石田治部少輔殿(三成)へ脇指二(一廉の物)を進ず

蜂屋出羽守殿(頼隆)へ脇指一(御秘蔵物)を進ず

長束新三郎殿(正家)へ御腰物(熨斗付)を進ず

増田右衛門尉殿(長盛)へ銀子二十枚を進ず

長岡玄旨殿(幽斎)へ銀子二十枚を進ず

薬院(施薬院秀隆)へ銀子二十枚を進ず

民部卿法印玄以(前田)へ脇指一・銀子二十枚を進ず

大谷刑部殿(吉継)へ銀子五十枚を進ず

「此の外、御暇乞を仰せられ候衆多く記し難く候」

八月二十九日　天晴

今井宗久へ茶湯に御出で、銀子二十枚を進ず

近江へ出掛ける、隆景御供

三井寺からは聖護院殿(道澄)が御案内者

九月一日　天晴陰

聖護院道澄・隆景とともに、近江の名所旧跡を遊覧

「此方彼方より、折・食籠ともにて御出で候。記し難し」

九月二日　天晴

御暇乞に諸人来宿あり

薬院殿(施薬院秀隆)御出で、

縮羅二十端・絹二十疋・綿百把を進ず
賢幸院殿御出で、作花三種を進ず
民部卿法印（前田玄以）御出で、馬一疋鹿毛・縮羅三十端を進ず
九条殿（兼孝）御出で、料紙一折・縮羅三端を進ず
聖護院殿（道澄）御出で、鳥子紙一折を進ず
東山立山様（近衛龍山）御出で、太刀一腰金・鞍一口を進ず
幸蔵主より小袖一重を進ず、使者に三百疋を遣わす
「此の外御暇乞に諸公家諸大名衆御出で候。記し難く候」
御暇乞の使者を左に遣わす
東山立山様（近衛龍山）へ縮羅十端を進ず
後藤乗知へ銀子五枚を遣わす
後藤孫四郎へ腰物一を遣わす
道三（曲直瀬）へ銀子五十枚を進ず
同御内儀へ銀子十枚を進ず
御宿妙顕寺へ銀二枚、同内衆へ米二十荷（京判五斗入）
「此の外の事は、これ有りといえども記し難く候」

た。

すなわち九条大御所様は稙通と思われる。稙通は摂家で関白をもつとめた人物であるが、経済的な困窮のため、二条家から兼孝を養子に迎えて九条家を継がせたという。兼孝も前関白太政大臣として朝廷の重鎮にあり、すでに輝元も面識があった。

庭田中納言は重通、中御門は「様」とあるが、金額が三百疋とほかよりも少ないから誤記で、蔵人の資胤かと思われる。三条大御所様は不詳である。三条家には清華家の三条（転法輪）と、庶流の正親町三条・三条西がある。しかしこの当時、転法輪家に参議公仲がいるが、三十二歳と若く、この大御所の該当者がいずれにも見あたらない。

なおこれに続けて見える丹波亀山御次様御袋様は、信長の四男御次丸秀勝の生母である。秀勝は秀吉の養子となり、丹波亀山城主となったが、天正十三年（一五八五）十二月に病没した。時に十八歳であった。秀勝は小牧の役の後、毛利輝元の養女と結婚した。これは秀吉と毛利との和睦を意味したが、輝元の養女は一年足らずで寡婦となった。その後の彼女については不詳だが、秀勝の御袋ともども毛利が何らかの形で支援をしていたのかもしれない。

さて、八月二十二日に輝元が赴いたのはいずれも尼寺である。曇花院は竹の御所ともいい、貴族や将軍家の娘が入寺した。また光照院は伏見天皇の皇女を開基とする尼寺、光厳院は後光厳天皇の皇女入江内親王が賜り、足利義満の娘を開基として知恩寺と号し、入江殿とも称した。いずれも皇女や摂家・将軍家などの娘が入った格式の高い尼門跡寺院である。これらの尼寺と毛利との関係はわからないが、二十五日には光照院・曇花院御所より返礼の使者が輝元の宿所を訪れている。

いっぽう輝元の帰国にあたり、見舞いとして宿所を訪れた客は、日記に「此の外御出で候衆、進物等記し難く候」（二十一日）とか「御公家衆歴々御出で、記し難く候」（二十三日）「此の外御暇乞として終日御出での衆、記し難し」（二十七日）などと記すように、連日まさに引きも切らないほどの来客があったようである。これも輝元の温和で実直な人柄が、諸人に好感を与えていたことの表れであろう。またこの暇乞の時期、輝元自身で挨拶廻りをほとんど行なっていないのは、こうしてひっきりなしに訪れる客人への、鄭重な応対に配慮をしたためかもしれない。

日記の記載に見える来訪者は、武家衆では大和大納言秀長が酒肴を使者に届けさせたのを除けば、織田・徳川・宇喜多・上杉らの武家公卿から挨拶の礼はなかった。これはすでに何度も饗宴の席で顔を合わせていたためかもしれない。そして暇乞の御礼として来宿があったのは、石田正澄（まさずみ）・前野長康・浅野長政・生駒親正（ちかまさ）・前田玄以らのような、豊臣政権の吏僚たちであった。

これに対して公家衆の名は特筆すべきものが多く見られる。すなわち八月二十一日に来宿のあった梶井門跡隠居清安（せいあん）様は、天台宗三千院の門跡である。八月朔日に聚楽第の宴で同席した梶井親王は、『聚楽第行幸記』に見える「梶井宮最胤」であるが、隠居というからその前門跡であろう。

八月二十七日に来宿した菊亭右大臣晴季（はるすえ）は、秀吉の関白任官を斡旋したことで、当時朝廷で絶大な権勢を誇っていた実力者である。

また九月二日に見える九条殿は摂家の前関白兼孝である。輝元はすでに兼孝とも面識があるが、この日の来宿は、養父である九条大御所稙通に対して、暇乞の進物を届けていたので、その御礼の意であったのかもしれない。

そして同じ九月二日に来宿した東山立山（りゅうざん）様は、摂家の近衛前久（さきひさ）である。前久は関白・太政大臣をもつとめたが、本能寺の変後に出家して龍山と号し、東山入道とも称していた。後陽成（ごようぜい）天皇の女御（にょうご）（妃）はこの前久の娘であった。前久の子の左大臣信輔とは、輝元も聚楽第や秀次邸・聖護院道澄主催の饗宴などで同席していたが、この東山龍山入道みずからの来宿には、さぞ恐縮したことであろう。そこで返礼の使者をその日のうちに東山龍山のもとに遣わし、縮羅（しじら）十端を届けさせたのであった。

さて、別れには余人をしりぞけ親しい仲間だけで、ゆっくりと語らいのときを過ごしたい相手もあろう。輝元にとってその格別な人は、曲直瀬道三と聖護院道澄であった。

八月二十五日には、酉の刻（午後六時頃）より、曲直瀬道三邸で催された振舞に、穂田元清・吉川広家とともに赴いた。酒宴の余興には虎屋立波・幸五郎一座による能が行われ、広家も笛を吹いて加わったのであった。楽しいひと時であったろう。

道三には、上洛の夜の宿としたり、茶屋や休息に訪れて風呂に入ったり、賓客のもてなしのためにその屋敷を借りるなど、いろいろと世話になった。そこで京を離れる前日には、道三に銀子五十枚、同内儀に銀子十枚を贈って謝意を表したのであった。

聖護院道澄は輝元の上洛中で、いちばん接触が多かった。関白が出御する御対面儀礼にも、ほとんどに聖護院准后の名が見えている。朝廷・公家社会の重鎮であるだけでなく秀吉の信頼も厚い。そうしたことから輝元としても、最も頼りにしていた人物であろう。

八月二十一日、輝元が外出から帰ったのは亥の刻（午後十時）過ぎであったが、聖護院道澄の使者が御暇乞として金屏風一双と縮羅三十端を届けてきた。そこで返礼として千疋をその使者に託したのであった。

その後二十五日には、聖護院道澄みずからが、御暇乞として来宿し、銀子二十枚と引合紙（檀紙）十策を進じたのであった。道澄のわざわざの訪問は、近江遊覧の旅への誘いであったのかもしれない。

そして八月二十九日、

「巳の刻（午前十時頃）に、殿様江州へ御出で候。隆景様も御供候」

とあるように、輝元は隆景とともに近江へ旅立った。

その日は、三条より粟田口・山科の里を通り、逢坂の関・清水を見物して、申の刻（午後四時頃）に三井寺に着いた。ここで待っていた聖護院道澄の案内にて同寺の仏像・霊宝を拝観、その昔、藤原秀郷が竜宮より賜ったと伝えられる鐘以下を見物した。また遠山の紅葉などを眺めながら酒を飲み、和歌・謡などを楽しみ、御供の衆にまで一献が振舞われた。その日の宿は輝元が花光坊、聖護院道澄の宿は浄光院、隆景も宿坊に泊まった。

翌九月一日は卯の刻（午前六時頃）に三井寺を発ち、大津へ出て瀬田の唐橋を見物、石山寺に参詣した。本尊の観音像は三十年に一度の開帳ということであるが、幸運にもその期に巡り合い、御仏を伏し拝むことができた。また紫式部が源氏物語を書いたという座席や寺宝などをも拝観、またここより堅田の浦、伊吹山等を見渡した。そして坂本の山王二十一社に参詣して神楽を奉納、唐崎の松を眺め、比叡山を右に仰ぎながら滋賀の山越えをした。そして未の刻（午後二時頃）に京都妙顕寺の宿所へ戻り、道澄と隆景も帰ったのであった。

この一泊二日の遊覧は、琵琶湖周辺の名所旧跡を訪ねて、近江の秋を満喫しただけでなく、聖護院准后道澄の温かな思いやりの心に触れ、輝元にとって生涯忘れ得ぬ旅となったことであろう。

輝元の京都における交流で、いまひとつ特筆すべきものがある。それは千宗易（利休）・津田宗及・今井宗久らの茶人と身近に接したことであった。この三人は、秀吉の御茶頭として大坂城や聚楽第の茶室や茶事のすべてを掌っていた。七月二十八日、輝元が聚楽第の数寄屋で渋紙の胴服をはおり、頭巾をかぶった秀吉の御相伴をした時に、御前で茶を点てたのは津田宗及であった。

この秀吉の御茶頭たちと、輝元は私的な交流の機会を得て、彼らの茶湯にも赴いていたが、別れの時機には、それぞれからの招待がなされていた。

津田宗及は八月二十日、千宗易からは八月二十八日、そして今井宗久からは二十九日で、いずれも

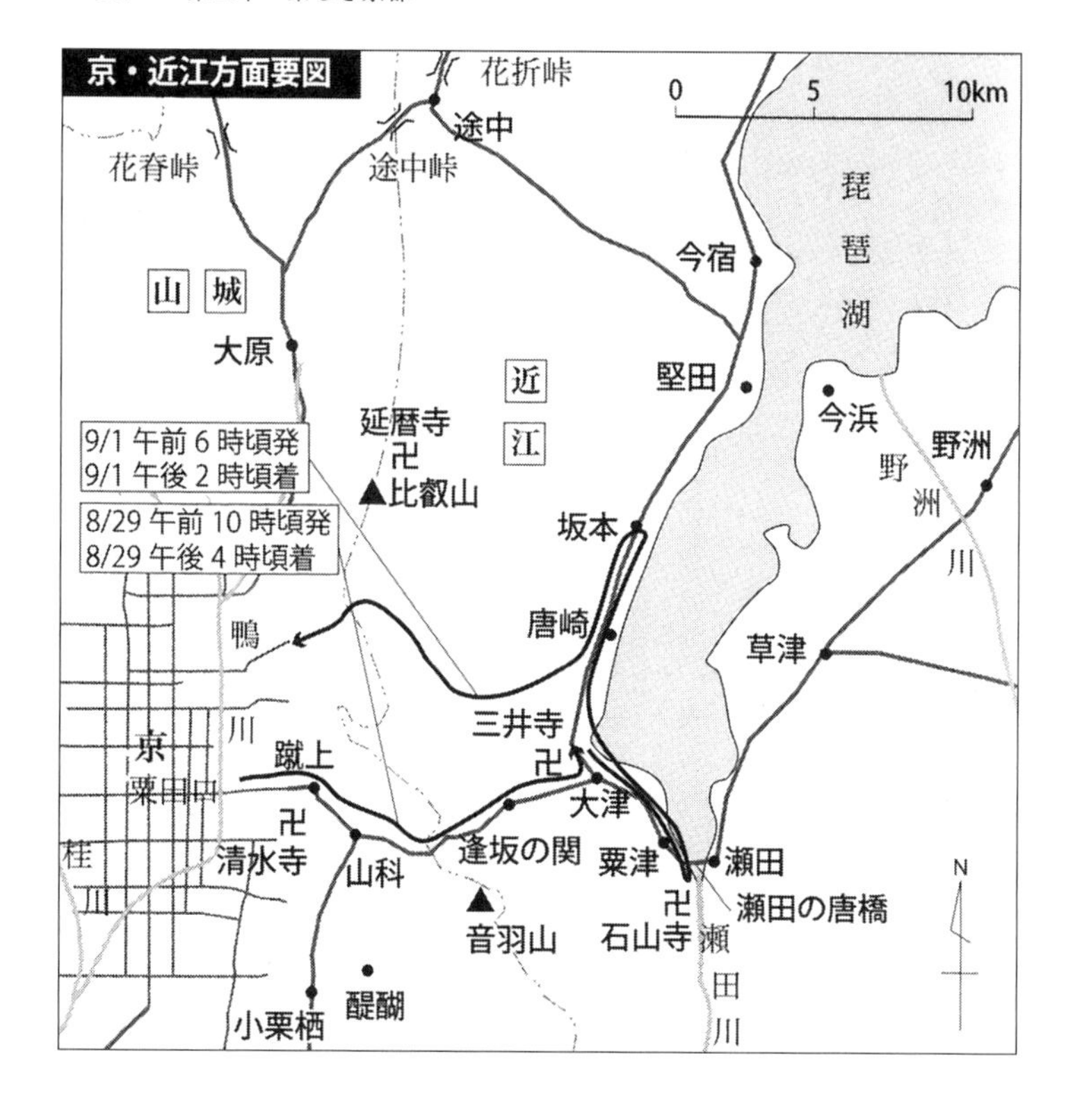
京・近江方面要図
花折峠
0
5
10km
途中
花脊峠
途中峠
琵
琶
湖
今宿
山
城
大原
堅田
近
江
今浜
延暦寺
卍
野洲
9/1 午前 6 時頃発
9/1 午後 2 時頃着
野
洲
川
▲比叡山
8/29 午前 10 時頃発
8/29 午後 4 時頃着
坂本
唐崎
鴨
川
草津
三井寺
卍
京
蹴上
粟田口
大津
卍
清水寺
逢坂の関
粟津
瀬田
桂
川
山科
卍
瀬田の唐橋
N
▲
音羽山
石山寺
瀬
田
川
醍醐
小栗栖

卯の刻(午前六時頃)の朝会で、宗及・宗易・宗久みずからの点前による茶を喫し、心づくしの懐石(かいせき)の振舞を受けたのであった。

この天下の三宗匠ともいえる茶人との交友も、輝元にとって嬉しい思い出のひとつとなったことであろう。

聚楽第と内裏への暇乞

輝元が京を離れる前に行わなければならない重要な儀礼が残っている。それは聚楽第の関白と、内裏(だいり)の天皇・上皇らへの暇乞である。暇乞は、別れを告げること、また暇をくれるようにと願い出ることである。かつて朝廷では、休暇または辞職を願う際には暇文(いとまぶみ)という文書を提出したといい、また中世武家社会においても、家人(けにん)・従者の暇は、主人が許すという形式が基本であった。

聚楽第への暇乞は、八月二十七日の酉の刻(午後六時頃)になされた。その詳しい模様については書かれていないが、公家衆らが列席する公式儀礼ではないから、輝元の服装も平服であったろう。おそらく殿上人以上の料である立烏帽子に、小袖・有紋の指貫袴を着け、季節からして華麗な胴服をはおっていたことであろう。公卿の姿がすっかり身についていたにちがいない。

「御暇乞、関白様へ御出で候。御太刀一腰梨地・銀子五十枚を御進上。関白様は御家顔に成られ、御馬一疋を進ぜられ候あいだ、御厩の内を御覧にて、何なりとも御気に入りを御取りあるべき由にて、斑の御馬を御拝領に候」

という次第となった。

すなわち、御暇乞に関白様のもとへ出仕し、梨子地蒔絵拵えの太刀一腰と銀子五十枚を進上した。関白様は笑顔で喜ばれ、馬一疋を遣わすから馬屋からどれでも好きなものを選んで取るようにとのことであった。そこで輝元は斑の馬を拝領したというのである。

ここにも秀吉の天性の明るさと、人の心を惹きつける人間的な魅力が表れている。今回の上洛における最も大きな収穫は、関白に親しく接して、その人となりを知り、またその秀吉に輝元もいたく気に入られたことであったろう。

次に内裏への御暇乞である。すでに八月二十三日に、

「辰の刻（午前八時頃）に、院御所様より金扇二十本御拝領候。忝くも綸言を成され、勅使勧修寺大納言殿が御出で候」

とあるように、院御所すなわち正親町上皇の勅使として勧修寺大納言晴豊が宿所に来たり、金扇二十本と綸言（お言葉）を下されていた。

また二十六日には、

「巳の刻（午前十時頃）に禁裏様より、御服十　殿様へ、御服二　御裏様へ御拝領候。忝くも綸言

をなされる。勅使勧修寺前内府様、同大納言殿が御出で候なり」

とあるように、勅使として前内大臣勧修寺尹豊(ただとよ)と大納言晴豊父子が来宿し、後陽成天皇のお言葉と、餞別として御服十を輝元に、また同二を輝元夫人への土産として下されていたのであった。

さて、上皇と天皇への御暇乞は、八月二十八日に行われた。しかしそれは直接の参内によるものではなかった。

「巳の刻(午前十時頃)に勧修寺殿へ御出で候。此の所より内裏様へ御暇乞を仰せられ候。御取次ぎ勧修寺大納言殿なり」

とあるように、勧修寺邸まで赴き、大納言晴豊を通して御暇乞の御礼をしたのであった。その御礼は、

天子様(後陽成天皇)へ　御太刀一腰金覆輪・万疋を御献上
院御所様(正親町上皇)へ　御太刀一腰金覆輪・万疋を御献上
女御様(近衛前久娘)へ　三千疋を御献上
万里小路殿(充房・蔵人頭)へ　御太刀一腰・千疋を進ず
三条殿(参議正親町三条公仲)へ　御太刀一腰・千疋を進ず
頭宰相殿(花山院家雅)へ　御太刀一腰・千疋を遣わす

というものであった。

大名の帰国に際しての、朝廷への暇乞の御礼が、このような伝奏による取次ぎの形でなされていた

ことがわかり、すこぶる興味深い。

なおこの時、勧修寺邸で振舞がなされ、宴の席では謡のほかに白鳥と鯉の包丁が行われた。料理は通常はお末（厨房）から運ばれてくるが、時には御前に俎板（まないた）が置かれ、包丁と称して鳥や魚の大物が調理されることもあった。これも饗応の趣向のひとつで、調理には手を使わず、右手の包丁と左手の真箸によってさばかれる。鶴・雁・白鳥などの水鳥は吸い物に、また鯉は刺身や煮物にしてだされるのである。

この宴における包丁も、はるばると上洛してきた輝元に対して、雅な世界に触れさせようとした勧修寺晴豊の、心を込めたもてなしであったのだろう。

第四章　大坂城の関白秀吉

さらば京都

九月三日、妙顕寺の周辺は夜明け前から慌しい人馬の動きが見られた。輝元が京都を離れる予定となっているからである。輝元の入京は七月二十二日で、蒸し暑い盛りであったが、あれから約四十日を経たこの時期は新暦の十月中旬、秋も深まり朝晩には肌寒さを感じる季節となっている。

卯の刻（午前六時頃）、日の出とともに輝元の一行が妙顕寺の宿所を出発した。その行列の人数や装束については書かれていないが、おそらく入京の時と同じく、梨子地の鞍鐙に熊皮の泥障と、大総の鞦を掛けた十疋の乗替えの引き馬を先に立て、いずれも熨斗付の太刀拵えに、梨子地柄の槍・薙刀という美麗に飾った三千余の御供の衆を従えて進んだものと思われる。

もちろん小早川隆景と吉川広家も同道しているが、穂田元清は「御療治のため京都に御残り候」ということになった。京都滞在中に病を患ったらしい。

輝元一行の行く先は、秀長の大和郡山城を経て、豊臣政権の根拠地のある大坂である。そしてその大坂入りの際には、威風堂々と隊列を整えて毛利の武威を示したいところである。

一行は室町より西山とよばれる京都南西端を通って鳥羽へ向かい、秋の山を見ながら淀の渡しを越え、巳の刻（午前十時頃）、石清水八幡宮に到着した。

石清水八幡宮は、清和天皇の貞観元年（八五九）に九州の宇佐八幡宮を勧請して、男山の地に遷座して創立された。その祭神が応神天皇・神功皇后・玉依姫という皇室に関係の深い神々であったことから、伊勢神宮につぐ宗廟といわれて皇室の厚い尊崇があった。

また後世、石清水が源氏の氏神とされる由縁は、石清水が清和天皇の時代に創立されたことにある。この期に臣籍降下した諸源氏の祖たちが、当時勧請された石清水を氏神に選んだことは容易に想像される。そのうえ、祭神が応神・神功という三韓征伐に関与したと信ぜられた神々であったところから（『日本書紀』）、武神としての信仰が武人の間に高まり、世に知られる源頼義・義家の八幡大菩薩崇敬や、源頼朝の鶴岡八幡宮創立となったのであった。

石清水八幡宮の鎮座する男山は標高百四十三メートルの、お椀を伏せたような形をした山である。そこへ輝元も登った。

「御神前に御参り候て、河原毛馬に御太刀一腰金覆輪・御腰物一、御神馬を御寄進。御宿は中ノ坊にて候。万疋を遣わされ候。この時中ノ坊御一献を進められ候。御供の衆へも御振舞これあり候」

とある。

輝元主従は山頂の神前に詣で、太刀・刀・神馬を奉納し、宿坊の中ノ坊に休息した。ここで直会の一献があり、御供の衆にも振舞がなされた。万疋という高額な進上は、その酒肴料を含めてのものであったのだろう。

男山の地は、北に木津・宇治・桂三川の合流点を控え、南に山をめぐらした要害の地で、また当所が川を隔てて相対した天王山とともに、しばしば京都をめぐる大小の戦闘の勝敗を決する要とも目され、

——男山を制する者は、京都を制す

とさえいわれた軍事的要衝でもあった。

南北朝時代の合戦では、このあたりでしばしば激戦が繰り広げられた。また六年前には、羽柴・明智両軍の山崎合戦の勝敗が、天王山の占拠によって決せられ、また明智の与力にあった筒井順慶が、男山八幡の南方の洞ヶ峠で両軍の形勢を見渡し、秀吉方の有利とみてこれに味方をしたという言い伝えもある。

輝元は男山に立って周囲を見渡しながら数々の戦闘の模様を思い浮かべ、また遥かに京都の彼方を眺めながら、この一月半ほどにおける京都での日々を思い返していたことであろう。あの不安と緊張

に包まれていた上洛当初に比べれば、いままさに喜びの絶頂にあったといえよう。

関白秀吉の信任を得て参議の公卿に推挙され、憧れの参内を果たして天顔を拝したてまつり、御盃をも賜った。また摂家以下の公卿・殿上人と交わり、豊臣政権の重鎮大名の多くとも交流し、幅広い人脈が形勢された。公家・武家の間に、毛利の名と存在を広く知らしめることができたのである。

財政的には多額な出費をともなったが、輝元にとっては得るところのほうが大きかったにちがいない。それは輝元自身の今後の処世・生き方、および豊臣政権下における毛利の取るべき方向性が、はっきりとつかめたように思われたことであろう。

未の刻（午後二時頃）に下山して放生川を渡り、申の刻（午後四時頃）、宇治に到着した。宿所は宇治の茶師、森彦右衛門宅であった。

宇治を代表するのがお茶と平等院である。宿主による歓迎の一献と、お茶を一服喫した後、

「酉の刻（午後六時頃）に平等院へ御参なられ候。恵心僧都が作りたまう二十五の菩薩を御拝見候。扇の芝、宇治橋、朝日山、橘の小島、蕗の瀬、川島などを御覧し、お帰りに隆景様の御宿へ御出で候。御宿主上林が御茶を進め候。御謡これあり。その後御風呂へお入り候」

とある。

宇治川左岸の絶好の地に建てられた鳳凰堂、浄土思想をあらわした藤原美術の最高傑作といわれる菩薩像を拝観し、源三位頼政自刃の所と伝える扇の芝、宇治橋から上流に向かって橋寺の放生院、橋

島などを見物した。そして帰途には隆景の宿泊する上林に立ち寄って茶を飲み、謡に興じ、風呂に入って心身を休め、宿所の森宅に帰ったのは、亥の刻（午後十時）過ぎであった。

宇治の茶は、鎌倉時代の初め、栂尾高山寺の明恵上人が、栂尾の本茶を宇治に移植したのに始まる。足利義満の保護の下に、森・川下・朝日・祝井・奥の山・宇文字・琵琶の七園が指定され、栂尾の本茶を上まわる勢いとなった。そして安土桃山期には、宇治は茶の本場所といわれるまでになったという。

輝元が宿所とした森家と、隆景が泊まった上林家は、ともに宇治の茶師のなかでも旧家として知られていた。

秀長の大和郡山城を訪問

九月四日、この日は亡父隆元の忌日である。隆元は永禄六年（一五六三）八月四日が命日なので、毎月四日は精進日にあたる。空模様は終日曇天であった。

卯の刻（午前六時頃）に宇治を発ち、奈良方面へ向かった。上洛時の往路は、大坂から淀川沿いに進んだが、帰路には大和路をとった。これは大納言秀長の郡山城に立ち寄ってから、大坂へ赴く予定にあったからである。

京都から奈良へ至る木津川右岸の道筋には、湧水地が多く、井出村・玉水宿といった名水の伝承がある。

「井手の玉水へ御出で候て、水を御覧じ御茶を聞し召し、御酒など参り候」

とあり、輝元一行も井出の玉水の名にひかれて井戸を見物し、茶屋にて名水で点てた茶を味わい、酒を飲んで休息した。

そして午の刻（正午頃）に奈良坂を越え佐保川を渡り、未の刻（午後二時頃）に大和郡山へ着いた。そこには秀長が待っていた。

「御迎えとして大納言殿、道五十町ほど御馬をはやめられ御出で候。御馬の口取りも追いつき申すこと成らず、只御一人にて御出で候」

輝元の出迎えのために、秀長は五十町（一町は百九メートル）すなわち五キロほどの距離をただ一人で馬を馳せ、御供も追いつかない状態であったというのである。

大和郡山は、筒井氏の城下町であったが、天正十三年（一五八五）八月、秀吉は筒井定次を伊賀に移し、秀長に大和・和泉・紀伊百万石を与えて郡山城主とした。京都から大坂へと結ぶ大和路を押さえ、大坂城の守りを固くしたのである。

筒井氏の時代から、郡山の町割は古来の条里制を活かした碁盤の目状をしていたといわれる。秀長はこの地に堅固な城郭を築くとともに、堺や奈良から商人を移住させて本格的な城下町建設に取り組み、本町・綿町・魚塩町・豆腐町・紺屋町・材木町・茶町・雑穀町ほか十三の商人町を整備したといわれる。

秀長と輝元は駒を並べて進み、大納言殿の「御たや」（田屋カ）へ入った。秀長の別邸であろうか。ここで秀長による振舞が催され、御供の衆にも酒食の饗応がなされ、秀長の主だった家臣も列席した。この別邸を、輝元は郡山滞在中の宿所としている。

九月五日、辰の刻（午前八時頃）、大納言秀長の御請待（招待）があり、輝元は隆景・広家とともに郡山城へ出掛けた。この輝元が訪問した頃、郡山城は建設工事の続行中で、主要な部分は出来上がっていたが完成には至っていなかったであろう。

爽やかな晴天の中、輝元一行は大手門を潜った。これは紀州根来寺の大門を木津川で回送して移したものである。礎石や城壁を築く際にも、領内の寺社から大石を供出させたといわれる。そうした雄大な城構えを見上げながら城内へと進んだ。

ちなみに、秀長は天正十九年（一五九一）に没し、後を継いだ養子の秀保も文禄四年（一五九五）に急死する。ついで増田長盛が入城し、城下全域を堀で囲った総構などの修築を加えるが、秀長時代の規模は本丸・二ノ丸・法印郭などが主要な建物で、後世に拡張された三ノ丸部分はなかったようである。秀長の館は二ノ丸で、これから催される請待の宴も、その二ノ丸の客殿であろう。

さて輝元が案内をされた宴の会場も、聚楽第の秀長邸と類似した上下壇の広間であった。ただ聚楽第の秀長邸とは異なり、縁の幅が二倍ほども広く、その上に薄縁が敷かれている。日記には座配図が載せられているが、参席人数が少ないので省略するが、なんとそこには長岡玄旨や安国寺恵瓊・黒田孝高・大谷吉継らの名前も見えている。この中の黒田孝高には大坂でもいろいろと世話になる。他の者も関白の大坂還御とともに移動し、それも輝元の日程に合わせて郡山城に立ち寄ったものと思われる。

この広間での座配を見ると、上壇は床を背にして左手（向かって右側）の上座に安芸宰相（毛利輝元）がいる。これは客人だからであろう。その下手に長岡玄旨（幽斎）・筑前侍従（小早川隆景）が座している。また右手は輝元の前に大納言（秀長）が対座し、その下手に安国寺恵瓊・新庄侍従（吉川広家）が座している。そして下壇の左手に黒田勘解由（孝高）と大谷刑部少輔（吉継）が並んで座している。黒田孝高は、官途通称をこれまでの官兵衛から勘解由に改めている。

それから、黒田・大谷が座した背後の薄縁を敷いた所に、毛利家臣の福原元俊・口羽春良・渡辺石見守と、小早川・吉川の家臣と思われる井上又右衛門尉・今田中務の五人が陪席を許されて居並んでいる。

まずは輝元よりの進物の儀が行われる。

大納言様（秀長）へ　銀子五百枚・御太刀一腰金覆輪・御腰物・御弟鷹一居

局方へ　紅糸百斤・銀子二十枚

御息様（秀保カ）へ　御太刀一腰金覆輪・虎皮十枚・御馬代千疋

というものであった。

弟鷹とは雌の隼で、架に据えているので一居という。局方は秀長夫人と思われるが、夫人については不詳である。また御息様とは秀保のことであろう。嗣子のない秀長は、三好吉房の子秀保を婿養子に迎えていた。秀保は秀吉・秀長兄弟の姉ともを母とし、秀次の弟でもあった。

進物の儀における奏者は桑山修理大夫（重晴）と福知三河守（政直）の両名であった。奏者は主人の側近に侍し、取次ぎや披露などをつとめる役である。足利将軍家では申次、諸大名家では奏者といい、その進上の作法も複雑であった。豊臣政権もほぼこれに類似した形式と作法で行われていたのであろう。

これに続いて酒肴が出され、「御通は諸大夫衆」とあるから、加用（給仕）は諸大夫衆に叙されていた家臣がつとめた。これも聚楽第におけるそれと同様である。ただ、注目されるのは、

「殿様御膳は三方の台なり。大納言様御膳は四方の台なり」

という料理を載せる膳の記述である。

室町期の武家故実書によれば、将軍および摂家・門跡・大臣は四方、大・中納言以下殿上人は三方、そして大名は足付とし、それ以下の武家衆は平折敷とするのが作法であった。

殿様輝元の三方は慣例通りであるが、大納言秀長の四方というのは、大臣以上の扱いということに

なる。他の参会者の膳に関する記載はないが、彼らは慣習からすれば、長岡玄旨や隆景・広家ほか大名身分は足付で、また縁にて陪席を許されていた福原元俊以下五名の陪臣（ばいしん）たちは、足のない平折敷であったのだろう。

なお宴の際に、大納言秀長より輝元へ御太刀一腰金覆輪・御腰物（刀）一と青毛の馬一疋が進ぜられている。

この郡山城における一献は、いわば儀礼的な盃事と進物の贈答で、心を込めたもてなしは、別邸の「田や」に座を移しての饗応であった。それは未の刻（午前十時頃）に始められた。

座配図によれば、そこは十八間の広間で控の間が続き、庭には能舞台が設けられていた。ここでは広間の上壇に大納言秀長・安芸宰相輝元および筑前侍従隆景・新庄侍従広家が座した。

また縁の能舞台に近いところに玄旨（長岡幽斎）・安国寺（恵瓊）・黒田勘解由（孝高）・大谷刑部少輔（吉継）のほか秀長家臣二名が座し、懸橋（かけはし）の白洲に沿って毛利家臣の福原・口羽・渡辺ら三名と、小早川と吉川家臣の井上・今田両名および御供の近習（きんじゅう）が伺候（しこう）した。

そして広間の下壇には、秀長家臣の諸大夫・加用衆らが伺候し、客前に酒や料理を運んだものと思われる。

「此の所に御食（おんしょく）参り、金銀の折・食籠（じきろう）が終日参り候。御盃台出で候」

というから、その宴は一日中行われたという大変なもてなしであった。金銀を施した角型の折や、円形の容器を重ねた食籠に、種々の料理が盛られていたのであろう。

その間、午の刻（正午頃）から金春太夫らによる十二番の能組がなされ、三番の三輪には、長岡玄旨が鼓を打つといった楽しいもので、「亥の刻（午後十時頃）に御能終り」というから、まさに終日の宴となったようである。

九月六日、天気は晴である。

「卯の刻（午前六時頃）に大納言殿へ御茶湯に御城へ御出で候。隆景様・広家様御供なり」とある。

輝元は隆景・広家とともに郡山城へ登城した。秀長の心遣いによる朝会に臨んだのであろうが、夜更けまで続いた宴の翌日に早朝の茶湯というのは、いささか苦しかったかもしれない。

辰の刻（午前八時頃）、宿所の「田や」に戻ると、秀長の諸大夫十三名・布衣三名ほか二十名ほどの重臣たちが、あいついで挨拶に訪れた。輝元の出立にあたり、御礼と見送りのために来たのであろう。

この中には桑山修理大夫（重晴）・加藤遠江守（光泰）・池田伊予守（秀雄）・藤堂佐渡守（高虎）・小川土佐守（祐忠）など、後に独立大名となった部将の顔も見え、彼らにはその場で太刀と銀子二千疋（または千疋）が遣わされている。

それから間もなく、輝元一行は出立した。行く先は奈良を経て大坂へ向かう予定である。

奈良遊覧

秀長の家臣らが大勢で見送る中を、輝元一行が郡山を出立したのは、巳の刻（午前十時頃）であった。

「巳の刻に奈良へ御出で候。大納言殿も御同道なり。隆景様・広家様御供候」

とあり、大納言秀長も同道することになった。輝元と秀長の二人は、また駒を並べて進んだのであろう。

秀長も関白の移動に合わせて大坂入りをするので、輝元にも途中の奈良見物を勧め、みずからその案内役を買って出たのであろうか。

奈良は平城京の置かれた古都で、平安遷都（せんと）後は東大寺や春日社・興福寺などが支配する寺社の都となっていた。戦国乱世を経て織田信長は、奈良の寺社に対して弾圧を強めたが、秀吉は政教分離をはかって寺社には宗教活動のみを許して、その範囲内においては保護を加える政策を取った。

これを受けて大和の支配者となった秀長は、寺社領の検地を峻厳に実施する一方で、荒廃した寺社には喜捨（きしゃ）のほどこしや、修造に助力をするなど、恩威並び行う方針で臨んだため、奈良にも活気が見られ始めていた。

ところで、輝元の郡山訪問と奈良遊覧は、当初はもう少し早く、八月上旬頃の予定であったらしい。

興福寺僧の多聞院英俊の日記を見ると、天正十六年七月晦日条に、

——来ル三日、安芸ノモリ来ルトテ、奈良中ハ弥掃除コレアリ

とある。

来る八月三日に安芸の毛利が来るというので、奈良中はいよいよ掃除が始まったというのである。

これも大和の領主秀長の命令によるものであろう。

けれども、当初の八月上旬という予定は、関東の北条氏規の上洛という事態により、変更せざるを得なくなったものと思われる。この氏規上洛のことは、『多聞院日記』の八月十八日条にも、

——京都へハ東国ヨリ相州氏直ノ叔父美濃守上洛、東国悉ク和談相調ヒ

と見えている。

そして北条氏規の聚楽第出仕、関白の対面は二十二日になされ、この儀には秀長も輝元も列席した。そして秀長が郡山に帰城したのも八月二十七日のことであった。

また興味深いのは同記の八月二十九日条に、

「大納言殿ハ迎ニ、木津マデ出デ了。家康郡山へ来リ了」

とあることで、徳川家康も奈良に下向し、秀長が木津まで出迎えに赴いたという。秀長はおそらく輝元の時と同様に、家康一行を鄭重にもてなしたことであろう。

秀長は輝元と駒を並べながら、奈良の寺社や城下の町割りのことなどを語りかけながら進んだこと

であろう。同記の八月二十四日条には、

「東西北国ノ大名衆、爰元へ近日ニ下ルトテ、奈良中寺辺ノ掃除コレアリ」

とある。

聚楽第行幸のために上洛し、その後も京都・大坂周辺に滞在していた大名が帰国を始め、ついでに奈良を見物する者も多く、寺院はそのために掃除をしていたのであろう。

ちなみに、同記の九月朔日条には、

「家康ハ成身院へ、豊後ノ屋形ハ知足坊へ、僧坊中ハ皆以テ宿ニコレヲ取ル」

と書かれている。

家康は成身院に、また豊後の大友義統は知足坊に泊まった。奈良中の寺院の僧坊はみな大名たちの宿所になったというのである。大名の宿所となれば、寺院の塔頭・僧坊も宿泊の礼銭を得て大きな収益となる。それゆえ大名の一行を迎える寺院も、掃除を入念にしたのであろう。

さて奈良に着くと、輝元はすぐさま猿沢の池へ赴き、ついで興福寺の本尊釈迦如来を拝観、心前院では庭園を見ながら酒を飲み、謡を楽しんだ。ついで東大寺の大仏殿・二月堂・手向山八幡に足を運び、若草山を眺めながら春日大明神を訪れて社頭に詣でた。そしてここより下り、未の刻（午後二時頃）に成身院へ戻った。

この成身院は法相宗の寺で、数日前には家康もここを宿所としていた。

「此の所にて大納言殿の御振舞これあり。御供衆にも残らず御食を遣わされ候。大納言殿は座敷ごとへ御出でになられ、直に御家顔を作られ、御酒をひとつ給わり候へと、悉くに成され御事に候」

とある。

輝元一行の奈良到着の祝いといったところであろう。秀長の心遣いによるもてなしであった。成身院の宿坊に食事の膳を用意し、秀長は御供の家臣たちの部屋の隅々までまわり、笑顔で酒盃を勧めたという。なんと気さくで実直な人柄であろうか。関白秀吉を支えた弟秀長の存在の大きさがうかがわれる。

秀長の心尽くしによる昼餉（ひるげ）の宴が終わった。しばらくして申の刻（午後四時頃）、輝元は興福寺のあたりへ散歩に出ると人だかりがあり、歓声が聞こえてきた。

「五重塔の九輪に擬宝珠（ぎぼうし）の上へ、権者（ごんじゃ）という者が上り、扇を遣い色々身を振り秘術を仕り候。各々御見物なさる」

というのである。

五重塔は源頼朝の建立と伝えられる。その九輪の擬宝珠の上に、権者と名乗る男が、扇を用いて色々な軽業を見せていた。輝元はいたく感心し、その者に褒美（ほうび）として袷（あわせ）の下着一枚と三百疋を与えたという。なんとも気前の良いことである。

戌の刻（午後八時頃）には春日社の境内に入り、雲井の橋・弘法大師作と伝える石灯籠を見物、ついで本社・若宮に参拝して神楽・祈禱料を奉納した。折しも樹木の間から月がかすみ、帰途には鹿の声が此処かしこに聞こえ、まことに有難き霊地に思われたという。

そして亥の刻（午後十時頃）に宿所の成身院へ戻ったところ、

「大納言殿より、夜物語など成さるべき間、御出で候へ」

との誘いがあった。

そこで輝元が早速に秀長の宿である「中ノ坊」へ参上したところ、色々な料理の折・食籠・盃の台などが用意されていた。そして金春太夫の一座による囃子や謡・鼓があり、宿所の成身院へ帰ったのは真夜中の子の刻（十二時頃）過ぎであった。

大坂入り

翌九月七日、卯の刻（午前六時）に、大納言秀長が宿泊する「中ノ坊」へ出向いた。「御朝食」の招待がなされていたからである。

昨日は深夜まで酒を酌み交わし、まさに午前様の帰宿となった。睡眠も充分ではなかったであろうに、早朝の食事とは辛かろう。しかし秀長も輝元も、ともに律儀で大真面目な性格であったのだろう。

食事の間に贈答がなされ、秀長より輝元に御腰物（刀）が贈られ、輝元からは「御暇乞」として五郎正宗の脇差が進上された。

じつに楽しい郡山訪問、そして奈良見物の旅であった。それもこれも、すべては秀長の細やかな心配りのお蔭であった。日記にも、

「御逗留中上下の人夫・馬以下迄、御賄等は大納言殿より仰せ付けられ候。宿主に迄御下知、別して馳走つかまつり候。此の段、筆に記し難く候」

と書かれている。

すなわち、輝元の逗留中における人夫の食事や、馬の飼い葉にいたるまで、そのすべてを秀長が下知し、宿所の主にまで落度なく世話をするようにとの指示を与えていたという。

それにしても、秀長の来客に対する、誠意にあふれた鄭重な心遣いには驚かされる。この輝元に対する心のこもった種々な配慮を、数日前に郡山を訪れた徳川家康に対しても行なっていたのであろう。いや郡山に来訪する多くの大名にも、同じ様な歓待と心配りをしていたのかもしれない。

下層身分からスピード出世により関白にまで上りつめた秀吉は、大名との人脈が希薄であった。それゆえにこそ、こうした秀長の諸大名との親密な交流は、秀吉を支える大きな力になっていたにちがいない。

秀長はこれより約二年半後に五十二歳で没するが、それは彼のあまりにも誠実な人柄と、こうした

過酷なまでの忙しさによる過労死であったように思われてならない。

辰の刻（午前八時頃）、輝元一行は奈良を出発し大坂へ向かった。沿道の名所旧跡を見物しながら、大和（奈良県）と河内（大阪府の一部）の国境にある生駒山を通った。天気は良く山頂からの眺めも格別である。遠く三輪山・吉野山・金剛山・信貴山から竜田の里までが見渡せた。ついで暗峠を越えて河内の松原を通る、ここは左に高安里（八尾市）、右に片野の原（交野郡）が広がっている。

そして大坂に到着したのは、未の刻（午後二時頃）であった。

「御宿は黒田官兵衛殿の所なり。御落着に黒田官兵衛の御振舞これあり。御供衆迄残らず御食これあり」

とある。

その日の輝元の宿所は、七月の上洛の途次に大坂へ寄ったときと同じく、黒田孝高邸であった。またしても黒田孝高の世話を受けることになった。孝高は秀長の郡山城の饗宴で同席していたが、輝元の大坂入りの準備もあり、先行していたものとみえる。孝高は輝元の御供衆のすべてにまで、大坂到着を祝っての酒肴を用意していたのであった。

この歓迎の宴が行われている最中の酉の刻（午後六時頃）、

「関白様が、淀より大坂へ御下り候」

という報せがあった。

関白秀吉は京都から淀川を船で下って、大坂に到着したのである。

大坂城に出仕

九月八日、輝元は黒田孝高邸で目覚めた。寝所の舞良戸を開けると、夜明けとともに陽光を浴びて聳え立つ、五層からなる壮大な大坂城の天守が見えたことであろう。

輝元は十二日に大坂を出立するが、その間の宿所は黒田邸のほかに、上洛に際しても泊まったことのある浜町の布屋をも使用している。黒田邸は後に天満に移るようだが、この当時は秀吉の近臣という立場からも、城に近い地にあったと考えられる。大坂滞在中の輝元の宿所は、その日の外出先に合わせて便宜に変えたのであろう。ちなみに、大坂の毛利邸はやがて木津に構えられるが、日記にはその大坂屋敷に関する記述は見えていない。

卯の刻（午前六時頃）、郡山で格別の世話にあずかった大納言秀長のもとに、福原元俊を「御馳走の御礼」の使者として遣わした。秀長も昨日のうちに大坂入りをしていたらしい。

辰の刻（午前八時頃）、大谷刑部少輔吉継が関白の御使として来宿した。

「関白さまより殿様へ、菊の御小袖一重、染小袖なり。御肩衣一、下り御紋はかちに桐のとう、まいらせられ候」

とあるように、呉服を届けてきたのである。

この呉服は、菊の節句すなわち九日に大坂城で行われる重陽(ちょうよう)の儀に、輝元が着用する染小袖と、褐(かち)色(いろ)地の両胸のあたりに桐の薹紋(とうもん)を白く染め抜いた肩衣であった。

室町幕府における大名・武家衆の出仕は、基本的には直垂(ひたたれ)または素襖(すおう)であるが、その下着は季節による衣替えの規程があった。御供衆をつとめた伊勢貞頼(さだより)の『宗五大草紙(そうごおおぞうし)』によれば、冬は三月中まで袷(あわせ)に小袖を着用し、四月朔日(ついたち)より袷のみとする。袷とは絹製で裏表を縫い合わせて仕立てた小袖の下着である。また五月五日の端午から八月朔日までは帷子(かたびら)を着ける。帷子は裏地を付けぬ麻布の小袖である。そして九月朔日より袷の下着を着け、九日の重陽から小袖の間着(あいぎ)を加えるが、この日は特に花色すなわち薄い藍色に染めた小袖を間着とした。その後は寒気に合わせて小袖を二枚・三枚と適宜に加えるというものである。

つまり九月九日は、下着を夏の麻の帷子から袷に替え、また間着の小袖を加えるという衣替えの節目であった。

したがって、ここでいう小袖とは、九月九日の重陽の出仕に着用する花色の間着小袖のことで、室町幕府における衣替えの慣習と同じである。ただし異なるのは、室町幕府では肩衣は主として下級の士の料で、上級の士は野外服としては自由であるが、将軍御対面のような正式な出仕には用いられなかった。

しかし戦国期以降、服装の簡略化とともに肩衣袴が普及し、織田政権でも安土城では肩衣袴姿での登城が普通となり、天正上下（裃）の名の由来ともなった。そして豊臣政権では、いわば関白の政庁としての聚楽第における公家衆が同席する儀礼では、官位の規程による束帯姿としたが、武家の政庁としての大坂城においては肩衣袴を制服としていたようである。

巳の刻（午前十時頃）、輝元は隆景・広家とともに大坂城に出仕した。これは大坂到着の挨拶であろう。それゆえ装束は拝領の呉服ではなく、京都で過ごしたお気に入りの立烏帽子をつけ、小袖袴に胴服をはおった、参議にふさわしい公卿の姿であったと思われる。

秀吉の大坂築城は天正十一年（一五八三）の九月に始まるが、本丸・二ノ丸・三ノ丸・総構から成る巨大な城の完成は、彼の死後であった。すなわち、まず天正十三年春に本丸が完成し、同十六年春には二ノ丸が竣工したとみられる。その後文禄三年（一五九四）春から五年春にかけて総構の堀普請が行われ、三ノ丸の増築工事は慶長三年（一五九八）から始まり、八月の秀吉死後も続けられ、翌年に完成をみたといわれる。

輝元と隆景・広家の三人が向かっている天正十六年（一五八八）九月当時の大坂城は、本丸とその区域内にある山里曲輪と二ノ丸部分までが完成していた。本丸の景観については、天正十三年閏八月八日付、ルイス・フロイスの報告書に、

――筑前殿はまず同所（大坂）に甚だ宏大な城を築き、其の中央に高い塔を建て、堀・壁及び保

塁を設けた。保塁は各々塔の如く入口に大小の門あり、門は鉄を以て覆うてある。
――殊に重なる塔は金色及び青色の飾りを施し、遠方より見え一層荘厳の観を呈している。

ここでフロイスがいう高い塔というのは外観五層の天守で、堀・壁は本丸の水濠や空堀の際にそそり立つ雄大な石垣、また保塁とは多聞櫓や千貫櫓・焔硝櫓の様な、城壁の上に設けられた物見や武器を納めるための櫓で、それらが備えている大小の城門の扉は鉄であった。そして重なる塔が金色及び青色の飾りを施していたというのは、そびえ立つ五層の天守の屋根瓦には、金色や青色が施され、遠方からも荘厳な姿を見せていたのであろう。

輝元・隆景・広家の三人の中で、隆景だけはすでに大坂城内を見たことがあった。それは天正十三年十月のことで、秀吉との講和の挨拶として、毛利家を代表して吉川元長（広家の兄・病死）とともに大坂を訪れ、秀吉の案内によって本丸天守に登ったのであった。しかしその時には、まだ二ノ丸はできていなかった。隆景は歩きながら、三年前に初めて大坂城を訪れた時の驚きを、いまさらのように輝元に語って聞かせたことだろう。

初めて大坂城内へ入る輝元は、正面大手口の龍・虎の大石に挟まれた桜門をくぐり、枡形にある三十六畳敷といわれる巨大な蛸石を見上げながら、本丸天守へ進んだものと思われるが、その時のことは、

「関白様へ御出仕候。御食まいらせ候。別して御会釈」

として、食物の膳が出され、関白のご機嫌がとりわけ良かったことを記すのみで、その御対面の場所や次第については書かれていない。けれども、本丸の構造は、大きくは政治の場・政庁としての表御殿と、秀吉とその妻の居館としての奥御殿とがあった。そして表御殿も御対面所としての大・中・小の広間と、秀吉が日常の政務を執る御座の間などに分かれていた。この点からすれば、輝元ら三人が秀吉の御対面を受けた場所は、小広間であったと考えられる。

ただ、この御食というのは饗応の膳ではなく、いわゆる式三献（しきさんこん）のような形式的な酒肴の膳であったと思われる。

盃を頂戴するという言葉の起こりは、室町時代からであろう。正月や節供のほかあらたまった晴れの日には、大名・幕臣たちは幕府に出仕して将軍に拝謁（はいえつ）し、御酒（ごしゅ）を賜るが、その際に賜った盃（土器（かわらけ））は頂いて持ち帰る。これを御盃頂戴（おさかずきちょうだい）と称した。

盃を頂くことは、将軍との主従関係を改めて確認するといったような意味があった。またこうした御対面の儀式において出される酒の肴は、「引渡（ひきわたし）」と呼ばれる打鮑（うちあわび）・昆布とか勝栗または梅干・海月（くらげ）などと決まっており、いわゆるご馳走のたぐいは出されなかった。

江戸幕府における年頭や節日（せちにち）における将軍御対面儀礼も、基本的にはこの引渡の膳による御盃頂戴の形式である。それゆえ豊臣政権における関白秀吉の御対面儀礼も、室町幕府とほぼ同じような形式で行われていたのであろう。

この日の輝元・隆景・広家らの登城も、いわば大坂における武家関白に対する初めての出仕であり、そうした意味では、晴れの御対面儀礼に近いものであったといえよう。それゆえ御対面の時間も儀礼的な短いものであったらしく、間もなく宿所の黒田邸に帰っている。

その日の午後は黒田邸で過ごした。ただし来客があいつぎ、午の刻（正午頃）には、備前宰相宇喜多秀家より使者として明石伊予守全登（てるずみ）が来宿、明後日の十日に予定されている宇喜多邸での「御一献」への招待がなされた。この宇喜多邸で催される宴には、関白の御成（おなり）が予定されているらしい。

申の刻（午後四時頃）、豊臣家臣の毛利兵吉重政と平塚為広（ためひろ）が来訪したので、黒田孝高も加わって食事をともにし、酒を呑み謡に興じた。

この宴の最中に「公方様の御諸侯の衆十八人」が来宿した。彼らは前公方足利義昭が毛利の領国に亡命していた際に、義昭の御供として同行していた面々で、輝元の大坂滞在を知って挨拶に訪れたのであろうか。輝元は十日の夕刻に公方義昭邸の宴に赴くことになるが、その招待もおそらくこの折に伝えられていたのであろう。

九月九日、重陽の節供の日である。陽である九の数が重なる佳日とされ、季節の花である菊花を愛（め）で、菊酒を飲むという唐代の宮廷で行われた風習が、わが国に伝えられたものといわれる。平安時代には天皇が紫宸殿（ししんでん）に出御（しゅつぎょ）し、群臣に宴を賜り詩歌文章（しいかもんじょう）を課され、これを菊花の宴とも称した。しかしこうした儀礼は鎌倉時代以降には廃れ、菊酒と菊花を愛でるという風習だけが残った。

いっぽう室町幕府においては、重陽は上巳（じょうし）・端午・七夕・八朔（はっさく）などと同様の節日とされ、諸大名・武家衆は直垂または素襖の下に、花色の染小袖を間着として幕府に出仕し、将軍御対面と御盃頂戴の儀が行われる年中行事となっていた。また重陽の御対面所の前庭には、前日のうちに沢山の菊が植えられ、座敷には造花または鉢植えの菊花に綿をかぶせて露をおいた形を作り、これを着せ綿と称したのである。

その日は卯の刻（午前六時頃）に、

「隆景様・広家様、御酒参り候」

とあるように、早朝に隆景と広家が輝元の宿所に来た。

これは重陽の節を祝っての御礼出仕であり、御酒というのは菊酒であろう。酒に菊花を入れ、その芳香により邪気を払い、また露を飲んで寿命を延べるという慣習が天正期にも残っていたようである。

ついで辰の刻（午前八時頃）、

「御礼として関白様へ御出仕候。昨日御拝領の御小袖・御肩衣袴を御着け候て、御参に候」

とあるように、大坂城の関白へ出仕した。

御礼とは重陽の御礼の意である。その際には昨日拝領した菊花の節の出仕にふさわしい花色の染小袖を間着とし、その上に褐色地に桐の薹紋を白く染め抜いた肩衣袴を着用した。肩衣袴には烏帽子はかぶらず、露頭（ろとう）が定めである。

隆景・広家も同道したが、彼らには呉服の拝領がないから、一般的な萌葱（もえぎ）または鼠色の肩衣袴の上下姿に、花色の間着小袖を加えていたのであろう。桐の薹紋を据えた肩衣は、輝元のような特に拝領した者だけに許される呉服とされていたと考えられる。これは足利将軍家における、桐紋の呉服拝領に倣（なら）った栄典授与の制とみられる。

御対面の場所は、本丸表御殿の大広間であろう。輝元は着座をすると、まずは関白へ御太刀一腰金覆輪・御馬一疋・銀子十枚を進上した。ついで御対面と酒盃の儀である。

「御通（かよ）ひ衆は対の肩衣袴を着あるべきの由上意をなされ、各（おのおの）衣裳を改められ候。其れ以後に御対面なされ御酒これあり。隆景様・広家様も同前に御出仕候」

とある。

菊酒と打渡の膳が出されたのであろう。加用（かよう）役の衆は、揃いの肩衣袴を着用するようにとの上意がなされていたので、いずれもこの日は肩衣袴姿で給仕にあたった。御対面に続いて酒盃の儀があり、隆景・広家も同席したというのである。ここには書かれていないが、加用役の衆が多数いたことからすれば、おそらく他の多くの大名も肩衣袴姿で出仕をしていたことだろう。

この本丸における菊の宴も、室町幕府や江戸幕府の節朔（せっさく）と同様の形式的な御対面儀礼で、「巳の刻（午前十時頃）に御宿黒官所へ御帰り候」とあるように、短時間で帰宿している。

黒田邸に帰ると、「北政所（きたのまんどころ）様より御使いなり」として、杉原市右衛門長房が行器（ほかい）に納めた赤飯十荷(か)・酒樽二十・肴三折・白鳥二・鯛五十・昆布百把(ぱ)という沢山の品物を届けてきた。輝元の大坂逗留にあたっての差し入れであろうか。秀吉夫人からの心遣いである。そこで使者へは返礼として小袖一重・太刀一腰・三百疋を遣わし、樽などの持手には千疋を与えたのであった。

これと前後して「此の節、堺南北の衆・大坂の衆各出仕、記し難し。進物多し」とあるように、堺や大坂の商人らが進物を持って来宿している。これは輝元の帰国に際しての挨拶であろう。北政所からの沢山の差し入れは、こうして宿所に訪れる来客への振舞に出されたのであろう。

山里の茶屋に招かれる

九月九日は重陽の出仕を了(お)え、いったん帰宿した後に再び登城している。

「未の刻(午後二時頃)に、また関白様へ御茶湯に御参り候。隆景様・広家様・安国寺御供、山里の御茶屋」

とあるように、輝元は隆景・広家・安国寺恵瓊と連れ立って、城内にある山里の茶屋へ赴いた。装束についての記述はないが、同じ重陽の日とはいえ、本丸表御殿における式正(しきしょう)儀礼への出仕ではないから、拝領の呉服は着用していないであろう。

表御殿における御対面のほとんどは儀礼的で、その際に出される酒肴も引渡による酒盃の儀のような、いかにも形式的なものであった。そこで秀吉は、輝元のような格別な者に対しては、あらためて城内の茶屋に招待をして、もてなしを行なったのであろう。

秀吉の茶湯の好み、すなわち数寄ぶりについては、輝元は七月二十八日に聚楽第の茶屋で拝見している。あの聚楽第の茶会は卯の刻（午前六時頃）に始まった。

その時の模様は、輝元も鮮明に覚えていたことであろう。萱葺屋根の四畳座席に入ると、床飾りには遠寺の晩鐘の絵を掛け、桃底の花入が置いてあった。底に台のない桃のような形をした胡銅の花器で、中国からの舶来品である。風炉に瓜形の茶釜を掛け、水指は芋のように中ほどが膨らんだ形の芋頭、翻（建水）は蛸壺であった。

その他の茶道具は、灰かつぎ天目、唐物の小茄子茶入、柄杓立は備前物、茶杓は象牙で朱徳作とあった。このうちの灰かつぎ天目は、もと武野紹鷗所持の天下一として知られ、桃底の花入は荒木道薫が所持していたものという。道薫は前名を荒木村重といい、摂津伊丹城主で信長の武将として知られたが、叛いて敗れ、流浪の末に道薫と号して茶人となったという人物である。

あの時の印象としていまも輝元の脳裏に焼き付いているのは、津田宗及の点前が始まろうとした時、関白が渋紙で仕立てた紙衣の胴服に頭巾姿で現れたことであった。

またこれに続いて食事が出されたが、朝会なので品数は少ない軽いものであった。膳は折敷ひとつで、器は内外ともに黒の吉野塗りで、朱漆の絵が施されていた。その献立も、椀は煎干・鮑・大根・

豆腐などを煮込んだ集汁(あつめじる)、皿に鯛の焼物と、土器には鯛の膾(なます)、そして小皿には香の物と山椒が載っていた。飯は粥(かゆ)であった。このほかには縁高(ふちだか)の木皿に、捻(ひね)り物の菓子が出された。

輝元はこれから赴く大坂城山里の茶屋における趣向を、楽しみにしていたことであろう。大坂城内の茶室は、世に知られる三畳敷の黄金の茶室のほかに、山里の茶屋と呼ばれる数寄屋があった。本丸御殿内の茶室は、いずれ城内見物の折に拝観できるであろうが、今日の山里の茶屋では、関白秀吉みずからの御点前がなされるということである。

山里の茶屋は、本丸奥御殿の北側に隣接する山里丸または山里曲輪と呼ばれた地にあった。ここは文字通り樹木が生い茂った山里の風情を凝らしたところで、そこに草庵風の茶屋が建てられていた。秀吉は表御殿における公的な仕事の合間に、山里の静寂な空間で茶を楽しみ、心身を休めていたのであろう。

輝元に同行している隆景だけは、これより三年前の十月に吉川元長と上坂した際に、この山里の茶屋に来たことがあった。隆景に随行した家臣の覚書には、

——二十三日早朝、関白どの山里御座敷にて御茶の湯あり。山里の御座敷、古木などの儀、さながら物さびたる趣に候。

と記されている。

日記には、この日の山里の茶屋における茶会の趣向が詳しく書かれている。帰宿した輝元が次第の

すべてを語ったのであろう。まずは茶湯の模様である。

一、御座敷は三畳の萱葺なり　一、御絵青楓（あおかえで）　一、御壺すてご
一、小壺仁田肩衝（にったかたつき）　一、天目灰かつぎ　一、水さし土物（つちのもの）　一、御釜ほうろく
一、蓋置（ふたおき）は五徳（ごとく）
以上
後のうす茶の御座敷は二畳敷なり
一、花入かぶらなし　一、御釜うば口　一、焼茶碗
何れも関白様御手前なり

とある。

この記述から山里の茶屋と、茶湯の次第を想像してみよう。屋根は数寄屋風の萱葺で、濃茶（こいちゃ）の座敷は三畳であった。床飾りには青楓の絵を掛け、その前に捨子と名付けた大きな葉茶壺が置かれていた。また茶入は新田肩衝、茶碗は灰かつぎの天目、そして水指は土物、焙烙（ほうろく）の風炉（ふろ）に釜を掛け、蓋置は五徳形であった。

ついで行われた薄茶（うすちゃ）の座敷は二畳敷である。床には蕪無（かぶらな）しの花入に花を生け、風炉には姥口（うばぐち）形の釜を掛け、茶碗は焼物が用いられた。

興味深いのは、濃茶・薄茶ともに、御手前は関白秀吉みずからが行なったということである。使用

の茶道具はいずれも秘蔵の名物類であろう。特にこの中の青楓の絵は中国元の禅僧玉澗（ぎょくかん）筆の水墨画である。また新田肩衝はもと村田珠光（じゅこう）所持の大名物で、初花（はつはな）肩衝と並ぶ古くから著名な唐物茶入である。そして灰かつぎ天目は、中国産の天目形茶碗で、灰の中に黒胡麻を無数に散らしたような模様がある。茶湯を愛好した秀吉の数寄ぶりがよくうかがわれる。

この日の亭主秀吉の衣装はわからないが、あるいは七月二十八日の聚楽第の数寄屋に現れたと時と同じの、渋紙で仕立てた紙衣の胴服に、頭巾をかぶっていたのであろうか。

山里の茶屋の二畳座敷については、筑前の豪商である神屋宗湛（かみやそうたん）の日記の天正十五年二月二十五日条によると、この二畳座敷は、床が四尺五寸、壁は暦張り（こよみばり）、そして左の隅に炉があったという。しかしいまひとつの三畳敷の茶室に関しては、他の記録には見あたらない。山里の茶屋が三畳座敷と二畳座敷から成っていたということを示している貴重な記事なのかもしれない。

日記には、茶湯に続いて行われた振舞の献立についても、次のように記している。

御会席（かいせき）

一、折敷　杉の足打（あしうち）、本膳すみきらず

一、右に鮭の焼物　吉野つぼに入れて

一、左に鮭のひづなます　おろし大根、ひらかに入れて

一、御汁雁に松茸（まつたけ）入り

一、杉の足うちに　かうの物　山升(ます)に入れ
一、御汁鱈(たら)　大根のそほろ上にをき
一、御菓子　くみつけいもごみ　御楊枝　安国寺への菓子せんべい

というものである。

本膳は杉の足打折敷、すなわち折敷に足を付けたもので、その四隅の角は切り落されてはいない。この本膳は右に鮭の焼物が吉野塗の壺形の器に、左には鮭の氷頭膾(ひずなます)におろし大根を添えて平賀（平高）の小壺に盛られ、吸物椀は雁に松茸が入っていた。氷頭膾とは、鮭の頭の軟骨を刻んで膾にした酢の物である。吸物の雁は、おそらく秀吉の鷹狩による獲物であろう。

二の膳も杉の足打で、これには枡形の器に入れた香の物と、汁椀は鱈で、上に大根のそぼろが載っていた。香の物といえば、この時代では大根・牛蒡(ごぼう)・茄子・瓜などの味噌漬けが普通である。そして菓子は組合せの器に芋籠(いもごみ)が盛られていた。芋籠とは米の粉に山芋をすり混ぜて昆布で包み、たれ味噌で煮て小口切りにしたものである。ただし安国寺恵瓊の菓子だけは煎餅(せんべい)であった。芋籠をあまり好まなかったのかもしれない。

図が載せられていないが、当然のこと本膳には盃と、耳土器(みみかわらけ)（耳の形をした皿）に箸を置き、また二の膳には、好みによって加える塩や生姜(しょうが)・山椒などの小皿が添えられているのが普通である。

また飯も書かれていないが、おそらく湯漬けが出されていたことであろう。鎌倉時代頃までは蒸し

た強飯が主であったが、室町時代になると、武家では水を加えて炊いた柔らかい姫飯を好んで食べるようになった。それも昆布と椎茸でだしをとった汁を湯桶に入れて適宜にかけ、これを湯漬けと称した。秀吉の催した振舞や、この期における茶会記の献立の多くに、この湯漬けが見えている。そのほか飯の代わりに、季節によっては蒸麦・冷麦・素麺が出されることもあった。

この山里の茶屋における会席は、いわゆる昼食である。鎌倉時代までは一日二食であったが、室町頃からは三食が一般的となっていった。体力を必要とする武士や農民が三食を摂ることは、必ずしもこの時代からではなかろうが、室町期における三食の普及は、禅宗の影響ともいわれる。禅宗寺院では古くから厳しい修行の途中に、間炊と称して饂飩・素麺などの麺類を点心として食べていたのが始まりらしい。将軍足利義政などは、しばしば禅寺に御成を行なったが、これは寺詣でとともに、禅寺で饗される中国風の麺類や、油を使った揚げ物料理、旬の食材による煮物、それに宋風の抹茶と菓子など、食通であった義政の味覚を楽しませるものが多かったのであろう。

輝元の旅行中の食事を見ると、夕食は諸大名家での酒宴が多いが、朝食や昼食はほとんどが茶湯の招待であった。

朝会では秀吉の聚楽第数寄屋における朝会のような、粥と一汁三菜程度が普通である。朝粥は禅寺の食事の基本が粥であったことと関係があろう。足利将軍家の朝食も、年間を通して粥または味噌雑炊というのが例であった。

また昼食はこの山里の茶屋におけるもてなしのように、湯漬けと二汁ほか数品の比較的に軽い献立であった。そして夕食には、酒肴を凝らした豪華な饗応の宴に招かれていることが多かった。

この山里における茶湯も、およそ一刻（約二時間）くらいの短時間で了えて帰宿したのであろう。けれども、

「御宿へ御帰り候て、また御衣裳を召替えられて御出仕候」

とあるから、さらに三度目の登城をしたのである。

ここにいう御衣裳を召替えたというのは、本丸御殿への出仕であるため、早朝の重陽出仕と同様の染小袖と桐紋を据えた肩衣袴に着替えての登城であったのだろう。これは昼の茶湯のもてなしに対する御礼であろうが、その際「山里の御茶屋掃除衆八人」に対しても二百疋ずつ、総額十六貫文を遣わしたのであった。

この日の輝元は忙しい。夕方酉の刻（午後六時頃）には、天満の本願寺を訪問している。上洛途中に大坂滞在をした間の七月二十日、本願寺若門跡の教如上人（光寿）が浜の町の宿所布屋に来訪し、翌二十一日には昨夜から移った黒田孝高邸の宿所に、大門跡の顕如上人（光佐）の来訪を受けていた。それゆえ輝元としても、帰途にはどうしても本願寺へは挨拶に赴かねばならなかったのであろう。

本願寺はかつて織田信長と敵対して、上杉謙信・武田信玄や朝倉・浅井・三好らと結び、十一年間にもおよぶ石山戦争が行われた。この間、毛利も瀬戸内海や大阪湾で織田水軍と戦い石山籠城を支援

した。しかし戦いは本願寺方に利あらず、結局は正親町天皇の仲裁を受け入れる形で信長と講和し、石山を退去した。その後秀吉の大坂築城に際し、城の北側にあたる淀川を隔てた天満に土地を与えられて寺内町を形成していた。

天満の本願寺を訪れた輝元は、大門跡の顕如へ御太刀一腰金・三万疋、また若門跡教如へ御太刀・二万疋を贈り、下間刑部卿・橘坊・益田少将らの坊官といわれた僧侶らにも太刀・銭を遣わした。そして

「此の時、若門跡の御振舞い御座候。御供の衆にまで御食これあり」

ということになった。

若門跡教如により、御供の衆にまで酒食の振舞がなされたのである。信長と戦った石山戦争のことなど、話は尽きなかったことであろう。

「亥の刻（午後十時頃）に布屋所まで御帰り候て御休み候」

とある。

夜も更け、玉造の黒田邸までの道のりは遠い。そこで天満から近い浜の町の布屋に宿を借りることになった。

関白の宇喜多邸御成に陪席

九月十日、輝元は布屋で目覚めた。上洛をめざして毛利船団が大坂に上陸したのは七月十九日、その日の宿は布屋であった。あれから二ヶ月近くを経ている。あの時に比べて夜明けの時刻が遅くなっているが、天気は晴れである。陽が昇るにつれて、目の前に広がる淀川沿いの景色にも、晩秋の気配が感じられるようになっていたであろう。

辰の刻（午前八時頃）、輝元は隆景・広家とともに備前宰相宇喜多秀家邸へ向かった。黒田邸と同じく、宇喜多邸も大坂城に近い位置にあるから、浜の町の布屋からはだいぶ距離がある。移動は輿（こし）であろう。

この日、宇喜多邸には関白の御成がなされる。一昨日には秀家から輝元に対して、招待の使者が遣わされていた。

「巳の刻に、関白様この所へ御成なされ候。御迎えとして御門外橋の上まで殿様御出で候。公方様も御庭へ御下り候て、御伺公候」

とある。

関白の宇喜多邸御成は、巳の刻（午前十時頃）であった。輝元は大手門の内堀に架かる橋の外側まで御迎えに出ていた。また公方様の足利義昭は、関白の輿が寄せられる宇喜多邸の、主殿正面の前庭に下りて伺候し、関白の到着を待っていたのであろう。

日記には宇喜多邸広間も、関白御成の座配図が載せられている（二二九頁参照）。おそらく宇喜多邸は、単に大名秀家の私邸というだけでなく、関白秀吉の御成を迎えての諸行事も行われる、いわば儀礼の場としての機能をも有していたと思われる。

京都聚楽第の城内域にあった大和大納言秀長邸や近江中納言秀次邸が、あたかも公家衆や大名が列席する饗応の接待所のような役割を果たしていたように、大坂でも秀長邸と秀次邸はもちろん、宇喜多秀家邸もこれに準じた位置をしめていたのかもしれない。

秀家は十八歳の若年ではあるが、備中（びっちゅう）東半と備前・美作（みまさか）両国に合わせて五十余万石を領する大名である。秀吉の寵（ちょう）を受けて参議に任じられただけでなく、秀吉の養女豪姫（ごうひめ）（前田利家の四女）を妻に迎え、秀吉の一字をも与えられるという格別な扱いを受けていた。

秀吉の養女豪姫が秀家に嫁した正確な月日はわからないが、天正十六年の夏頃、つまりは輝元の上洛と相前後した時期ではないかと考えられる。

それは秀吉の北政所（おね）宛の消息から推測すると、豪姫の呼び名を十五年十二月頃までは「おひめ五もし」（お姫御もじ）としていたが、十六年十月五日付の消息では「ひんせんの五かた」（備前

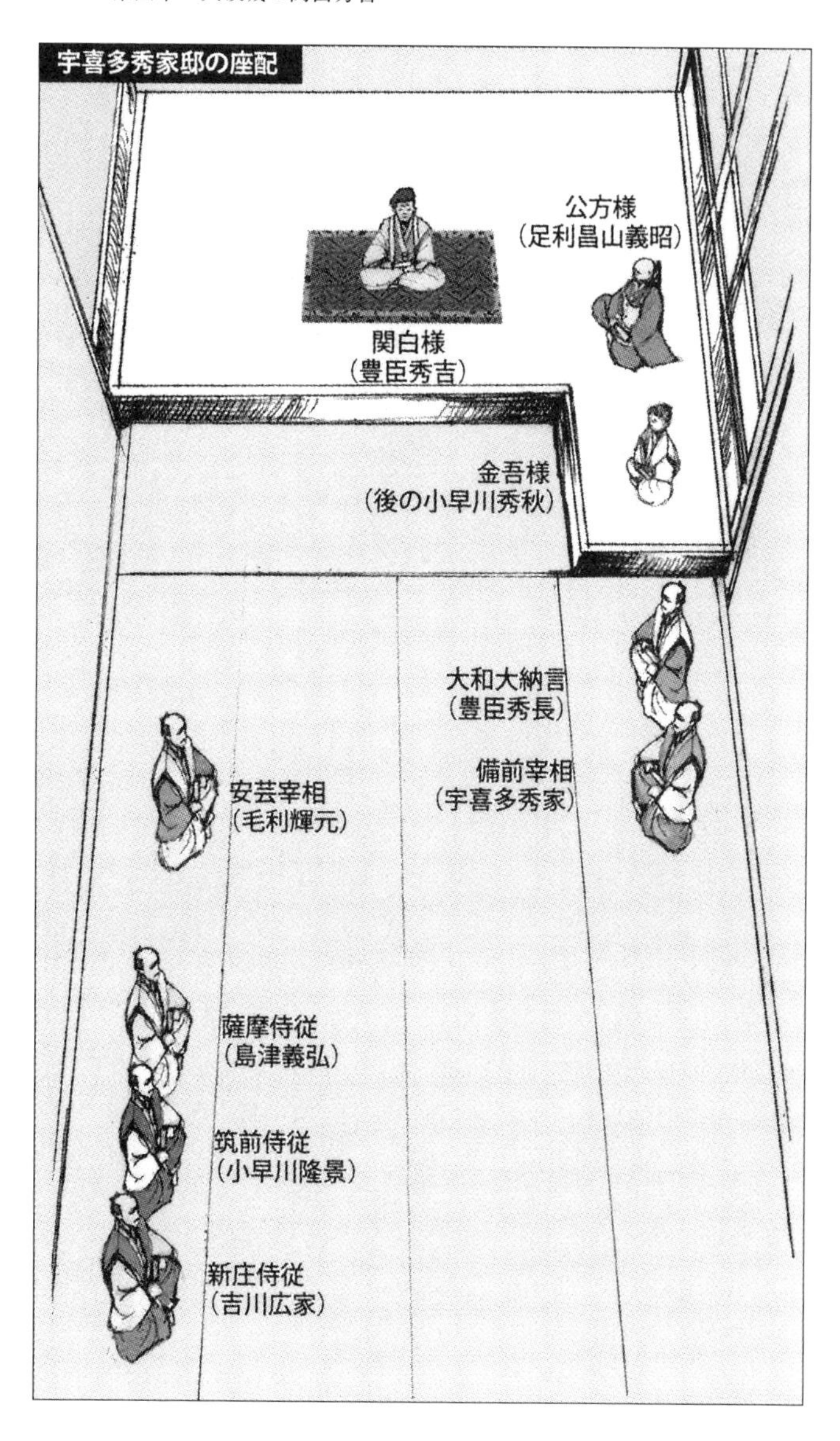
宇喜多秀家邸の座配
公方様
（足利昌山義昭）
関白様
（豊臣秀吉）
金吾様
（後の小早川秀秋）
大和大納言
（豊臣秀長）
備前宰相
（宇喜多秀家）
安芸宰相
（毛利輝元）
薩摩侍従
（島津義弘）
筑前侍従
（小早川隆景）
新庄侍従
（吉川広家）

の御方）と書いている。この時には豪姫はすでに備前宰相宇喜多秀家の奥方であった。

豪姫は当年十五歳である。京都滞在中の八月七日、輝元が聚楽第に出仕し、囲碁拝観の後に邸内を残らず見物した際のこと、関白が姫子（ひめこ）を抱いて現れたというが、その姫子が豪姫だとしたら、彼女の秀家との婚儀は、それから間もない時期かもしれない。愛しい豪姫を嫁に出すという複雑な胸中が、恥も外聞もかまわず輝元の前に姫子を抱いて現れるという、秀吉の奇矯（ききょう）な行動に結びついていたように思えてならないのである。

秀吉は豪姫を養女とし、実の娘のように可愛がっていた。その豪姫を嫁として与えられた秀家も、よほど秀吉の信頼が厚かったのであろう。それゆえ豊臣家における秀家の位置は秀吉の娘婿に等しいもので、その点からは徳川・上杉・毛利といった他の武家公卿とは、性格の異なる大名であったと考えられる。

「関白様は御礼の儀もこれなく、御頭巾にて高間（たかま）の重ね畳の上へ御着座を成され候」

御成では、本来ならば足利将軍家における慣例のように、まずは主殿において御対面と式三献による盃の儀を了えた後、会所（かいしょ）に座を移しての宴がなされるというのが普通である。しかし秀吉はそうした形式的な儀礼は省略して宴の広間に直行し、頭巾姿にて高間（上壇）中央の置畳に着座したのであった。

この時、上壇左手の奥に公方様足利昌山（しょうざん）（義昭）、その手前の張り出しに金吾（きんご）様（秀俊）が座していた。そして下壇の左側には大和大納言秀長と備前宰相宇喜多秀家が並び、右手には安芸宰相毛利輝元が対座し、少し間を置いてその下手に薩摩侍従島津義弘・筑前侍従小早川隆景・新庄侍従吉川広家らが居並び、一同に平伏して関白の出御を迎えたことであろう。

　上壇にいる金吾秀俊は、七月に上洛した輝元が、聚楽第に出仕して関白に拝謁したその日、関白が奥へ還御された後に催された酒宴では、関白に代わって秀俊が上壇中央に座していた。彼は天正十年の生まれというから、いまだ七歳の子供である。それが公家の日野大納言や、武家の徳川大納言家康・大和大納言秀長・近江中納言秀次をはじめとする公卿が列座しているその上手に、金吾様と呼ばれるあどけない少年が鎮座しているのには驚いたが、今日もその秀俊が、上壇に座している。

　金吾秀俊はいまだ左衛門督（さえもんのかみ）侍従である。それが武家公卿の大納言よりも上位に扱われているというのは、なんとも不思議で、滑稽（こっけい）にさえ思われる。

　この日の前にいる秀俊が、これより六年後の文禄三年（一五九四）のこと、突然の天下り人事さながらに、毛利家の養子とするようにと押し付けられることになる。そして結局は隆景が小早川家に引き取る羽目になろうとは、この時の輝元にも隆景にも、まったく考えも及ばないことであったろう。この秀俊が後の小早川秀秋である。

　さて、この日の御成の御奏者は尼子（あまご）宮内（くない）少輔、また御加用（給仕）は諸大夫衆であった。彼らは「各肩衣袴」でつとめたとあるから、ここに列席している大名の多くも、肩衣袴姿であったのだろう。

饗応は七献の仕立であった。肴と盃を出して進めることを献という。献の数は不定で、七献・九献・十一献などいずれも奇数とし、多いものでは十七献というのもある。そして亭主の心次第に、献の間に引出物の進上をする。

秀家もこの例にならい、初献に御太刀一腰金覆輪・御馬一疋鹿毛、二献に御小袖二十三、三献に盆・香箱、四献に虎皮十枚、五献に紅糸一斤、六献に緞子二十端、七献に御腰物（刀）一・脇指一などの品々を、御奏者の披露によって進上している。またこの間に能組五番と狂言がなされたのであった。

ただ、この宴における七献の献立についてはわからない。上洛した輝元がどのような食物や料理を食べていたのかは、とても興味を引くところであるが、日記には秀長邸や秀次邸御成における献立のことは記されていない。それは食材や料理については、よほど鋭い味覚とグルメ感覚をそなえている者でなければ、品目とその内容についての説明は難しかろう。けれども輝元は京都や大坂における関白御成の饗宴に陪席し、毛利の領国とはまったく違う、洗練された高度な食文化に触れたことであろう。

現在の日本料理の主流になっている四方（四角）の会席膳に、次々と季節の食材を用いた料理が出される会席料理は、江戸時代に茶会や連歌・俳諧を楽しむ人々が寄り集まり、その席で饗された酒宴向きの食事が始まりといわれる。しかしこの会席料理は、室町時代に発達した二の膳・三の膳付きの正式な本膳料理と、禅寺などの簡素な懐石料理とが合わさって変化・発達したものである。
それゆえ、いわゆる和風のもてなし料理のもとは、室町時代に生まれたといえるであろう。そして戦国期における将軍の諸大名邸御成、それに続く関白秀吉の御成における豪華な饗応は、この期の料理を大きく発達させたものと思われる。

輝元が陪席した関白御成の献立についてはわからないが、室町期の武家故実書や大名邸御成記に、将軍御成における会所広間での模様をうかがうと、饗応は初献雑煮、二献吸物、三献同吸物、次いで献外と称して酒を出さずに湯漬け、素麺と引物（添え物）の菓子が饗される。そして、暫時の休息をはさんで四献目の肴と銚子が出されると同時に演能が始まる。その後の献の数は不定であるが、七献・九献・十一献・十七献などと奇数で仕立てられた。

将軍御成には、いわゆる山海の珍味が用いられる。そこで戦国・織豊期における饗応を窺う参考として、永禄四年（一五六一）三月に、将軍義輝が三好長慶邸に御成を行なった際の模様を『三好邸御成記』の献立に見てみよう。

そこには百に近い品目が書かれているが、主な食材だけを拾ってみても、魚介類では鯛・蛸・海老・鮑・鯒・鯨・えい・鰹・鰯・鯉・鮒・鮎・サザエ・蛤・赤貝・バイ貝・海月・烏賊など。鳥では鶉・鶫・鵠など。野菜・果実では茄子・山芋・蒟蒻・栗・銀杏・胡桃・串柿・金団など。その他に蒲鉾・海鼠腸・カラスミ・海苔・饅頭・羊羹・魚羹などの品目が見える。これらの食材を焼物・汁物・

刺身・酢の物・練り物・膾・あえまぜ・龍刺（両刺）・ウケイリなどに調理された。

調理の仕方は故実書によると、白鳥・鵠などの水鳥は主として吸物に、また雉・鶉などの山鳥は焼物にする。羹は「あつもの」、すなわち熱物の意で、魚・鳥の肉などを入れた熱い吸物である。材料の名を付して亀羹（すっぽん）・白魚羹などといい、羊羹というのも、元来は菓子ではなく、羊肉の「羹」であった。「羹に懲りて膾を吹く」（『楚辞』）という言葉は、熱い吸物を飲んでやけどをしたのに懲り、冷たい膾も吹いて冷ますという意で、転じて前の失敗に懲りて、必要以上の用心をするたとえに用いられている。

饅頭は魚肉を麵に包んで蒸したものであるが、食べ方は今日と異なり、蓋付きの汁椀に入れ、饅頭の「粉切り物」という粉をかけて食べた。粉は山椒・肉桂・胡椒・辛子などの粉で、切り物は柚子の皮・みかんの皮・しその葉・たでの葉・茗荷などの刻み物である。これらを好みによって、たれ味噌の汁に加えて食べたのである。また「あえまぜ」は、するめ烏賊と鰹を削り混ぜて酒浸しにしたもの。龍刺は川魚の小ぶり二つを串に刺して焙り焼きにしたもの。ウケイリは鯛のすり身を小梅ほどに丸め、たれ味噌をかけたものである。

このように将軍御成には、上質な旬の食材を用いての、味覚の粋をきわめた饗応がなされたことから、料理の発達をうながした。武家の料理は、鎌倉時代では四条流などの公家の料理式が行われていたようであるが、室町時代には四条流から分かれた大草・進士の家が起こり、足利将軍家に用いられた。

大草・進士の両氏は、将軍家の日常の食物を整えるだけでなく、幕府殿中の諸儀礼に供せられる食物や、大名邸御成における饗応の献立・調理を指図するのみならず、御成の宴では饗応の趣向として、御前に置かれた俎板（まないた）で、大物の魚や鳥の包丁さばきを披露した。

関白豊臣家の台所で調理を掌（つかさど）っていたのも、もとは足利将軍家に仕えていた料理人たちであったと思われる。そして彼らにより聚楽第や大坂城における諸儀礼や饗宴の食物はもとより、関白秀吉の接待所としての秀長邸や秀次邸御成の献立、そしてこの宇喜多秀家邸御成のような饗応も、そうした料理人により、将軍御成さながらの、豪華をきわめた饗応料理が出されていたのであろう。

「申の刻に関白様は還御なされ候。殿様も黒官兵衛所へ御帰り候」

とある。

宇喜多邸に関白が臨御（りんぎょ）したのは巳の刻（午前十時頃）であった。そして還御が申の刻（午後四時頃）というから、かなり長時間にわたる宴であった。加用の諸大夫衆により酌がなされ、山海の珍味によるる粋をきわめた料理が次々と饗された。そして能・狂言の余興を楽しみ、輝元も満足をして黒田邸の宿所に帰ったのであった。

足利義昭との語らい

しかしこの日の輝元は忙しい。

「同刻に大和大納言殿へ御出で候。色々御物語をなされ、御家顔あり」

とあるから、休む間もなく大納言秀長邸へ赴いたのである。

秀長も宇喜多邸に同席していたから、これは明後日の帰国を前にした儀礼的な挨拶のつもりであったのだろう。だが律儀な秀長である。輝元を笑顔で迎え入れ、色々な話をしたのであった。

この秀長邸にいる間に、備前宰相宇喜多秀家から、本日の来臨に対する御礼の使者が到来したとの知らせがあった。そこで輝元はこの場において赤川主水佐（もんどのすけ）を返礼の使者として宇喜多邸に遣わした。そして自身はいまひとつの訪問先である足利義昭邸へと向かった。義昭は今日の宇喜多邸御成の際にも顔を合わせてはいるが、大坂を離れる前に、御暇乞の挨拶をしなければならなかったのである。

義昭が織田信長に追放された後、輝元を頼って亡命してきたのは天正四年（一五七六）の春であった。それ以来約十二年もの間、毛利の領国内に滞留していたが、秀吉との和解が成立し、この十六年正月に帰京していた。すでに出家して道号を昌山（しょうざん）、法号を道休（どうきゅう）と称し、伊予に一万石の知行を与えられていたが、大坂城下の屋敷に居住していた。

「酉の刻に、すぐさま公方様へ御出で候。隆景様・広家様・福原元俊が御供候」

とあるように、義昭邸に赴いたのは酉の刻（午後六時頃）であった。

輝元らが通されたのは、二間続きの書院であった。座配図によると、床飾りを備えた上手の正面中央に公方様の座が設けられ、その左側に安芸宰相輝元が座った。そして敷居を挟んだ次の間の左に筑前侍従小早川隆景と新庄侍従吉川広家が並び、そのほかに安国寺恵瓊と長岡玄旨の二人が正面を向いて座した。

恵瓊と玄旨の二人は、輝元の来邸に合わせてあらかじめ招かれていたのであろう。なお福原元俊は、供奉の侍である井上又右衛門・今田中務少輔とともに、別室に控えた。

公方様・昌山義昭の入室とともに、まずは御対面の儀があり、輝元から御太刀一腰金覆輪・御馬一疋・鳥目二万疋が進上された。御奏者は真木島玄蕃頭昭光であった。これは足利将軍家の御対面の作法そのままである。

ついで饗応の膳が運ばれた。その次第は、

「初献御湯漬、麺、吸物の三献これあり。公方様御膳は四方の台、殿様は三方の台、隆景様・広家様の御膳は足付なり」

というものであった。

これはおそらく、初献に湯漬け、二献に麺、三献に吸物が出されたのであろう。饗応の献立としては簡素であるが、なにしろ義昭も輝元も、昼に催された宇喜多邸御成において、ご馳走をたらふく食べているから、この程度が充分であったのだろう。

湯漬けは碗に盛られた少量の飯にだし汁をかけて食べる。これには香の物のほか酢の物・蒲鉾などが添えられていよう。二献の麺は季節からして温汁（あつじる）の蒸麦であろう。蒸麦とは蒸した麦の汁物で、青い辛子の葉が添えられる。そして三献は吸物であった。宇喜多邸での贅を尽くした飽食のあとには、こうした汁物がなによりである。酒は形ばかりに少々といったところであったろう。

興味深いのは、この時の膳が義昭は四方、参議の輝元は三方、そして侍従の隆景・広家は足付という区別がなされていることである。これも室町時代の故実書に、将軍および摂家・門跡・大臣は四方、大・中納言以下公卿は三方、そして大名は足付とした作法そのままといえる。ただ郡山城における饗応では、大納言秀長も四方であったから、前将軍でいまは准后の身でもある義昭としては当然である。

三献による饗応の間に、義昭からも輝元・隆景・広家に対して御太刀代・御馬代として銀子が贈られた。また輝元からはさらに進物がなされ、足利家の上﨟（じょうろう）春日局に杉原（すいばら）紙一折・縮羅（しじら）一折を、また庭前に伺候した真木島昭光をはじめとする諸侯衆たちにも太刀一腰・三千疋を遣わしたのであった。この諸侯衆というのは、一昨日の夕刻に黒田邸の宿所に訪れた十八人の足利家臣であろう。

思えば、義昭が毛利を頼って領国へ下向して来たのは四十歳の時、輝元は二十四であった。あれから十二年の歳月が過ぎ、輝元は三十六歳、そして目の前にいる義昭は五十二歳を数え、すっかり老年の風貌となっている。

今日の輝元と義昭との再会は、約八ヶ月ぶりのことである。けれども義昭の顔付きは、毛利の領国を発って帰洛していったときよりも、ずいぶんと穏やかなものに感じられたことであろう。

輝元はかつて義昭が信長に対して向けていた、憎悪の感情を知っている。それは信長が自己の野望実現のための手段としてのみ義昭を利用し、上洛成功後は傀儡（くぐつ）の人形さながらの扱いをしたことに対する、激しい憤りの感情であった。

これに比べれば秀吉の心は温かく、鄭重でもあった。一万石という扶持（ふち）は決して多いものとはいえないが、それでも朝廷から皇族に準じる准三后（じゅさんごう）の位をもらってくれたし、秀吉の親族のような扱いをもしてくれる。一度は猶子（ゆうし）にしてほしいとさえ頼んできたこともあった。将軍職復帰こそできなかったが、秀吉の処遇は義昭の自尊心を傷つけるほどのものではなかったし、前将軍としての世間への面目も立つであろう。

義昭の穏やかで元気そうな姿に接し、輝元もひとまずは安堵の思いをしたにちがいない。今夜は心を許せるものばかりの集まりである。長岡藤孝（玄旨）も、かつては義昭の近臣であった。思えばこの藤孝は、明智光秀とともに織田信長のもとへ走った人物である。そうした不忠に、義昭もいちじは激怒したこともあった。だが藤孝も苦しみ続け、いまも負い目に耐えながら伺候しているはずである。

もうすべては過去のことである。輝元は目の前にいる義昭が、坊主頭となった玄旨に向けている眼差しに、旧臣の苦衷を思いやっているような、ある種の優しさを感じ、胸が熱くなるような思いをしていたと思うのである。

歓談は尽きない、時が経つのをも忘れさせた。輝元が黒田邸の宿所へ帰ったのは亥の刻（午後十時頃）を過ぎていた。だが、それから間もなくのこと、

「大地震動あり、各仰天」

ということがあった。

大きな地震が起きたのである。忘れられない出来事の多い一日であった。その夜輝元が寝床に入ったのは、子の刻（十二時頃）という。

大坂城の天守を見物

九月十一日、卯の刻（午前六時頃）、津田宗及の「御茶湯」に臨んだ。宗及は昨夜も輝元の帰宿を待って、暇乞の餞別として赤松家伝来の桶丸という太刀と棗茶入を届けにきていた。しかし夜も遅いことから早々に辞したが、明朝の茶湯への招待を告げていたのかもしれない。

そして巳の刻（午前十時頃）、輝元は隆景・広家とともに、関白への「御暇乞」のために大坂城に出仕した。

秀吉時代における大坂城本丸の正確な規模については明らかではないが、江戸時代の絵図や本丸地盤調査の報告書によれば、本丸は周囲を囲む濠を含めて、東西は約三百メートル、南北は四百五十メートルほどで、徳川時代のそれよりは幾分小さいということである。また天守の大きさは、東西二十二メートル、南北二十メートルほどであったという。

輝元はこの日、表御殿において御暇乞御礼の後、関白の案内により、城内を拝観させてもらえるらしい。日記にはその時の模様を詳しく記している。

「此の時、天守を見せ参らせられ候。関白様が御案内なされ候。小女房達三人を召連れられ候。

此の内一人は御腰物を御持たせ候」

すると関白みずから案内をして天守を見せた。三人の若い女房を従え、そのうちの一人に刀を持たせていた。

本丸の表御殿が公的な場であるのに対し、天守は奥御殿とともに、秀吉と北政所夫妻の私的な生活空間である。ここでは徳川将軍家における江戸城の大奥と同様に男子禁制が原則で、表御殿に通ずる出入り口には鉄の扉があり、夕刻以降には女中がそこに近寄ることも厳禁とされていたようである。ここでは秀吉の身の回りの世話をする近侍（きんじ）のすべても女性であった。奥御殿には少なくとも三百名を超える女性が勤務しており、それら女中衆を統括していたのは、輝元も面識のある幸蔵主（こうぞうす）と東の局（大谷吉継母）であった。

新造の本丸御殿・天守および山里丸が竣工し、秀吉が大坂城へ居を移したのは天正十三年四月末のことで、この頃から大名や外国人宣教師などが来坂すると、秀吉はみずから城内を案内している。なかでも豊後の大友宗麟（そうりん）（宗滴（そうてき））は十四年四月に大坂城の秀吉に謁見し、城内を隈（くま）なく見物したときの模様を国許の重臣に書き送った長文の書状は、宗麟の大坂城内見聞録とも称されて世に知られている。そこでこの宗麟の見聞録を参考にしながら、輝元が本丸・天守を見物した時の記述を読み取ることにしよう。

まず、この秀吉に従っていた三人の小女房については、宗麟の見聞録にも、

——関白様の御前には、十二、三歳の女子が二、三人、眉を作り、美しい衣装で控えている。濃茶の給仕をさせ、菓子などを運ばせ、お腰の物を持たせられた。

とある。

秀吉はこうしていつも美少女を側に置いていた。もちろんそうした女性たちが、豊臣政権の公的な場である表御殿に姿を見せることはない。

「金の間、銀の間、銭の間、御宝物の間、御小袖の間、御武具の間、以上七重なり。御供の衆にまで、悉く見せ候」

これは天守内部の部屋や蔵について記しているらしいが、これだけでは理解しがたいので、宗麟の見聞録から関連すると思われる箇所を抜粋しよう。

――天守重々の様子、これまた言葉では説明しきれない。橋数は九つ、三国無双である。

――下より三重目、杉の櫃（ひつ）十四・五ほど、上に書付あり。仮名で御小袖あるいは白綾、あるいは紅御小袖、上々などと書かれている。目を驚かせるばかりである。

――一階の下はみな蔵である。その下に長櫃（ながびつ）十五・六、これも御小袖を納めている。

――その上に綿蔵、あるいは紙蔵が上下にあり、また手火矢（てびや）・玉薬（たまぐすり）の蔵あり。

――下三重目より上には、大手火矢・鉄砲六丁ずつが置かれている。

――五重・六重目には長刀（なぎなた）二つがあり、いずれも朱柄（しゆづか）である。

――金銀の蔵は数を尽くし、その一々を教えて下された。まことに驚きである。宝物の入れてある所もいちいち教えて下された。

日記にある金の間・銀の間・銭の間・御宝物の間・御小袖の間は、宗麟の見聞録によれば、一・二重目にあり、御武具の間は三重目より上にあった。これは要するに天守にある金銀・財宝や武器武具・衣類等を収めている蔵を見せ、その財力と戦力を誇示して地方の大名を威圧するという、秀吉独特の社交術であった。

ただ日記では七重とある部分が、見聞録では橋数は九つすなわち九重と異なっている。これは外観五層の天守の内部構造が、七階か九階かという重要な問題に関わるが、ほかに八重であったとしている記録もある。しかし当時は現代の高層建築における各階の表示パネルのようなものはなかったろうから、数え違いか記憶違いといったところで確かめようがない。

「その後、御座席、北政所様の御座の間ひとつ残らず、自余は御休み所まで残らず見せ参らせ候」

とある。

これは本丸奥御殿にある秀吉の御座の間や、北政所の居室などに関する記述のようである。また御休み所というのは寝所であろう。宗麟の見聞録では、

——天守より下りると、くたびれたであろうからと広間で御湯を下された。

——それから御寝所を見せようと、供の者にも同伴を許され、いずれも見物をするようにとの上意であった。

——御寝所の様体は、一、御寝所の台は長さ七尺ほど、横四尺ほどもこれあるべく候や。高さ一尺四・五寸ほど、褥には猩々緋、御枕の方には黄金にていろいろの彫り物、なかなか目を驚かせ候。九間にて候。

などと見える。

天守を下りて奥御殿の広間で白湯を一服した後、寝所を見た、そこは九間で台が置かれていた。台とは寝台で、秀吉は舶来のベッドを使用していたのである。ただ見聞録には北政所の居室についての記述は見えない。

「御休み所にて御食を参らせられ候。色々御家顔にて、関白様は直に殿様へ御さし候。その時御

胴服を殿様へ参らせられ候。御白地に桐のとうの縫い物これあり。その後隆景様・広家様へも御胴服一つ宛参らせられ候」

すなわち、寝台の置かれていた九間の御休み所で食事が振舞われ、関白は笑顔で手ずからお酌をされ、その際輝元に白地に桐の薹紋を縫い付けた胴服を賜り、隆景・広家にも胴服をひとつずつ下されたというのである。

なおこの間、輝元らの御供衆にも縁にて酒食を賜り、秀吉も顔を出して直に声をかけ、帰りには彼らに虎豹の皮の御草履を一足ずつ下された。

かくして本丸天守と奥御殿の拝観を了え、感動の余韻を残したまま、輝元は未の刻（午後二時頃）に黒田邸の宿所に帰った。

この時、宿所には多くの人々が輝元の帰りを待ちかねていた。

「大名・小名衆、社家・寺家の衆、諸職人以下まで、殿様へ出仕申され候。御進物以下は記し難きなり」

というありさまであった。

申の刻（午後四時頃）に、小寺休夢の所へ茶湯に出掛けた。休夢は黒田官兵衛孝高の叔父にあたり、秀吉の御伽衆であり茶人でもあった。銀十枚という高額を贈っているのは、輝元が宿所としている甥孝高のために、何かと心配りをしていたので、その御礼の挨拶であったのだろうか。

そして酉の刻（午後六時頃）、布屋へ向かった。明日は帰国の日である。早朝の出発を予定しているので、前夜のうちに港に近い浜の町に赴いたのである。

布屋に着いて間もなく、備前宰相宇喜多秀家より暇乞の使者として家老の戸川秀安が来宿し、梨子地の鞍鐙五口を進じた。ついで隆景がやってきた。それは、

「隆景様は高野山へ御参に候。御暇乞の為に御出で候。御酒これあり」

とあるように、隆景はこれより高野参詣に向かうため、暇乞の挨拶に来たのである。

高野山金剛峰寺（こんごうぶじ）は、真言宗を開いた弘法大師空海入定（にゅうじょう）の地である。平安時代末期から大師信仰や納骨信仰が全国的に普及し、鎌倉時代からは、幕府や武士の信仰が盛んとなった。そして中世を通して荘園が崩壊していく中で、高野山は地方の諸大名・有力者と寺檀関係や宿坊契約を結んだ。そして戦国大名の間にも高野山に墓地を求めて分骨することが流行し、また上洛の際に高野参詣をする者も多かった。毛利氏も塔頭の安養院に、輝元の祖父母である元就（もとなり）・妙玖（みょうきゅう）および父隆元の位牌を安置している。

そこでこれより高野山参詣に赴く隆景と酒盃を交わし、輝元も名代を同行させることとし、安養院と木食上人応其（もくじきしょうにんおうご）への布施を託した。この応其はこれより三年前のこと、根来寺を滅ぼした秀吉は高野山をも攻めようとした。しかし応其の奔走により高野山は全面降伏したため、戦禍を免れたということから、応其は高山（こうざん）（興山）上人と尊称され、諸大名からの厚い信頼と支援を受けていた。

その夜、布屋の主人を呼んで宿泊の礼を述べ、鳥目二千疋を遣わした。明日の出立は夜明け前の予定である。

晴れやかに帰国

九月十二日、寅の刻（午前四時頃）、まだ夜明け前であるが輝元一行は布屋を出立し、大坂を船出した。布屋のある浜の町は、高麗橋の船着場近くである。これより淀川を下る。途中の福島でしばらく西風のおさまりを待った後、やがて伝法を経て大阪湾に出た。高野山へ向かった隆景に代わって、安国寺恵瓊が御供をすることになった。

上洛のときは、吉田郡山城を出発した翌日の七月八日に草津湊を出航し、十九日の大坂到着まで、じつに十一日間もの長い船旅であった。しかし帰国の際は、この九月十二日に大坂を船出してから、十八日に尾道で上陸するまでの七日間の乗船、そして翌十九日には郡山に帰城する。

さて、大阪湾に出た輝元の御座船と御供船は、ゆっくりと難波の浦沿いに船を進め、申の刻（午後四時頃）、尼崎に着いた。

輝元はここで夕食をとったが、船団を整えるのには時間を要するとみたのであろうか。目の前には夕暮れ時の美しい景色が広がっている。

「御船を出でられ、夕月に御覧やり候は、西宮呉羽の里、武庫山、芦屋の里、摩耶山、天上寺、生田の森、箙の梅、布引の滝、御影の森、雀の松原、湊川を御覧じ候」

船を下りて夕月を眺めやっているうちに、周辺を散策したくなったのであろうか。まさに月に誘われたのである。

西宮呉羽の里は、その昔唐の国から帰化した織女が住み着いたという言い伝えのある所。芦屋の里は六甲山の南麓、摩耶山にはこのあたりの豪族赤松氏の城跡がある。生田神社の境内にある森は、源平の古戦場である。ここには梶原源太景季が、矢を盛る箙に梅の枝を指して出陣したという逸話がある。布引の滝はこの付近に寓居したという在原業平の話が『伊勢物語』に見えている。また大阪湾に面した御影の森と雀の松原は海辺の名所で、『源平盛衰記』や『太平記』にも語られている。そして湊川は忠臣楠木正成戦死の地として知られる。

こうして尼崎・西宮周辺を散策した後、再び船出して兵庫に着いたのは亥の刻（午後十時頃）であった。

この日の宿は、上洛の際にも泊まった正直屋である。宿には増田六右衛門が一献の用意をして待っていた。この六右衛門は、上洛の折に兵庫で出迎えた豊臣家の下代官である。そこで輝元は六右衛門に脇指を与え、正直屋にも二千疋を遣わして謝意を表したのであった。

九月十三日、辰の刻（午前八時頃）、正直屋をあとにした。いつもよりは遅い出立で、すでに陽は高く昇っていた。

「兵庫を御打たち候。広家様・官兵衛殿が御供候。磯伝いに名所旧跡を御覧あるべきため、陸路を御馬に召され候て御下り候」

輝元は名所旧跡を見物するために馬で陸路を進み、広家と黒田孝高も御供をしたという。なんとここには、黒田孝高も同道していた。これも秀吉の心配りであろうが、孝高は明石まで輝元を見送るのである。

上洛の際、兵庫には二日間も逗留した。しかしあのときは、夕暮れ時に付近の散歩をしたことを除けば、今度のように馬で名所旧跡を訪ねようなどという気にはならなかった。

瀬戸内海を進む御供の船団には、何度も法度を出して外出禁止や規律の徹底を命じ、豊臣政権に介入の口実を与えないようにとつとめていた。そして周囲には絶えず警戒の目を向け、安国寺恵瓊と連絡をとって上方の情報を収集しながら、ゆっくりと進んだのであった。しかしいまやそうした心配は、まったく不要なものとなっていた。

巳の刻（午前十時頃）、須磨寺に立寄り、境内にある敦盛（あつもり）の御影堂ならびに彼の所持と伝える青葉の笛を見た。また輝元は昔光源氏（ひかるげんじ）が都の政治に嫌気がさして、この須磨に三年間も仮住まいをしたという、『源氏物語』の一節を近侍に語り、若木の桜、磯馴れ松などを見物したのち休息を取り、御供の衆に酒を賜った。

そして午の刻（正午頃）にここを発ち、沿道のいかにも侘びた家々を興味深気に眺めていた。そして時には磯際で馬を下りて敦盛塚と呼ぶ石塔や、鵯越えの逆落としの古戦場にある、平重衡の腰掛松などを見物しながら播磨国に入った。そして人麻呂塚の松を仰ぎ見て、未の刻（午後二時頃）、明石の宿に到着したのであった。

「御宿道場なり」とあるから、宿所は一向宗門徒の寺院らしい。ここで森勘八高政が振舞の用意をしており、御供の衆にまで酒食が供された。この森高政は、かつて秀吉が備中高松城から上洛するとき、同城に残されて毛利の人質とされたことがある。いまも豊臣家の吏僚をつとめ、豊後に二万石を領している。輝元は在京中に、森勘八高政の屋敷に二度も招待されていた。

この振舞の際、注目すべきことがあった。

「此の時、黒田官兵衛殿の御取合いにて、勘八殿へ毛利の御字を遣わされ候。御礼として勘八殿より御脇指一つ殿様へ進められ候」

黒田孝高の取りなしにより、森高政に毛利の名字を与えたというのである。これにより高政は毛利と改名した。

大坂から同道してきた孝高の見送りはここまでである。それにしてもこの孝高には、七月十九日に大坂の船着場での出迎え以来、じつにいろいろと世話になっている。大坂では宿所の提供を受け、入京にはみずから先頭に馬を進めて案内者をつとめた。そして京都では諸大名邸への挨拶廻りに同行し、その後も輝元の大和大納言秀長訪問に合わせて郡山城に駆けつけた。また大坂城出仕の時はもちろん、こうして帰国に際しても、わざわざ兵庫・明石まで見送ってくれたのである。

黒田孝高は、すでに従五位下勘解由次官の肩書を有するれっきとした豊臣政権の大名である。けれども日記では、黒田勘解由という官名はただ一度見られるだけで、他のすべては官兵衛の通称で書かれている。輝元とその周辺の人々にとって、孝高はいつまでも以前からの、官兵衛の名で親しまれていたのであろう。

しかしこうした孝高の親切な行為も、ひとえに関白秀吉の心配りと命令があってのことである。おそらく秀吉は、初めて上洛出仕をして来る有力大名に対しては、この輝元の場合と同じように、特定の豊臣家臣に命じて、在京・在坂中に不自由のないようにと世話をさせていたのであろう。

秀吉の金品をばらまく気前の良さを語る逸話や、殺し文句で人を口説き落とすかのような手紙が沢山に残されており、これを秀吉の打算の上の社交術とか、人たらしの手口とかいった評価がなされることが多い。

たしかに秀吉は駆け引きが巧みである。戦争には太刀は要らないと、みずから豪語するほどの戦略家であった。しかし血を血で洗うような抗争の中に、海千山千の武将が多かった戦国乱世、ゴマスリ的な軽薄才子がまかり通るわけがない。謀略と姦計がはびこり、人々の猜疑心が強くなっていた乱世だからこそ、秀吉のような計算づくではないありのままの心配りが、周囲の人を惹きつけたと思うのである。

輝元は黒田官兵衛孝高から受けた親身な世話に感謝をするとともに、その背後にあった関白秀吉の細やかな心遣いに対しても心から恐縮し、また有難く感じていたであろう。そして上洛中に味わった、さまざまな喜びと感動は、これからの毛利が進むべき方向をも決定づけたであろう。そして輝元は、これより関白秀吉に対する忠誠心を強め、より積極的に近づいていくことになる。

亥の刻（午後十時頃）、黒田孝高・毛利高政らの見送りを受けながら乗船し、明石を出航した。広家は陸路をとって帰国することになった。

輝元の御座船と御供船は夜の海を進み、翌九月十四日寅の刻（午前四時頃）、室津湊に入った。しかし輝元はそのまま御座船で一夜を過ごし、卯の刻（午前六時頃）に室津を出航し、申の刻（午後四時頃）、備前の牛窓に着いた。

だがこの日も船中で仮眠をとり、十五日の早朝卯の刻（午前六時頃）には牛窓を出航した。ところがやがて西風が強く吹きはじめたので、午の刻（正午頃）には讃岐の広島に待機することにした。ここは塩飽諸島の内にある。

結局は風がおさまらず、その日は広島に滞留することになった。夕刻に御座船の近くで鹿の声が聞こえたので、和歌を詠んで安国寺恵瓊の船に届けさせると、恵瓊からも返歌がなされた。それから磯に上がって付近を逍遥することもあったが、風待ちに耐えた退屈な日となった。

九月十七日、卯の刻（午前六時頃）に讃岐の広島を出航し、巳の刻（午前十時頃）、備後鞆の浦に着いた。ここでは上陸して昼食をとる予定にある。上洛の時と同様に因島の村上左衛門大夫が、観音堂で一献の用意を整えている。そしてその饗応の最中に、

「御迎えとして備後衆まかり出でられ候」

ということがあった。

この備後衆とは、上洛の時の状況からすれば備後の海賊衆で、これより毛利船団の水先案内と沿岸警護につくのである。

そして午の刻（正午頃）、鞆を船出し、申の刻（午後四時頃）に尾道に着いた。輝元は上陸して笠岡屋に入った。ここは上洛のときに泊まった宿で、小早川隆景配下の水軍の部将である木梨元恒が、輝元一行のために一献の用意をしている。

この笠岡屋で饗応を受けている時、御迎えの「吉田の衆」が到着した。毛利の本拠である吉田郡山城から、輝元を迎えるために多くの家臣たちが駆けつけてきたのである。彼らは主君の無事な姿を見て、みな安堵の思いをしたにちがいない。

九月十八日、辰の刻（午前八時頃）、尾道を出発した。ここからは輝元以下陸路を進む。出迎えの家臣たちも加わり、隊列は大きく数を増やしていたことであろう。

申の刻（午後四時頃）、椋梨に着いた。ここは安芸豊田郡にあり、吉田まではもう一息というところ、

その気にさえなれば宵の内の帰国も可能な距離にある。

しかしこの日は市の近くの寺に泊まることにした。船中泊の多かったこともあり、御供の衆には疲労の色も見える。ここで食事を与えて休息をとらせ、明日はみな元気な姿で、勇壮にして整然と帰城したいというのが、この時の輝元の気持であったのだろう。

そして九月十九日は、辰の刻（午前八時頃）に椋梨を出立した。天気は晴れている。輝元一行は上洛の時と同様に、きらびやかな軍装の隊列を整え、あたかも毛利軍が凱旋（がいせん）するかのように、威風堂々と行軍をしたことであろう。沿道には多くの領民たちが迎えに出ている。そして、

「午の刻（正午頃）に、吉田の郡山へ御帰着なされ候なり」

輝元は無事に帰城した。このとき吉田郡山城の周辺は、主君の帰国を喜ぶ出迎えの家臣たちがあふれていたであろう。

約二ヶ月半前の七月七日、輝元が上洛のために郡山を出立した時は、主君の身を案じ、張りつめた重苦しい空気が漂っていた。あの時とは打って変わり、今日はまさに晴れやかな帰国であった。

おわりに

毛利輝元の上洛日記は、「長周叢書」本でいえば、和装袋綴の五十二丁である。その字数は一丁が七百字ほどで、これを四百字詰めに換算すれば百枚足らずで、それほど多い分量ではない。けれどもその内容はじつに豊富で、豊臣政権下の天正という時代のありさまや特質を、如実にうかがう要素にあふれている。わずか二ヶ月余の短期間ではあるが、同時期における武家関係の日記で、これほどまで内容の濃いものはほかにないであろう。輝元の上洛にまつわる様々な出来事とその記述を通して、天正期における豊臣政権と関白秀吉に関する、従来ではわからなかった側面の多くを考えるいとぐちが開かれるように思われる。

豊臣政権は地方大名の上洛出仕に際し、大変な配慮をもって臨んでいた。すなわち、輝元が兵庫に到着すると関白の御宿を提供し、関白ならびに秀長・秀次から、それぞれ御迎えの使者が遣わされて大坂まで同行した。そして大坂には黒田孝高が出迎えるが、この孝高は関白の下命により、その後も輝元の京都・大坂滞在中の案内・世話役をつとめるのである。

上洛した輝元はまず聚楽第に出仕して臣従の礼をとる。これに対して秀吉は官位の昇進を取りはからって従四位下参議に推挙し、ともに参内して朝廷への執り成しを行なった。この期における豊臣政権の身分秩序は官位によってなされ、輝元も武家公卿として扱われた。そして秀長邸や秀次邸御成など、公家衆・武家衆が列席する饗宴の座次も、すべて官位の高下が原則とされていた。

輝元に対する秀吉の心遣いは驚くばかりであった。聚楽第の茶屋に招待し、屋敷内を隈なく見物させ、その後も囲碁見物や初鮭の到来・月見などといっては輝元を招いてもてなした。また大坂城でも山里の茶屋にてみずから茶を点て、本丸奥御殿や天守に案内して輝元を感激させた。在京中の輝元は毎日のように諸大名邸での茶湯や振舞に赴くが、これも不自由なきように馳走せよという、関白のお声がかりによるものであった。秀吉の気さくな性格と、巧みな人心掌握のさまがうかがえる。

こうした秀吉の気配りに加え、秀長の輝元に対する心遣いも注目される。その京都や郡山・大坂で見せた秀長の誠意にあふれた行動の数々は、上洛大名のすべてに行われたもので、関白政権を支える大きな力となっていたにちがいない。

上洛を前にしていた時の輝元の胸中は、おそらく不安と恐怖に包まれていたであろう。それが聚楽第で初めて関白に拝謁し、それから約二ヶ月にわたって京都・大坂に滞在している間に、当初の重苦しい思いはすっかり消え失せ、関白秀吉に対する忠誠心へと変わっていった。そして豊臣政権下の大名として生きる覚悟が定まっていったにちがいない。この頃の関白秀吉は、けっして傲慢な独裁者ではなかった。輝元は秀吉の魅力に惹かれていたのである。

輝元が接触した公家衆の数も多く、参議任官・参内の御礼および秀長・秀次邸御成の同席者等を合わせると当時の公卿・殿上人(てんじょうびと)のほぼ全てと面識をもっていた。安芸国(あきのくに)に生まれ育った輝元は、この上洛により天皇・皇族方に拝謁し、多くの公家衆・武家衆のほか茶人・連歌師(れんがし)・豪商らと親しく交流し、毛利にとって有意義な人脈を形成した。また上方の洗練された衣食住の風俗および生活文化に接し、大きな刺激を受けたであろう。そして名所旧跡を訪ねて見聞を広め、さまざまな体験・経験を通して吸収した知識は、輝元の生き方と毛利の進路にも大きな影響を及ぼしたものと思われる。日記に見える輝元は、いかにも実直で人付き合いの良い、社交性にも豊かな好人物である。これまで輝元といえば、お坊ちゃん育ちの凡庸(ぼんよう)な三代目というイメージがつきまとっているが、じつは社交・外交に長(た)け、バランス感覚にも優れた有能な政治家であったように思われてくる。そうした輝元に秀吉は好感を抱き、多くの大名・公家衆らもその人柄に信頼の念を寄せた。そして広くは京都・大坂の人々の間にも、輝元と富豪大名毛利の名を高くしたことであろう。

輝元の上洛に際し、毛利一族の間には上洛出仕に反対する強硬論もあったが、結局は当主みずからの上洛となった。しかもこの上洛には大規模な軍事行動にも匹敵するほどの莫大な出費をともなった。けれども同じ頃に秀吉からの上洛出仕を拒み続けていた関東の北条氏が、やがて滅亡の運命に見舞われることを思えば、輝元の上洛は誤った判断であったとはいい難い。輝元に同行した小早川隆景と吉(きっ)川(かわ)広家の親密な行動を見ても、毛利元就(もとなり)が遺言したという毛利・小早川・吉川三家の固い結束は守られていたのである。

この上洛以後、毛利輝元はより秀吉に親近し、積極的に豊臣政権の中枢に加わっていく。だがこの絶頂に向かう輝元と毛利一族に突然の災難が降りかかる。文禄三年(一五九四)、秀吉から北政所の甥秀俊(秀秋)を小早川家の養子にと押し付けられたのである。これより毛利一族に翳りが現れ始める。それも小早川隆景が健在の間はよかったが、慶長二年(一五九七)に隆景が死去すると、毛利一族に亀裂が生じた。そしてこれが関ヶ原合戦における吉川広家と小早川秀秋の対立という事態に結びついていく。

思えば毛利一族が、秀吉から秀俊を押し付けられるという不運を招いたのは、輝元の中央志向と深い関わりがあろう。すなわち秀吉に親近して中納言従三位の官位と豊臣政権の大老という格式を与えられ、すっかり有頂天になっていた。これはいわば、徳川家康のように秀吉と豊臣政権との間に一定の距離を置かずに、豊臣政権に無防備のまま深入りをしすぎていた輝元の油断であった。輝元は過剰なまでの中央志向から、栄誉と権力の座につよく惹かれていた。そこを秀吉につけこまれたというわけである。

渡辺世祐・川上多助共著『小早川隆景』(マツノ書店刊・昭和五十五年)に、輝元と隆景にまつわる次のような逸話が紹介されている。文禄・慶長の頃に龍達節というのが流行った。これは近世歌謡・小歌のもとといわれるが、

――面白の春雨や、花の散らぬほど降れ

というのを、隆景は替え歌にした。それは、

――面白の儒学や、武備の廃らぬほど心がけ。面白の武道や、文筆を忘れぬほど心がけ。面白の

歌学、面白の乱舞、面白の茶の道や、身を捨てぬほど心がけ

というもので、これを隆景は甥の輝元にしばしば歌って聞かせたという。何事も中庸を超えれば弊害

をともなう。やりすぎぬように心掛けよと教え、苦労しらずな輝元を戒めていたのであった。

補論　豊臣関白政権期の格式と作法

はじめに

公家と比べて武家の身分格式形成は遅い。鎌倉将軍と御家人との関係は、私的な縁故を別にすれば平等で、武士の官位叙任は禁じられ、御家人の身分・地位に差別はなかった。ところが京都に幕府が置かれた室町時代には公武交流は必須となり、将軍が高位高官に叙任されただけでなく、幕府の推挙により武家衆にも四位・五位の官位が授けられた。いっぽう幕府機構の確立とともに武家の身分序列を生じた。そして義教〜義政期には三職・御相伴衆・国持衆・御供衆をはじめとする格式が定まっていった。この格式は幕府支配体制の根幹を成し、武家社会では朝廷の官位よりも重視されていた。

しかしながら、室町幕府の身分格式は織豊政権に継承されなかった。織田政権は儀礼的な面に乏しく、家臣の任官もなかった。けれども豊臣秀吉が関白になると、公家に倣って大名・武家衆の官位による身分序列が形成されていった。

近年、豊臣氏官位制度に関する研究が盛行している。そして天正十三年（一五八五）七月の秀吉関白任官にともない、秀吉の直臣十二人が従五位下諸大夫に任じられ、さらに十六年四月の聚楽第行幸を画期として、従四位下侍従の官位を有する大名が大量に生まれたこと。と同時に従五位下侍従とか、四位の少将・中将、それに参議以上の中納言・大納言といった公卿へと昇進する者など、官位による身分序列が明確になってくる。また当時の記録には「諸大夫成」「公家成」などの用語がみえ、公家成とは任侍従であったことなども明らかにされている。

とはいえ、関白政権における身分格式の実態や儀礼に関する具体的な研究は少ない。それは天正～文禄・慶長期の記録が乏しく、ことに儀礼面では秀吉の御伽衆大村由己作として知られる『天正記』に含まれる『聚楽第行幸記』を素材とするほかはないようである。ただ『天正記』の内容は秀吉の功績を称揚している箇所が多く、他の良質史料による傍証が必要とされる。

そうした中で注目されるのが、本書で取り上げた『輝元公上洛日記』である。これは毛利輝元が天正十六年七月に上洛し、九月に帰国するまでの動静を近臣が筆録したもので、関白秀吉の聚楽第における行事を詳細に記しており、興味深い記述も多い。これを読み解くことで、関白秀吉政権下の身分格式や儀礼の実態を明らかにできると考えた。

戦国・織豊期における武家の装い

上洛した輝元の聚楽第や大坂城への出仕を述べるにあたり、前代室町・戦国期の幕府と、織田政権下における出仕の模様について触れておこう。室町末期の足利将軍を中心とする身分階層的な風俗をうかがう好史料として、京都東山の若宮八幡宮所蔵になる『足利将軍若宮八幡宮参詣絵巻』一巻がある。成立時期は天文～永禄頃で、義晴・義輝将軍あたりの社参を描いたものといわれている（下坂守著　日文研叢書7『足利将軍若宮八幡宮参詣絵巻』）。けれども私見としては、絵巻の作成時期に異論はないが、描かれている将軍出行の行装は、時代的に数十年遡り、義稙の永正期頃のものと考えている。それは将軍一行の服装・いでたちが故実書などに見える義政の東山期から義稙の永正期頃までの風俗に合致し、天文・永禄期の将軍出行のそれとは異質に感じられる。

ともあれ、絵巻は三場面をもって構成されているが、ここでは巻首にある足利将軍社参行列の装束に注目しよう。場面は鳥居から四足門に向かって境内を歩む将軍一行である。先頭を進む素襖に脚絆を着け、腰に打刀を帯びた束ね髪の六名は、六名を定めとする将軍家の御小者とわかる。その後にいる立烏帽子に狩衣指貫袴が将軍、続く立烏帽子に大紋の直垂が管領、坊主頭の三人が同朋衆、それから折烏帽子に素襖を着た十一人のうち、外側を歩く返し股立の七名が御走衆（実は六人の描き誤り）、残りの中央部にいる四名が御供衆、その中で将軍の右後ろに太刀を右手で持っているのが御剣役であろう。またこの後に露頭の肩衣袴で太刀・長刀等の長道具や傘袋を肩で支えて従う一群が中間（仲間）。そして最後尾に打刀を束ねて担いでいる者達は、袴をつけず裾短な小袖の着流しで、ここでは最下層身分である。つまりこの絵巻は永正期義稙頃の将軍出行を描いたものとみられ、室町末期における武家の身分・階層と装束の区別を視覚で理解できる。室町幕府出仕の服制は烏帽子に直垂または素襖が規則で、中間のような露頭・肩衣袴姿では将軍御所の昇殿が許されていなかった。

それが戦国期の天文・永禄頃になると、装束の簡略化が進み、室町期の武士階級が常服としていた直垂や大紋・素襖などは礼装となって肩衣袴が一般化し、略礼服としても用いられるようになった。それゆえ天正の織田政権期にあっては、安土城における儀式などの改まった際には直垂・大紋・素襖に烏帽子を着けるが、日常には露頭の肩衣袴とし、家臣の安土登城も肩衣袴が制服のようになっていた。毛利輝元が上洛出仕した天正十六年（一五八八）頃の関白政権下の風俗も、信長の安土時代のそれとほぼ同様であったと考えられる。

関白秀吉にとって、大坂城は軍事的拠点であり、武家政権の根拠地でもあった。これに対して聚楽第は天皇を補佐する関白の政庁といえる。輝元は七月二十二日に入京して京都・大坂に約一ヶ月半滞在するが、日記によればこの間に聚楽第には儀礼その他で十二回、大坂城には三回出仕して秀吉と対面している。そうした輝元の秀吉への出仕と御対面次第は、本書に既述しているので重複を避け、ここでは輝元と隆景・広家らの登城・出仕の装束や供揃えの変化などを凝視し、合わせて聚楽第と大坂城で行われた儀礼の意義・性格を考え、補論としたい。

なお、秀吉の御対面次第について『輝元公上洛日記』の原本では「御出仕の衆、御対面の御座配」として、簡単な座敷指図の内に、着座の人々の名字・通称のみを列記している。けれども学研本では読者に御理解いただき易いようにと工夫を加えた。それは日記の座配図をもとに時代風俗考証を加え、御対面所の座敷・広間の構造は立体的に、またそこに参席する人々の装束もイラストレーションで図像のように作成している。

輝元の関白出仕と装束・供揃え

輝元が初めて聚楽第に出仕したのは、入京から二日後の七月二十四日であった。この頃の関白政権では、大名・武家衆の聚楽第出仕における服装・供揃えにも、身分格式による作法が定められていたようである。秀吉は関白になると公家に倣って大臣・大納言・中納言・参議・中将・少将・四位侍従・五位諸大夫・侍といった武家官位を定めた。輝元は信長時代から右馬頭（うまのかみ）を通称としているが、正式な官位授与はなかったであろう。

それゆえ関白秀吉からすれば、輝元も隆景・広家も、身分は無位無官の侍であった。そのため輝元ら三人は聚楽第出仕の服制に従い、浅野弾正少弼長吉邸にて装束を「烏帽子直垂」に改めた。また御供として殿中に入る重臣三人も「烏帽子直垂」に整えた。

聚楽第の御対面所は上壇を備えた十八間の広間であった。御対面の儀では上壇張出しに聖護院門跡准后道澄が座すほかは公家衆の着座はない。道澄は摂家の近衛家出身で、左大臣信輔の叔父にあたる。毛利の領国に滞在したことがあり、輝元とも昵懇であった。下壇右側（下座）に座す輝元・隆景・広家は官位がないので「朝臣」と書かれている。同席を許された重臣三人は末席の縁近くに座した。向かい左側（上手）に対座した前田利家ら九名の大名も、法体の安国寺恵瓊のほかは輝元と同じ烏帽子直垂であろう。奏者は侍従蜂屋頼隆で、御対面は関白の上壇着座で始まる。秀吉の装束は平服であろう。御対面・進上の儀に続いて酒肴・謡あり、この間に毛利家臣十五名が「肩衣袴」で縁に列座、御礼の太刀を進上。

関白退出後も酒宴は続き、座配図では上壇の聖護院道澄はそのまま残り、新たに金吾秀俊、また下壇左側に大納言日野輝資と花山院家雅が着座の時、前田以下の大名は順次末座に下がり、右側に大納言徳川家康・豊臣秀長、中納言豊臣秀次、参議上杉景勝の四名が加わると、輝元は上杉の下座に移動した。

注目されるのは酒宴から参席した家康・秀長・秀次・景勝で、彼らはこの場に不在の内大臣織田信雄と参議中将宇喜多秀家を加えて、輝元上洛出仕時点の武家公卿である。景勝について『公卿補任』

には参議・従四位下叙任を「四月十日」とあるが、これは聚楽第行幸に合わせた予定で、じつは景勝の上洛は行幸後の五月であり、二十六日に参内して従四位下・参議に叙任された。不在の信雄・秀家も、七月晦日の秀長邸御成にはその名が見える。また『公卿補任』には輝元の参議・従四位下叙任も「四月十日」とあるが、これも景勝と同様の理由であろう。この御対面で輝元・隆景・広家の官位推挙が伝えられ、参内と叙任は明日に行われる。ともあれ、この御対面は輝元と隆景・広家ら毛利一族の上洛出仕に対する秀吉の配慮であった。毛利の重臣三名を格別に同席させ、続く宴席には家臣十五名の謁見を許し、京坂にいた前田利家ら侍従以上の大名と引き合せた。その後秀吉は退出するが、代わりに金吾秀俊と家康・秀長・秀次・景勝らに接待をさせた。

翌二十五日、輝元・隆景・広家の参内がなされる。大納言勧修寺晴豊邸にて着付けを行い、輝元は四位の「冠黒装束」、隆景・広家は五位の「冠赤装束」の束帯に改めて参内。御供の御沓・剣役は「烏帽子直垂」で「白洲」まで従う。三人は紫宸殿において天皇に拝謁した。輝元は四位侍従、隆景・広家は五位侍従に叙任、いずれも豊臣姓を賜った。

そして七月二十八日、関白の御供として御礼の参内をする。早朝に輝元は広家を伴って津田宗及邸に赴き、宗及の案内により聚楽第に出仕、四畳半座敷にて茶湯を賜る。客は輝元・広家・宗及の三人。関白は「頭巾に渋紙胴服」姿で出座。その後輝元は一旦宿所に帰り、ついで隆景・広家とともに勧修寺邸にて装束を改めた。「関白様も殿様御取合せとして、先ず薬院所へ御成なされ候」とあるから、秀吉も参内には束帯もしくは関白に御免の冠直衣姿に整えたのだろう。輝元はその施薬院に向かい、ついで関白と白虎の四足門から紫宸殿に入り、御供の衆は「烏帽子直垂」にて「白洲」に控えた。ここで輝元は参議に任じられ、隆景・広家も四位侍従に昇進した。続いて清涼殿で天皇に拝謁、三献の御酒を賜り天爵あり。なおこの場で、毛利重臣の七名が諸大夫、二名が布衣に推挙され、九名は翌日に参内する。彼らはこれより参議輝元の出行に、諸大夫は赤装束、布衣は風折烏帽子狩衣で御沓・剣役として供奉することになる。

いよいよ参議輝元の、武家公卿としての出番となる。最初は七月晦日、関白の秀長邸御成の陪席であった。浅野邸で衣紋を整え、隆景・広家はこの日から四位の冠無紋黒袍束帯、輝元は参議以上の公卿に許される冠有紋黒袍束帯となり、供揃えには冠赤袍束帯の諸大夫と風折烏帽子狩衣の布衣を供奉させる。そして輝元が秀長邸に到ると、諸大夫・布衣は「御奏者の間迄御供」、他の御供衆は「烏帽子直垂にて御縁迄」「肩衣袴の衆は御庭に祗候」した。

やがて関白が秀長邸に乗輿で御成、「立烏帽子白き装束」の直衣姿であった。饗宴は広間の上壇中央に関白、下壇に束帯姿の公卿と、武家では参議以上と侍従大名が官位の順に着座。そこには二十四日の輝元聚楽第出仕に不在の信雄と秀家もおり、豊臣武家公卿の全員が揃い、奏者は蜂屋頼隆であった。

関白の秀長邸御成で注目されるのは、参議輝元が冠黒袍束帯を着し、赤装束の諸大夫と、風折烏帽子狩衣の布衣を従え、隆景・広家が四位侍従の冠黒袍の束帯姿となったことで、これが以後三人の聚楽第出仕の装束・供揃えの決まりとなる。

すなわち八月一日の八朔節句出仕に、輝元は津田宗及邸で衣装改めを行い、翌二日の秀次邸御成には大谷刑部少輔吉継邸にて輝元・隆景・広家は束帯に整え、参議輝元の供揃えには赤装束の諸大夫と風折烏帽子狩衣の布衣が供奉した。なお秀次邸御成では、奏者の前野長康、御座敷奉行浅野長吉・増田長盛、御配膳奉行毛利河内守秀頼・尼子宮内少輔、そして御通衆四人の諸大夫も「冠赤装束」とあるから、秀吉の聚楽第だけでなく秀長・秀次邸においても、式正の関白御成には束帯装束とされたのであろう。

ただ、八月一日に聚楽第御対面所で行われた八朔節句御礼は異例であった。広間に参席した公家は、他日にはその名が見える日野輝資・勧修寺晴豊・中山親綱・高倉永孝らの姿はなく、着座の十四名は前関白をはじめ、親王・准后・門跡・摂家、それに清華家の中の大臣数名という高貴ばかりで、彼らの装束も冠直衣または准后・門跡らの法体は裘代（俗の直衣に相当）であろう。これに対して秀長・秀次・家康・秀家・景勝・輝元ら武家公卿六名は冠黒袍束帯で陪席した。信雄は不参であったが、隆景・広家のような侍従大名の着座はなかった。

もちろん、平常には輝元の聚楽第出仕も平服であろう。八月七日には関白が囲碁をされるので見に来るようにとのことで輝元が参上すると、秀吉は本因坊ら四人と碁に興じていた。小座敷か居室の御座間であろう。また十五日の夜には名月を眺めながら和歌会を催すとの誘いがあり、輝元は酒二樽と肴一折を持参した。そして二十日には関白より初鮭を振舞うので出仕せよとの使者が遣わされた。こうした場合の輝元は、立烏帽子に小袖袴、またはその上に胴服を羽織った平服姿であろう。けれども式正の聚楽第出仕は束帯である。八月二十二日には北条氏規との御対面がある。前日に前田玄以より回覧形式による触れ状があり、宛名の衆は信雄・家康・秀長、秀家・景勝・輝元らの武家公卿、および侍従大友義統・島津義弘・小早川隆景・吉川広家の十名。奥書には「北条に御対面候の間、御相伴に明日巳の刻（午前十時頃）に御参有るべき由申すべき旨なり。玄以」とあった。

当日、輝元・隆景・広家は大谷吉継邸で冠黒袍束帯に改め、参議輝元は諸大夫・布衣を従え聚楽第に出仕した。御対面は広間の上壇中央に関白、左側張出しに聖護院道澄。下壇右側（下手）に信雄・家康・秀長・秀家・景勝・輝元ら六名の武家公卿が列座。向かい（上手）には右大臣菊亭晴季、大納言勧修寺晴豊・中山親綱・日野輝資、参議花山院家雅の五名が対座。その少し間を空けた下に少将織田信兼を筆頭に侍従大名八名が黒袍束帯で座し、その中に隆景・広家もいた。奏者は蜂屋頼隆である。この時「北条美濃守」氏規の座配は、末席の縁に接する位置にあり、叙爵を受けていないので「烏帽子にカチン（褐）の直垂也」であった。

輝元の束帯装束による式正の聚楽第出仕はこれで終わる。八月二十七日は御暇乞に聚楽第へ参上するが、平服であろう。そして九月三日に出京し、大和郡山の秀長の居城に立ち寄って饗応を受け、大坂へ向かう。おそらく秀吉から大坂来訪の招きがあったのだろう。九月七日の夜に大坂着、黒田孝高（よしたか）邸に入った。

翌八日、大谷吉継が関白の使者として来宿、染小袖と桐薹紋（きりのとうもん）の肩衣を届けてきた。明日大坂城で行われる重陽（ちょうよう）御礼に着用して出仕せよというのでる。そこで九日に輝元は拝領の染小袖肩衣を着し、隆景・広家も同じ衣装を整えて大坂城へ出仕、本丸大広間にて御対面、菊酒を賜った。

九月十日、関白の宇喜多秀家邸御成があり、輝元・隆景・広家も陪席。一昨日に招待の使者があり、当日は御門外橋にて御迎えをした。広間では御礼の儀もなく、関白は「御頭巾にて高間の重ね畳の上に御着席」する。上壇左側に前公方の足利義昭、張出しに金吾秀俊、下壇は左手に秀長と秀家、右手に輝元が対座。少し間を空けて島津義弘と隆景・広家が着座、奏者は尼子宮内少輔であった。輝元らの装束について記載はないが、加用（給仕）の諸大夫が「各肩衣袴」というから、大坂城出仕の礼服は肩衣袴とされていたのである。

大坂における秀家邸は、聚楽第における豊臣秀長・秀次邸と同様に、関白御成と饗応の接待所といった役割であったのだろう。この日に奏者をつとめた尼子宮内少輔は、聚楽第八朔御礼と八月二日の秀次邸御成には配膳奉行であった。また七月晦日の秀長邸御成に奏者をつとめた蜂屋頼隆は、輝元らが初めて聚楽第に出仕した際の奏者であった。それゆえ秀吉の聚楽第のみならず、秀長邸・秀次邸、および大坂城や秀家邸などの儀礼に関わる役人は、豊臣家臣の同じ人物であったことがわかる。

翌十一日、輝元・隆景・広家は、御暇乞のため大坂城に出仕、表御殿にて御礼の後、関白の案内により城内を拝観した。その際輝元に白地臺紋の胴服を賜り、隆景・広家にも胴服を一つずつ下されたという。胴服は大名以上に許された平常衣である。そして十二日、輝元一行は大坂を船出、帰国の途に就いた。

関白政権と聚楽第出仕の意義

輝元の聚楽第出仕は、御対面所に三回と、城域内にある秀長邸および秀次邸へそれぞれ一回の計五回であるが、式正出仕の装束と供揃えには、官位による変化が見られた。すなわち七月二十四日、初めて聚楽第に出仕した時は無位無官の侍としての烏帽子直垂であった。ついで翌二十五日の参内に、輝元は四位の黒袍、隆景・広家は五位の赤袍束帯姿とするが、御供の御沓・剣役は烏帽子直垂で白洲まで従った。そして二十八日に関白とともに参内し輝元は参議、隆景・広家は四位侍従に昇進した。また毛利重臣の七名が諸大夫・布衣二名の推挙が伝えられるが、これまで輝元の御沓・剣役は烏帽子直垂であった。

それが参議叙任以後になると、輝元の束帯による出行には、参議以上の栄典とされた赤装束の諸大夫と、風折烏帽子狩衣姿で御沓・剣役をつとめる布衣を供奉させる。それは聚楽第への出仕だけでなく、秀長・秀次邸御成の場合でも同様の作法でなされた。

さらに輝元が参議になると、新たに武家公卿としての格式と役割が与えられる。去る七月二十四日、輝元が隆景・広家とともに烏帽子直垂で出仕した聚楽第広間での御対面に同席した公家は、聖護院道澄一人だけであった。そして関白退出後に日野輝資・花山院家雅と、金吾秀俊および家康・秀長・秀次・景勝ら四人の武家公卿が加わった。

ところが輝元の参議叙任後に行われた七月晦日の秀長邸御成には、輝元も新たに武家公卿の一員に加わって列座する。この時には公家も聖護院道澄のほか菊亭晴季・勧修寺晴豊・中山親綱・日野輝資、高倉永孝が参席した。他日に大炊御門（おおいみかど）経頼、花山院家雅の名もみえるが、総じてこの中の五〜六名が武家公卿らと同席している。菊亭は右大臣の実力者、大納言中山・勧修寺は伝奏（てんそう）として朝廷への取次をつとめ、大炊御門・日野は有職故実（ゆうそくこじつ）に詳しく、参議高倉は装束・衣紋を家業とし、彼らは関白政権と格別な関係にあった。これに武家公卿を加えた人々が、いわば関白政権運営会議の構成員であった。

この政権と関係が深い公家と、武家公卿による会合の意義が明確にされるのは八月二十二日に行われた北条氏規の御対面である。ここには先の八朔御礼に着座していた前関白や摂家・門跡ら高貴の名はみえず、参席は聖護院道澄および関白政権と関係が深い現任公卿と武家公卿、それに八名の侍従大名であった。

ちなみに室町幕府にも、日野・三条・烏丸（からすまる）・飛鳥井・広橋・中山・高倉・山科（やましな）らの公家衆がしばしば出入りしていた。大館尚氏（常興）の『長禄二年以来申次記』によると、彼らは「細々伺公之衆」といい、公武交渉の窓口を担っていた現任の公家で、摂家・清華家らとは区別されていた。そして正月五ヶ日や節朔の将軍御対面では三職・御相伴衆・国持衆・御供衆ら武家衆の御対面を終えた後に、申次の取次により彼らの御対面がなされた。けれども摂家・清華家・公卿らの参賀がある御対面では、諸大名以下の武家衆と細々伺公の公家衆の御対面を終えると、ひとまず中断して将軍は退出する。そして装束を武家の立烏帽子直垂から公家の直衣または狩衣に改めた後に再び御対面所へ出座、摂家・清華家らの公家衆と御対面し、取次は公家の奏者とされた。むろん室町邸御対面所において、細々伺公の公家衆と、武家の三職・御相伴衆らとの同席はなかった。したがって秀吉が公家と武家公卿を同席させたことは異例で、それは関白秀吉が行なった新儀であった。

　氏規御対面の背景・事情は、四月の後陽成天皇の聚楽第行幸に際して上洛しなかった北条氏政・氏直父子に対し、秀吉は使者を派遣して詰問させ、父子の上洛を命じたが、北条はその命令を無視する態度に出た。この時に事態を憂慮した徳川家康の忠告に接し、とりあえず氏政の弟氏規が上洛してきた。つまりこの御対面は、関白政権にいまだ服従しない北条側の代表である氏規との外交会談である。和平・臣従か、それとも拒絶・合戦か、その決断をせまられる会見であった。それゆえに秀吉は、朝廷を主導していた公家衆と、豊臣政権の中枢としての武家公卿のほかに在京の侍従大名を同席させた。

　このように考えると、秀吉が聚楽第出仕に束帯装束とさせた意味も推測できる。束帯と衣冠は朝廷出仕に着用する朝服(ちょうふく)で、束帯は正装、衣冠は略装である。むろん当時の朝廷では朝議が開かれていないが、秀吉は朝廷における公家の実力者と、豊臣政権の武家公卿らに、冠束帯姿で出仕させ、天皇を補佐する関白として朝議を執行したというわけである。

北条との交渉はこの後も難航し小田原合戦となるが、天正十七年（一五八九）十一月二十四日付で秀吉が氏直に宣戦布告をした朱印状には、「普(あまね)く天下勅命に逆ふ輩(やから)は、早く誅伐(ちゅうばつ)を加へざるべからず」（真田文書）と、勅命による征伐であることを堂々と掲げた。この書が菊亭晴季の草案であったことからも、関白秀吉が聚楽第で行なった御対面儀礼が功を奏したといえるであろう。

関白政権下の年中行事と仕来り

輝元が経験した関白政権下の年中行事は、八朔と重陽である。これらは織田政権下で行われていないから、室町幕府の節朔出仕に倣ったものであろう。節は節句、朔は二月以降の朔日で、これを将軍御対面の式日としていた。ただ、九月朔日の御対面が見えないから、幕府の公的行事のすべてが継承されていたとは思えない。また八月十五夜の月見、同二十日の初鮭なども将軍家室町邸でも行われていた。『年中定例記』『殿中申次記』には、八月に若狭守護の武田が「初鮭」を「例年進上」と見える。初鮭は鮭の塩引(しおびき)（塩漬）である。秀吉はこうした季節の風俗を利用して、上洛大名らを招いてもてなしたのであろう。この初鮭を肴にしての一献には、輝元のほか家康・秀長・隆景・広家らが顔を揃えていた。

ともあれ、輝元の上洛は聚楽第行幸から間もない頃で、いまだ多くの大名が京坂に滞在しており、この時期は秀吉にとっても安定期であったといえる。秀吉は天正十年（一五八二）六月の本能寺の変から半月後に明智光秀を破り、十一年の賤ヶ岳合戦に大勝すると、大坂に築城して根拠とする。しかし十二年は徳川家康を苦戦のすえ臣従させるが、秀吉の勢力範囲は畿内周辺にとどまっていた。それゆえ、武家の統領としての幕府は開けない。そこで朝廷を奉戴して十三年に関白となると、信長の中国出兵以来秀吉に敵対していた毛利も秀吉との友好策を求め、十四年の四国出兵、十五年の九州平定にも協力した。そして同年に秀吉は聚楽第を完成し、十六年四月に後陽成天皇の行幸を仰いで五日間にわたる盛儀を行なった。この時に輝元は、肥後に一揆が起こっていたことで行幸に参加できなかったが、数か月後に上洛を決意し、聚楽第に出仕した。

けれども、その後も関白政権は多難続きであった。十八年に小田原北条との対決に勝利した勢いに乗って十九年には奥州を平定、ひと通り天下統一に成功する。だが間もなく朝鮮出兵を開始し、文禄・慶長の役という泥沼に嵌っていく。それゆえ、上洛した輝元が、聚楽第や大坂城で経験した諸行事や遊興は、関白秀吉にとっても束の間の平安ゆえにこそ成し得たことであろう。

秀吉も政権構想の基本としては室町幕府を範としていたらしい。そもそも聚楽第行幸は、足利義満の北山第行幸および義教の室町邸行幸の先例に倣い、前田玄以に諸家の旧記を調査させた。また文禄の役が休戦状態にあった文禄三年（一五九四）四月に、太閤秀吉が前田・蒲生・毛利・徳川・宇喜多・上杉らの大老家に式正と称して御成を行なったのも、足利義政が管領細川勝元や御相伴衆邸へ渡御したことを模したといわれる。文禄・慶長期の記録にも、豊臣政権の年中行事を多少は認められる。例えば秀次の関白職を剝奪して切腹させた文禄四年の暮れ、諸大名らは太閤秀吉と嗣子拾丸（秀頼）への元日参賀のため伏見に越年した。しかし秀吉の急病により翌年（慶長元年）の元日参賀は延期が伝えられ、その期日は二月朔日もしくは三月朔日と定められた。だが実際に参賀の儀が挙行されたのは五月二十五日で、しかもこれを正月参賀と称して御礼の儀を行なった（『義演准后日記』）。

また『武徳編年集成』によれば、慶長三年六月十六日の嘉祥に、秀吉の伏見城では官位の順により例年のように皆菓子を賜ったという。そのほか『利家夜話』には、前田利家と上杉景勝が年頭の礼式において座配を争い、景勝が「先官」を主張して一歩も引かなかった話が見える。豊臣家の大老達がこの為体であったとは、もはや太閤秀吉の政権は末期的な状態にあったといえよう。

おわりに

信長の死後、実力をもって伸し上がった秀吉は、関白となって天皇と朝廷の官位を利用して天下取りとなった。秀吉の発想と行動力は卓越していたが、後継者と組織を固められず、彼の死とともに豊臣家は転落していった。

ついで天下取りとなった家康は、豊臣政権と同様の武家官位を踏襲したが、秀吉とは異なり、家康は皇室に対しては常に一定の隔たりを保った。こうした家康の考え方が、『禁中並公家諸法度』の根幹をなし、それは天皇と公家社会を政治の世界から切り離し、儀礼的シンボルとしてのみに位置づけた。

家康が制定した近世の武家官位は、橋本政宣氏も指摘するように、官職・受領名は通称に過ぎない。本人が老中から仰せ渡された際には、四品あるいは諸大夫であったが、朝廷に手続きが取られる過程で従四位下あるいは従五位下となる（『近世武家官位の研究』続群書類従完成会）。つまり、幕府における大名諸士の官位は、実質的には将軍の裁量による仰せ渡しによってなされ、朝廷への叙任手続きと宣旨の受領は、まったく形式的なものに過ぎなかったのである。

そしていま一つ注目されるのは、室町幕府の儀礼・作法を参考にしたことである。慶長十二年（一六〇七）、細川藤孝幽斎は家康の命を受けた永井直勝から、室町幕府の礼式に関する旧記を求められた。家記によれば、この時幽斎は「室町殿家式」と題した三巻の書を呈出した。ただ、熊本大学永青文庫蔵の永井直勝宛の幽斎奥書を有する「室町殿家式」を見ると、その内容はあの『長禄二年以来申次記』と同一であった。江戸幕府公式儀礼の基本は、年始・節句・月次の将軍に対する御礼・拜謁であるが、その大名諸士へのお目見えの次第と作法は、室町幕府の先例を規範としていたのである。

ちなみに、豊臣家大老であった輝元は、関ヶ原合戦では西軍の総大将に担がれたが無残な敗北に終わり、約百三十万石を誇った巨大な領国も、わずか三十六万石余に転落した。それでも輝元の中納言の官位はそのままに、毛利家も江戸幕府の外様大名として存続した。けれども江戸幕府では外様大名の前田・島津・毛利・伊達ら大藩の大名は大・中納言や参議に任じられたが、いずれも江戸から遠境の地に封ぜられ、幕政は譜代の幕閣によってなされた。それゆえ秀吉時代に輝元も一員になっていた武家公卿も、江戸幕府では存在しなかったのである。

本書の原本は、二〇〇八年に学習研究社より刊行されました。

著者略歴
一九四〇年　東京都に生まれる
一九六八年　國學院大學大学院文学研究科博士課程修了、文学博士
國學院大學文学部教授、豊島岡女子学園中学高等学校長・理事長などを経て、
現在、國學院大學名誉教授

〔主要編著書〕
『関ヶ原合戦』(中央公論社、一九八二年)、『中世武家儀礼の研究』(吉川弘文館、一九八五年)、『徳川家康』(筑摩書房、一九九八年)、『中世武家の作法』(吉川弘文館、一九九九年)、『武家儀礼格式の研究』(吉川弘文館、二〇〇三年)、『時代劇と風俗考証』(吉川弘文館、二〇〇五年)、『戦国織豊期の社会と儀礼』(編著、吉川弘文館、二〇〇六年)

読みなおす日本史

秀吉の接待
毛利輝元上洛日記を読み解く

二〇二三年(令和五)七月一日　第一刷発行

著　者　二木謙一(ふたきけんいち)
発行者　吉川道郎
発行所　株式会社　吉川弘文館
郵便番号一一三―〇〇三三
東京都文京区本郷七丁目二番八号
電話〇三―三八一三―九一五一〈代表〉
振替口座〇〇一〇〇―五―二四四
http://www.yoshikawa-k.co.jp/
組版＝株式会社キャップス
印刷＝藤原印刷株式会社
製本＝ナショナル製本協同組合
装幀＝渡邉雄哉

ISBN978-4-642-07526-8

読みなおす
日本史

刊行のことば

現代社会では、膨大な数の新刊図書が日々書店に並んでいます。昨今の電子書籍を含めますと、一人の読者が書名すら目にすることができないほどとなっています。ましてや、数年以前に刊行された本は書店の店頭に並ぶことも少なく、良書でありながらめぐり会うことのできない例は、日常的なことになっています。

人文書、とりわけ小社が専門とする歴史書におきましても、広く学界共通の財産として参照されるべきものとなっているにもかかわらず、その多くが現在では市場に出回らず入手、講読に時間と手間がかかるようになってしまっています。歴史の面白さを伝える図書を、読者の手元に届けることができないことは、歴史書出版の一翼を担う小社としても遺憾とするところです。

そこで、良書の発掘を通して、読者と図書をめぐる豊かな関係に寄与すべく、シリーズ「読みなおす日本史」を刊行いたします。本シリーズは、既刊の日本史関係書のなかから、研究の進展に今も寄与し続けているとともに、現在も広く読者に訴える力を有している良書を精選し順次定期的に刊行するものです。これらの知の文化遺産が、ゆるぎない視点からことの本質を説き続ける、確かな水先案内として迎えられることを切に願ってやみません。

二〇一二年四月

吉川弘文館

読みなおす日本史

時計の社会史　角山　榮著　二二〇〇円
漢　方　中国医学の精華　石原　明著　二二〇〇円
墓と葬送の社会史　森　謙二著　二四〇〇円
悪　党　小泉宜右著　二二〇〇円
戦国武将と茶の湯　米原正義著　二二〇〇円
大佛勧進ものがたり　平岡定海著　二二〇〇円
大地震　古記録に学ぶ　宇佐美龍夫著　二二〇〇円
姓氏・家紋・花押　荻野三七彦著　二四〇〇円
安芸毛利一族　河合正治著　二四〇〇円
三くだり半と縁切寺　江戸の離婚を読みなおす　高木　侃著　二四〇〇円
太平記の世界　列島の内乱史　佐藤和彦著　二二〇〇円
白　隠　禅とその芸術　古田紹欽著　二二〇〇円
蒲生氏郷　今村義孝著　二二〇〇円
近世大坂の町と人　脇田　修著　二五〇〇円
キリシタン大名　岡田章雄著　二二〇〇円
ハンコの文化史　古代ギリシャから現代日本まで　新関欽哉著　二二〇〇円
内乱のなかの貴族　南北朝と「園太暦」の世界　林屋辰三郎著　二二〇〇円
出雲尼子一族　米原正義著　二二〇〇円
富士山宝永大爆発　永原慶二著　二二〇〇円
比叡山と高野山　景山春樹著　二二〇〇円
日　蓮　殉教の如来使　田村芳朗著　二二〇〇円
伊達騒動と原田甲斐　小林清治著　二二〇〇円

吉川弘文館
（価格は税別）

読みなおす
日本史

鎌倉幕府の転換点 『吾妻鏡』を読みなおす　永井　晋著　二二〇〇円

奈良の寺々 古建築の見かた　太田博太郎著　二二〇〇円

日本の神話を考える　上田正昭著　二二〇〇円

信長と家康の軍事同盟 利害と戦略の二十一年　谷口克広著　二二〇〇円

軍需物資から見た戦国合戦　盛本昌広著　二二〇〇円

武蔵の武士団 その成立と故地を探る　安田元久著　二二〇〇円

天皇家と源氏 臣籍降下の皇族たち　奥富敬之著　二二〇〇円

卑弥呼の時代　吉田　晶著　二二〇〇円

皇紀・万博・オリンピック 皇室ブランドと経済発展　古川隆久著　二二〇〇円

日本の宗教 日本史・倫理社会の理解に　村上重良著　二二〇〇円

戦国仏教 中世社会と日蓮宗　湯浅治久著　二二〇〇円

伊達政宗の素顔 筆まめ戦国大名の生涯　佐藤憲一著　二二〇〇円

武士の原像 都大路の暗殺者たち　関　幸彦著　二二〇〇円

海からみた日本の古代　門田誠一著　二二〇〇円

鳴動する中世 怪音と地鳴りの日本史　笹本正治著　二二〇〇円

本能寺の変の首謀者はだれか 信長と光秀、そして斎藤利三　桐野作人著　二二〇〇円

餅と日本人 「餅正月」と「餅なし正月」の民俗文化論　安室　知著　二四〇〇円

古代日本語発掘　築島　裕著　二二〇〇円

夢語り・夢解きの中世　酒井紀美著　二二〇〇円

食の文化史　大塚　滋著　二二〇〇円

後醍醐天皇と建武政権　伊藤喜良著　二二〇〇円

南北朝の宮廷誌 二条良基の仮名日記　小川剛生著　二二〇〇円

吉川弘文館
（価格は税別）

境界争いと戦国諜報戦　盛本昌広著　二二〇〇円
邪馬台国をとらえなおす　大塚初重著　二二〇〇円
百人一首の歴史学　関 幸彦著　二二〇〇円
江戸城 将軍家の生活　村井益男著　二二〇〇円
沖縄からアジアが見える　比嘉政夫著　二二〇〇円
海の武士団 水軍と海賊のあいだ　黒嶋 敏著　二二〇〇円
呪いの都 平安京 呪詛・呪術・陰陽師　繁田信一著　二二〇〇円
平家物語を読む 古典文学の世界　永積安明著　二二〇〇円
坂本龍馬とその時代　佐々木 克著　二二〇〇円
不動明王　渡辺照宏著　二二〇〇円
女人政治の中世 北条政子と日野富子　田端泰子著　二二〇〇円

大村純忠　外山幹夫著　二二〇〇円
佐久間象山　源 了圓著　二二〇〇円
源頼朝と鎌倉幕府　上杉和彦著　二二〇〇円
近畿の古墳と古代史　白石太一郎著　二四〇〇円
東国の古墳と古代史　白石太一郎著　二四〇〇円
昭和の代議士　楠 精一郎著　二二〇〇円
春日局 知られざる実像　小和田哲男著　二二〇〇円
伊勢神宮 東アジアのアマテラス　千田 稔著　二二〇〇円
中世の裁判を読み解く　網野善彦・笠松宏至著　二五〇〇円
アイヌ民族と日本人 東アジアのなかの蝦夷地　菊池勇夫著　二四〇〇円
空海と密教 「情報」と「癒し」の扉をひらく　頼富本宏著　二二〇〇円

吉川弘文館
（価格は税別）

石の考古学　奥田　尚著　二二〇〇円

江戸武士の日常生活　素顔・行動・精神　柴田　純著　二四〇〇円

秀吉の接待　毛利輝元上洛日記を読み解く　二木謙一著　二四〇〇円

中世動乱期に生きる　一揆・商人・侍・大名　永原慶二著　（続　刊）

弥勒信仰　もう一つの浄土信仰　速水　侑著　（続　刊）

親　鸞　煩悩具足のほとけ　笠原一男著　（続　刊）

道　元　坐禅ひとすじの沙門　今枝愛真著　（続　刊）

吉川弘文館
（価格は税別）